W0067629

Justinus Kerner

NUR WENN MAN VON GEISTERN SPRICHT

Abb. 1: Justinus Kerner, 1852

Justinus Kerner

NUR WENN MAN VON GEISTERN SPRICHT
Briefe und Klecksographien

Herausgegeben von
Andrea Berger-Fix
Mit Beiträgen von
Eberhard Bauer
Andrea Berger-Fix
Albrecht Bergold
Karl-Ludwig Hofmann
Christmut Praeger
Heinz Schott

Mit 41 Abbildungen

Edition Erdmann in
K. Thienemanns Verlag

Für die Gestaltung des Schutzumschlages wurde ein Scherenschnitt von Lotte Jäger verwendet (entstanden um 1850), der Justinus Kerner im Alter von etwa 64 Jahren zeigt. Allen Institutionen, die uns Abbildungsvorlagen für dieses Buch zur Verfügung stellten, danken wir sehr herzlich: dem Schiller-Nationalmuseum/Deutsches Literaturarchiv Marbach, dem Kernerhaus Weinsberg, dem Städtischen Museum Ludwigsburg, dem Hessischen Landesmuseum Darmstadt und dem Münchner Stadtmuseum.

Sehr herzlich danken wir auch der Stadt Ludwigsburg für die großzügige Förderung dieses Buches durch einen Druckkostenzuschuß.

CIP-Kurztitelaufnahme der Deutschen Bibliothek

Justinus Kerner, Nur wenn man von Geistern spricht:
Briefe u. Klecksographien / hrsg. von Andrea Berger-Fix.
Mitautoren: Eberhard Bauer, Albrecht Bergold, Karl-Ludwig Hofmann, Christmut Praeger, Heinz Schott.
– Stuttgart: Edition Erdmann, 1986. ISBN 3-522-62530-7

NE: Kerner, Justinus [Mitverf.]; Berger-Fix, Andrea [Hrsg.];
    Nur wenn man von Geistern spricht.

© 1986 by Edition Erdmann in K. Thienemanns Verlag, Stuttgart–Wien.
Printed in Germany, alle Rechte vorbehalten.
Die Umschlaggestaltung besorgte Barbara Hähnel-Bökens aus Düsseldorf, die Reproduktion die Firma Repro Reisacher in Stuttgart. Die Gesamtherstellung erfolgte bei der Firma Röck in Weinsberg.
Verlagsnummer 6253   1 2 3 4 5

Inhalt

Anhang

Vorwort

In einem Interview mit dem Literaturwissenschaftler J. P. Dubost wurde vor kurzem von der „Postmoderne als dem Zeitalter der Gespenster" gesprochen. Ein Blick auf das aktuelle Bücherangebot, die Tageszeitungen oder das Fernsehprogramm zeigt, daß dieser Satz seine Berechtigung hat: Allenthalben ist die Rede vom „Trend zur Transzendenz und zum Phantastischen", als Reaktion auf ein „maßlos gewachsenes rationales Wertebewußtsein"; von der Sehnsucht nach „Trance und Verzauberung", nach „Spiritismus, Kaffeesatz und Mythos". Meldungen über den ersten Astrologen-Kongreß der Nachkriegszeit wechseln sich ab mit Hinweisen auf „Rutengänger-Seminare" oder mit dem Bericht über eine Hellseherin, gegen die ein Verfahren wegen Betrugs vom Gericht mit der Begründung abgelehnt wurde, daß viele Menschen heutzutage an übersinnliche Fähigkeiten glaubten.

Schlagworte wie „Neo-Konservativismus" und „Neue Innerlichkeit", „Gegenaufklärung" und „Bewußtseinserweiterung" zeigen das weite Spektrum, in welchem die Beschäftigung mit dem Irrationalen angesiedelt ist. Die Dialektik der Aufklärung, die „Ambivalenz zwischen rationaler Wissenschaft und Magie" bewegt sich heute im Spannungsfeld von „Atomphysik und Mystik".

Der Zeitgeist – und der 200. Geburtstag von Justinus Kerner am 18. September 1986 – legen es daher nahe, sich mit dem berühmten Geisterseher intensiver auseinanderzusetzen; ja, gerade seine Beschäftigung mit Okkultismus und Hellseherei macht ihn heute aktuell.

So fällt es nicht schwer, Kerners 1854 veröffentlichter, selbstironischer und sehr weitblickender Prognose zuzustimmen:

> Flüchtig leb' ich durchs Gedicht,
> Durch des Arztes Kunst nur flüchtig;
> Nur wenn man von Geistern spricht,
> Denkt man mein noch und schimpft tüchtig.

Ausgangspunkt für die vorliegende Publikation und die gleichnamige Ausstellung im Städtischen Museum Ludwigsburg ist der Briefwechsel Justinus Kerners mit Prinz Adalbert von Bayern, dem jüngsten Sohn des Bayernkönigs Ludwig I. Die Korrespondenz, die von 1850 bis zum Tod Kerners im Jahre 1862 bestand, dreht sich um ein großes Hauptthema:

Adalbert will von Kerner mit Hilfe einer „Seherin" seine Zukunft vorausgesagt bekommen. Daß es dabei nicht nur „prinzelt", sondern auch gehörig menschelt, macht den besonderen Reiz des Briefwechsels aus.

Die bisher nur ausschnitthaft und verstreut veröffentlichten Briefe liegen hier erstmals zusammenhängend vor und werden durch die bislang unpublizierten Briefe des Adalbert-Sekretärs Joseph Heiland an Justinus Kerner noch bereichert.

Neben der Edition der Briefe und ihrer Darstellung vor dem Hintergrund von Geschichte, Tagespolitik und privaten Lebensverhältnissen der Akteure interessiert vor allem die Einstellung Kerners zu Hellseherei, Somnambulismus und Magnetismus, wie sie sich in den Briefen an Adalbert deutlich niederschlägt.

Ihre Analyse aus medizinhistorischer Sicht unternimmt Heinz Schott vom Institut für Geschichte der Medizin der Universität Freiburg, der Kerners Beschäftigung mit Okkultismus und Magnetismus als naturwissenschaftliche Methode beschreibt und interpretiert. Die Position der Parapsychologie, die Kerner als Vorkämpfer ihrer Wissenschaft anerkennt, vertritt Eberhard Bauer vom Psychologischen Institut, Abteilung für Psychologie und Grenzgebiete der Psychologie, der Universität Freiburg.

Kerners Persönlichkeit darf dabei nicht außer acht gelassen werden. Gerade bei ihm sind Lebenssituation und Lebenswerk untrennbar miteinander verbunden. Ein Charakterbild Kerners „im Spiegel seiner Briefe an die Dichterfreunde", die Darstellung seiner höchst schwierigen und widersprüchlichen Psyche, gibt Albrecht Bergold vom Schiller-Nationalmuseum/Deutsches Literaturarchiv Marbach in einem einführenden Beitrag.

Einen anderen Zugang zu Justinus Kerner bietet der Aufsatz von Karl-Ludwig Hofmann und Christmut Praeger, die sich als Kunsthistoriker mit den Klecksographien Kerners auseinandersetzen. Als Bild gewordene „Geister", als übersinnliche Gestalten interpretierte sie Kerner selbst. Hier wird nun versucht, seine phantasievollen Tintenbilder in einen kunsthistorischen Zusammenhang zu stellen und ihn in Verbindung mit anderen „Klecksographen" zu sehen.

So wird von verschiedenen Seiten des „Geistersehers" gedacht, das Schimpfen hält sich dabei jedoch in Grenzen. Es soll vielmehr eine ernsthafte und ehrliche Begegnung mit der so vielseitigen Gestalt Justinus Kerners sein, die zwar unkritische Lobeshymnen auf den

Jubilar vermeiden will, dafür aber aus unterschiedlichen wissenschaftlichen Richtungen seiner Neigung zu Okkultismus und Spiritismus gerecht zu werden versucht. Daß dabei ab und zu ein ironisches Schmunzeln oder ein Kopfschütteln nicht zu vermeiden ist, das tut Person und Werk Justinus Kerners keinen Abbruch.

Wir jedenfalls können beruhigt sein, denn wäre Kerner – als Geist – gegenwärtig, würde er mit großer Genugtuung sagen: „Ach! ich habe es doch schon zu meinen Lebzeiten vorausgesagt: ‚Nur wenn man von Geistern spricht...‘"

Die Edition des Briefwechsels in der vorliegenden Form wäre ohne das Entgegenkommen des Schiller-Nationalmuseums/Deutsches Literaturarchiv Marbach nicht zustande gekommen. Für die Erlaubnis zur Einsicht und Veröffentlichung zahlreicher Briefe sowie für die Benutzung des Bildarchivs möchte ich Dr. Werner Volke, Walter Scheffler und ihren Mitarbeiterinnen und Mitarbeitern herzlich danken.

Bei der Beschaffung weiteren Bildmaterials waren mir freundlicherweise behilflich das Bayerische Hauptstaatsarchiv, Geheimes Hausarchiv, München, und das Münchner Stadtmuseum.

Dank auch Lore Könninger und Manfred Zahn für ihre Mitarbeit sowie dem ehem. Kulturamtsleiter der Stadt Ludwigsburg, Heinz Schiller, der die Anregung zu der Veröffentlichung gab.

Das Projekt wurde dankenswerterweise durch einen Druckkostenzuschuß von der Stadt Ludwigsburg unterstützt.

Andrea Berger-Fix

Abb. 2: Justinus Kerner, um 1850

„...ich bin innen nicht so dick, wie außen!"

Streiflichter zu Justinus Kerners Leben im Spiegel seiner Briefe an die Dichterfreunde

„Überhaupt ist Kerner, der Magnetiseur und Geisterfreund, nur aus dem Dichter zu begreifen", schreibt David Friedrich Strauß in seinem 1839 verfaßten Lebensbild über den 22 Jahre älteren Freund.[1] Mit dieser Betrachtungsweise deutet Strauß schon früh an, daß man Kerners Person weder mit dem bis heute üblichen Klischee des naiven, harmlosen spätromantischen Dichters, dem der Beruf ein rechter Klotz am Bein ist, noch mit dem Klischee des okkultistische Studien treibenden, weltabgewandten Geisterdoktors, der sich als dilettierender Dichter zu profilieren versucht, auch nur einigermaßen gerecht wird. Es ist vielmehr das Gesamtphänomen des Menschen, des Dichters und Denkers wie auch des Arztes zu erfassen; nur so sind die einseitigen Vorstellungen vom lebenslustigen, romantisch-sentimentalen Tübinger Studenten bis hin zum halbblinden, in sich gekehrten, mit der diesseitigen und jenseitigen Welt in Harmonie lebenden Sänger zurechtzurücken.

Um ein wahres Kernerbild zu erhalten, ist es unumgänglich, alle biographischen Tatsachen zu beachten, da es eine Gestalt zu beschreiben gilt, die von der Individualität des Durchschnittsmenschen erheblich abweicht, indem sie auf mehreren Gebieten gleichzeitig – der Poesie, der Medizin, des Glaubens im weiteren Sinne (Religion, Magik, Okkultismus) – wesentlich schöpferischer und tätiger wirkt als andere.

Dies ist in den letzten Jahrzehnten von der Kerner-Forschung erkannt worden, vor allem von L. B. Jennings[2], der sich auf – in der Vergangenheit bewußt oder unbewußt nicht ausgewertetes – biographisches Material stützt, das im ungewöhnlich reichhaltigen handschriftlichen Nachlaß des Dichters[3] vorhanden ist. Dabei spielt zweifellos der umfangreich erhaltene Briefwechsel, der die eigenartige Persönlichkeit Kerners sehr anschaulich offenbart, eine besondere Rolle. Zwar wurde von Kerners Sohn Theobald schon 1897 der Briefwechsel seines Vaters veröffentlicht[4], doch ist die Auswahl sehr vorsichtig und respektvoll.

11

„Kerner selbst kommt verhältnismäßig selten zu Wort; besonders der zweite Band bringt eine so geringe Anzahl von Kerners eigenen Briefen, daß dieser aus dem Mittelpunkt des Interesses sehr zurückgedrängt wird", stellt eine zeitgenössische Rezensentin bedauernd fest.[5] Sie bemängelt damit nicht nur die Ungewichtigkeit zugunsten der im ersten Band dokumentierten Jugendjahre, sondern unterstreicht auch, wie wichtig die eigenen Briefe zur Vergegenwärtigung der Person des Verfassers sind. Insofern sind die selbst geschriebenen Briefe unschätzbare Zeugnisse oder, wie es bei Baumann heißt, „unbestechliche Selbstzeugnisse, selbst wenn sie aus verfänglichen Absichten geschrieben werden; der Schreiber offenbart sein Wesen, selbst wenn er mit keinem Wort darauf eingeht."[6] So sind es also Kerners Briefe, die besonders interessieren und die mit ihrem hohen biographischen Wert die Wirklichkeit des Dichters erhellen sollen. Daß im Rahmen der hier gegebenen Möglichkeiten nur ein kleiner Teil seiner Briefe berücksichtigt werden kann, versteht sich von selbst. Mit der im Titel schon genannten Beschränkung auf die Briefe an die Dichterfreunde soll zumindest einem Aspekt der deutlichen Straußschen Akzentuierung im Eingangszitat („nur aus dem Dichter zu begreifen") Rechnung getragen werden. Denn gerade die brieflichen Äußerungen des Dichters Kerner sind in jenem Bereich angesiedelt, den man vereinfacht mit den Begriffen Gemüts- und Seelenleben umschreiben kann; sie zeichnen daher ein weit genaueres Bild seiner Persönlichkeit als die zumeist unverbindlich und sachlich gehaltenen, manchmal auch wissenschaftlich geprägten Briefe an entferntere Bekannte und Berufskollegen. Daß dieser Aspekt bis heute nicht ausreichend gewürdigt wird, versucht Jennings, der sich vor allem mit dem Kernerbild bis 1819 beschäftigte, zu begründen: „An literarischen Beziehungen ist aus den Tausenden von ungedruckten Kerner-Briefen nicht viel zu ermitteln. In späteren Jahren interessierte sich Kerner nicht so sehr für literarische Neuigkeiten, die er überhaupt als eitles Treiben abzutun pflegte." In der Grundtendenz sicher nicht falsch, so ist dies doch ein allzu pauschales Urteil. Im folgenden Satz wird auch sofort wieder eingeschränkt: „Hauptsächlich sind es seine Beziehungen zu bekannten literarischen Persönlichkeiten, die von Interesse wären."[7] Es sind also die zum Teil noch ungedruckten Briefe an Uhland, Mörike, Lenau (Niembsch Edler von Strehlenau), Graf Alexander von Württemberg, Schwab, Strauß (um zunächst die engeren Dichterfreunde zu nennen), die interessieren und die Kerners Gestalt in seinen wichtigsten Lebensperioden bis etwa Mitte der 40er

Jahre des letzten Jahrhunderts von einer weiteren Seite beleuchten sollen, um so seiner Wirklichkeit wieder ein Stück näher zu kommen, ihm näher zu kommen.

Im „Bilderbuch aus meiner Knabenzeit"[8] schildert Kerner zwar seine Kindheitsentwicklung von der Geburt im Jahre 1786 bis zum Beginn des Studiums in Tübingen im Jahre 1804, doch bleiben in diesem Bericht einige der entscheidenden persönlichkeitsbildenden Erlebnisse und Erfahrungen undeutlich. Das Nesthäkchen Justinus – seine wesentlich älteren Brüder Georg und Karl stehen schon am Anfang ihrer außergewöhnlichen beruflichen Laufbahnen – wächst in einem Vaterhaus auf, das keineswegs der biederen und einfachen Welt einer gewöhnlichen Oberamtmannsfamilie angehört[9]: Man verkehrt in hohen Regierungskreisen und mit bedeutenden französischen Emigranten; Schubart ist häufiger Gast, und 1793 kommt sogar Schiller zu Besuch. Des Vaters Versetzung 1795 nach Maulbronn, die Teilnahme am Unterricht des Präzeptors Braun in Knittlingen und eine monatelange Magenerkrankung (die übrigens unter anderem auch magnetisch behandelt wird) bringen schon früh alles andere als ein ruhiges Dasein. Der schwerste und am nachhaltigsten auf sein weiteres Leben wirkende Schlag in seiner Kindheit ist für den 13jährigen der Tod seines Vaters.[10] Zurück in Ludwigsburg, setzt der junge Justinus seine Schule bei Karl Philipp Conz, dem späteren Tübinger Professor für klassische Literatur, fort.

> Er ... nahm sich meiner Fortschritte nicht nur in den toten, sondern auch in den lebenden Sprachen (namentlich auch im Italienischen) sehr an. Er war die Güte und Naivität selbst.
> Was ich in gebundener Rede verfertigte, brachte ich ihm; aber seine Dichterbildung war eine sehr klassische, und meine unklassischen Versuche veranlaßten ihn nicht, mich zum Dichten aufzumuntern, daher ich auch später besonders als mich die deutsche Volkspoesie mehr als alles klassische anzog, alle Verse ihm lieber verbarg ... In die damalige unschöne Literatur arbeitete ich mich durch die reichlich mit Kramer-'schen, Spießischen, Lafontaine'schen etc. Schriften versehene Lesebibliothek des Herrn Antiquar Nasts ein ... Dagegen sorgte mir Conz für Schillers neueste Tragödien, für Klopstocks, Höltys, Mathissons, Salis Gedichte; Goethes Werke lernte ich erst etwas später kennen.[11]

Doch schon während der Schulzeit muß Kerner auf Geheiß seines Bruders Georg nebenher zwei Stunden täglich zum Schreinermeister Bickelmann in die Lehre. Hier beginnt etwas, was Borst richtig eine

„völlig andere Bildungskarriere als die der anderen geistig führenden Württemberger des letzten Jahrhunderts" nennt, denn diese „kommen aus der altwürttembergischen Bildungstradition, für welche die Naturwissenschaften oder Fabriktore nicht gerade nachbarliches Terrain sind."[12] Besonders das letztere ist von entscheidender Bedeutung für Kerners weitere Entwicklung, da er nach der Schule 1802 als Arbeiter und Lehrling in der Ludwigsburger Tuchfabrik eine zweijährige Ausbildung beginnt und bald feststellt, daß die Natur – sowohl in spezifisch naturwissenschaftlicher wie auch technologischer Hinsicht – ihn besonders fesselt. Zu diesem Zeitpunkt schon tauchen Gedanken an einen möglichen Arztberuf auf. Und eine weitere Lebenslinie wird vorgezeichnet:

> Das Irrenhaus, das, wie schon gesagt, in gleicher Ummauerung mit der Tuchfabrik stand, war meinem Schlafgemache so nahe, daß ich oft vor dem Singen, Lachen, Fluchen und Toben seiner armen Bewohner nicht in Schlaf kommen konnte... Ich besuchte die Unglücklichen auch oftmals in ihren Zellen und wurde ihnen bald bekannt und freundlich... ich vermochte oft Tobende durch Worte und Anschauen zu besänftigen... Meine Neigung und einiges Geschick, mit Geisteskranken umzugehen, was ich später erproben mußte, war mir wohl von der Natur von Geburt aus zugetheilt.[13]

Dies sind die Voraussetzungen, als Kerner im Herbst 1804 in Tübingen sich für das Studium der Medizin einschreibt. Seine äußerlich wie innerlich bewegte Kindheit und seine Kenntnis von sozialer Wirklichkeit der verschiedensten Stufen verschaffen ihm einen seelischen Reichtum und eine geistige Spannweite, die ihn automatisch zur Triebfeder der nach der Jahrhundertwende in der schwäbischen Universitätsstadt Wurzel schlagenden romantischen Bewegung machen. Die Vorliebe für die Volkspoesie, die Freundschaftsbünde und das gemeinsame Naturerlebnis verbinden Kerner eng mit den anderen Mitgliedern der „Gesellschaft junger Freunde", hauptsächlich Studenten der Jurisprudenz und Medizin, zu deren Keimzelle neben Kerner vor allem Ludwig Uhland, Heinrich Köstlin und Karl Mayer gehören. Als das erste Tübinger Manifest romantischen Geistes 1807 mit dem „Sonntagsblatt für gebildete Stände" entsteht – in spontaner Opposition gegen das Sprachrohr der Stuttgarter klassizistischen Kreise, dem „Morgenblatt für gebildete Stände" –, ist wieder Kerner der Urheber:

> Das Morgenblatt, wovon täglich, außer Sonntags, ein Stück herauskommt, veranlaßte Kerner ein Sonntagsblatt zu veranstalten, nehml. ein

geschriebenes... Man gibt unvollendete Gedichte, Entwürfe u.s.w. einem Zirkel vertrauter Freunde zum besten...[14],

schreibt Uhland an Christoph Friedrich Kölle. Obwohl die Kenntnis zeitgenössischer romantischer Literatur sicherlich nicht groß war, kamen die Anregungen zum Sammeln und Nachdichten von Volkspoesie auch von Novalis, Tieck und vor allem von Arnim und Brentano. Dies ist aber nur eine Seite des Kernerschen Studentenlebens, mit dem übrigens auch der umfangreiche Briefwechsel einsetzt. Die andere Seite ist das medizinische Studium, der Umgang mit Kranken (auch mit Hölderlin), die permanente Begegnung mit Schmerz und Trauer, die auf sein sensibles Gemüt nicht ohne Auswirkungen bleiben können. Seine Lebensunmittelbarkeit und Gefühlswärme, die charakteristisch für sein literarisches Werk sind, werden in der täglichen Realität stark in Mitleidenschaft gezogen. Diesen Konflikt verdeutlicht auch Kretschmer, wenn er sagt: „Der Dichter mag die romantische Antinomie zwischen magisch-gefühlhaftem und rational-gegenständlichem Lebensverhältnis im Kunstwerk überbrücken. An den Arzt stellt dies die höchsten Anforderungen, und dies um so mehr als man in der neuzeitlichen Medizin beide Pole als unversöhnliche Gegensätze ansah."[15]

Insofern sind die schon in dieser Zeit einsetzende Melancholie, die beginnende Resignation, aus der später eine Todessehnsucht sich entwickelt, und die depressiven Stimmungen zunächst einmal aus dem real Erlebten zu erklären; mit entscheidend sind natürlich auch die aus der Kindheit resultierenden, oben schon angedeuteten Lebenserfahrungen.

Im Jahrzehnt nach dem Studium, das er 1809 mit der Promotion abschließt, gibt es viele briefliche Zeugnisse seiner zwiespältigen seelischen Situation, die sich einerseits in überschwenglicher Heiterkeit, andererseits in starken depressiven Stimmungen bemerkbar macht.[16] Vor allem zwei Problemkreise – sein Liebesleben und sein ländliches Berufsleben – sind es, die seine weitere seelische Entwicklung beeinflussen. In die Zeit der im April 1809 begonnenen Reise nach Hamburg und Wien fällt die erste Begebenheit, die seine von den neuen Erfahrungen noch erhöhte Lebenslust jäh zu zerstören droht. Klingen seine Briefe zunächst, wenn auch anfänglich von Heimweh geprägt, begeistert und drücken sie dabei eine neu gewonnene schöpferische Kraft aus, so ändert sich dies Mitte August schlagartig:

15

Wäre ich nicht durch sie so ganz verhext (doch ohne ihren Willen, bitte ich immer hinzuzusetzen; sie könnte diesen Brief lesen) so ganz darniedergeschlagen und zur reinen Null durch sie gemacht, hätte ich dabey auch Geld das ich selbst verdient, – welch Leben könnt ich in einer solchen Stadt leben! Ja ich möchte, beym Himmel! gar nirgends leben als Hier! So aber (und ohne an das Volkslied entfernt zu denken kam ich selbst auf diß Bild,) so aber treibt mich die Liebe wie die Welle ein Mühlrad immer in gleichem Zirkel voll Thränen umher, daß mir ein rechter Schwindel anwandelt wenn ich einmal still stehen und denken will. Ich sehe alles nur wie halb, wie im Äther verloren, tanzt alles um mich, mein Gefühl aber mein einziges das lastet ganz auf mir, bleyschwer, recht nah – ach! wär es nur einmal Wehmuth..., es ist aber recht Zerrüttung, Verzweiflung, recht oft biß zur Wuth.[17]

Es ist nicht die von ihm romantisch umschwärmte Friederike Ehmann, die er in Tübingen 1807 kennengelernt hat, von der er in diesen Zeilen spricht, sondern die Frau seines Bruders Georg, Johanna Friederike, in die er verliebt ist. Die Situation wird für Kerner mit jedem Tag aussichtsloser, und die Abreise scheint ihn in eine hoffnungslose, düstere Zukunft zu führen:

Vermuthlich, (denn was bleibt mir, da ich ein Bettler bin, am Ende sonst übrig) muß ich wieder hinkehren wo ich herkam, in das dir so fade Ludwigsburg, um daselbst bey meiner Mutter und ihrer Magdt zu sitzen und ein recht thätiges Leben hinter dem Ofen zu führen. Bey meinem zerrütteten Gemüthe, bey meiner gänzlichen Hoffnungslosigkeit, voll ganz gestosen dann von dem was mein Herz so allein sich zu verbinden suchte – mag diß dann ein recht fröhliches Leben abgeben. Doch Gott sey Dank! daß es dort ein Tollhaus giebt. – O Uhland! ich scherze nicht – sieh! ich schreib es mit Thrännen – wer weiß ob du, wann du von Paris zurükkehrst, mich nicht dort zu suchen hast – – – Du hast noch die Aussichten deiner Reise vor dir – – – ach! als ich mich noch auf Hamburg freute, da war es auch anders. Mein Leben ist nun gelebt, ich habe nichts mehr vor mir.

So schreibt er gegen Ende seines Hamburger Aufenthalts an Uhland.[18] Die Trennung verschlimmert die seelische Krise noch, da sie seine Liebe zur Schwägerin zu potenzieren scheint. Gleichzeitig belastet ihn sein gefühlsmäßig ungebrochenes Verhältnis zu seiner Braut Rickele; er spricht von „zwei Flammen", die ihn verzehren:

Sie hat wohl diese unbeschreibliche Lieblichkeit nicht die meine Schwester [so nennt Kerner die Frau seines Bruders] hat, aber sie ist so ganz Treue Glauben und Poesie wie Du nicht fassen kannst, Uhland... Ach! ich sitze zwischen zwey Flammen die mich verzehren! Doch möge mein Rickele das fromme ewige Licht seyn![19]

16

Als er auf der Fahrt nach Wien in Augsburg seiner Braut wiederbegegnet, wird er von Selbstvorwürfen geplagt. Nach fünfmonatigem Aufenthalt in Wien kehrt er in die Heimat zurück und beginnt in Dürrmenz bei Mühlacker seine Tätigkeit als Arzt. Daß er sein Rickele zunächst noch nicht zu sich holt, liegt zum einen an der Unsicherheit der ersten medizinischen Praxis, zum anderen an den aus der Hamburger Affäre resultierenden inneren Spannungen und Kämpfen, durch deren seelischen Druck sich seine Psyche verändert. Als er die an „Abzehrung aus Sehnsucht und Liebe" leidende Braut im Februar 1813 endlich heiratet, tut er dies sicherlich nicht nur aus Liebe, sondern auch in der Hoffnung, eine Beruhigung seines Gefühls- und Gemütslebens zu erreichen.

Die ersten Berufsjahre in ländlicher Abgeschiedenheit (nach Dürrmenz ab 1811 in Wildbad, 1812 in Welzheim, 1815 als Oberamtsarzt in Gaildorf) bedeuten für Kerner einen weiteren entscheidenden Einschnitt in sein bisheriges Leben: Er muß täglich hart arbeiten (und das für wenig Geld), sieht sich andauernd mit Armut, Krankheit und Tod konfrontiert und verliert gleichzeitig die Möglichkeit der Ablenkung, der Kompensation durch Erlebnisse und Ereignisse, die die turbulente Studenten- und die abwechslungsreiche Reisezeit ständig parat hielten. Kerner wird einsam, seine depressiven Stimmungen verstärken sich, können sich nicht mehr in gewohntem Maße im Gefühlsüberschwange und in der jugendlichen Ausgelassenheit entladen. Lebensunlust, Resignation, ja sogar „Lebensekel" und „Todessehnsucht" brechen immer deutlicher aus. Er fühlt sich von allen Freunden verlassen, und seine Freundschaft mit Uhland erfährt, unter anderem durch den Zweifel an dessen Treue, die ersten sichtbaren Risse.[20] Die Briefe Kerners an Uhland aus jener Zeit drücken diese Gemütsverfassung am deutlichsten aus. Einige wenige Beispiele zeigen dies:

> Das beständige, fade mühevoll-geschäftslose Herumtreiben auf einem Punkt, eine Bande Musikanten die den ganzen Sommer hindurch, jeden Tag die nehmlichen Stücke wiederholten, ekle Krankheiten wie die Ruhr, Aussichten in – Nachtstühle – all diß hat mich in den brecherischen Zustand gebracht in dem ich mich noch befinde...,

schreibt er aus Wildbad an den Freund.[21] Aus Welzheim klagt er ein dreiviertel Jahr später:

> Uhland! die Betrübniß die überhaupt in mir herrscht und die sich sonst blos über meinen Morgen verbreitete, die Unlust fast mich nun den ganzen Tag über, nur die Nacht noch gewährt mir einige Ruhe. Ich bitte dich, schaffe mir Trost, daß ich nicht ganz verzweifle! Mein Leben ist

17

aus! ich kann dir nichts sagen; als daß mir alles höchst überdrüssig und widrig ist, daß ich immer kränker im Gemüth werde und keine Hülfe weiß. – Ich werde bald gänzlich zu Grunde gehen, ich werde an keinen Freund mehr denken, es nüzt doch alles nichts. – Es ist nichts ausser mir was mich so zerrüttet, es ist alles in mir. Die Leute hier herum sind recht gut, und mehrere in Lorch ganz äct und uns zusagend und liebevoll gegen mich, und doch kann all diß mich nicht trösten. Mein Gemüth leidet als Arzt unbeschreiblich immer mehr, je länger ich es bin. Die unbedeutendsten Krenke sehe ich alsbald todt und es pakt mich eine unbeschreibliche Angst. Es kann nicht viel länger mehr dauern und was wird und kann meine Lage ändern¿¿¿ O Uhland! um Gotteswillen! wären wir doch nur schon alle todt!!![22]

Seine Todessehnsucht umschreibt er wiederholt in den verschiedensten Bildern:

Es spricht mir alles so widerwärtig an, als keine Spinne im zarten Netz der ewige Regen wohl anspricht. Ich kann dir aus meinem tiefsten Innern die feste Versicherung geben – daß nichts mir erfreulicher wäre – als ein stilles Einschlafen – auf immer.[23]

Kerners Lebensperioden bis zu seiner Niederlassung in Weinsberg 1819 lassen selbst in dieser Kürze und Ausschnitthaftigkeit der Darstellung erkennen, daß die Entwicklung seines seelischen Zustandes sich entscheidend auf alle seine Daseinsbereiche direkt auswirkt. Der Kontrast in seiner Persönlichkeit spiegelt sich in seinem literarischen Werk unverkennbar, besonders in den Gedichten, wider.[24] Die romantischen Stimmungen bleiben zwar erhalten, entwickeln sich in den Folgejahren aber durch das wegen der Weltüberdrüssigkeit fehlende schöpferische Moment nicht weiter. Der Beruf des praktischen Arztes beeinträchtigt seine Lebensqualität, engt ihn dermaßen ein, daß er um den Verlust seiner Poesie fürchtet; er löst Ängste in ihm aus und zersplittert sein Ich. Doch seine Naturliebe verleiht ihm das Bewußtsein des helfenden Arztes, der seinen Beruf ernst nimmt und sich in ihm zu profilieren versucht. Dazu gehört auch das verstärkt seit 1811 hervorgetretene Interesse für den Okkultismus, das sich nahtlos in den Ideenkreis der romantischen Naturwissenschaft einfügt. Der Gegensatz zwischen den rationalen, den praktischen und den poetisch-religiösen Zügen seines Wesens beherrscht die Person Kerners – mehr oder minder stark – sein ganzes Leben lang.

Die nun folgenden 20er und 30er Jahre bringen für Kerners Leben eine nicht zu übersehende innere Befriedigung und Beruhigung: Die Stellung als Oberamtsarzt in Weinsberg, das eigene Haus (1822 auf einem von der Stadt geschenkten Grundstück erbaut), die für ihn wichtige Geborgenheit in der Familie[25] geben ihm die in den Jugendjahren so verzweifelt gesuchte Existenzsicherheit. Und auch berufliche Erfolge bleiben nicht aus, da er durch seine Einfühlsamkeit, seine Verständnisfähigkeit hinsichtlich der Leiden anderer und seine geschickte Art, mit den Patienten umzugehen, recht bald ein hohes Ansehen in allen Bevölkerungskreisen genießt. Besonders seine Anfang der 20er Jahre intensivierten Forschungen im Bereich der Parapsychologie (seine erste veröffentlichte Studie trägt den Titel „Geschichte zweyer Somnambülen"[26]) machen ihn als Arzt über die Grenzen der Region hinaus bekannt. Zahlreiche fachliche Veröffentlichungen sowohl im mechanistisch-realen Bereich (den körperlichen Krankheiten) als auch im okkultistischen Bereich (den seelischen Krankheiten) zeigen ein über das normale Engagement eines Oberamtsarztes hinausgehendes berufliches Interesse.[27] Sein Patientenkreis erweitert sich in den folgenden Jahren bis in die höchsten gesellschaftlichen Kreise; so sucht schon 1824 Graf von Löben bei ihm Heilung. Die Behandlung von Friederike Hauffe, der „Seherin von Prevorst", und seine Veröffentlichungen am Ende des ersten Weinsberger Jahrzehnts über diesen Fall[28] verschaffen ihm eine unerwartete Berühmtheit in Deutschland. Die unermüdliche Betätigung in den medizinischen Gebieten, die erst mit der beginnenden Sehschwäche und der altersbedingten Abnahme der körperlichen Kräfte nachläßt, bildet den Schwerpunkt in Kerners Leben bis gegen Ende der 40er Jahre. Den Angriffen, denen er wegen seiner Beschäftigung mit der „Nachtseite der Natur", wegen des Abgleitens in ein romantisches Jenseits, ausgesetzt ist, begegnet er mit der Sicherheit eines empirischen Naturwissenschaftlers, der versucht, mystische und rationale Erfahrungen objektiv zu verarbeiten. Bedenkt man auch die in jener Zeit noch vorherrschende Anschauung – parapsychologische Phänomene wurden noch nicht in Widerspruch zu den naturwissenschaftlichen Gesetzen gesehen –, so kann man keineswegs von einer aus den okkultistischen Studien resultierenden Weltabgewandtheit und Jenseitigkeitssehnsucht Kerners sprechen. Die Ernsthaftigkeit, mit der er seine Beobachtungen betrieb, zeigt auch die Tatsache, daß er im Laufe der Jahre viele Patienten in sein Haus und damit in seine Familie aufnahm.

Das Kernerhaus gilt aber nicht nur als Asyl für Heilung suchende Menschen, sondern es wird durch Kerners Gastfreundschaft immer mehr auch gesellschaftlicher Treffpunkt für Menschen aus allen sozia-

19

len Schichten, „wo man konfessionelle und ideologische Streitigkeiten hinter sich lassen konnte, gleichsam eine klassenlose Utopie im kleinen."[29] Kerner schafft sich damit das seit der Studentenzeit verlorengegangene und in der Einsamkeit der ersten Berufsjahre so schmerzlich vermißte menschliche Umfeld, als dessen Mittelpunkt er wieder agieren kann und dessen Stürme die depressiven Gedanken verscheuchen können. Zwar fehlen die melancholischen Stimmungen in den Briefen nicht, die Trübseligkeit und Deprimiertheit sowie die Klage des Einsamen und Verlassenen tauchen immer wieder in gleichen Formulierungen auf, aber, so scheint es, sie sind für Kerner in dieser Zeit häufig zu Floskeln geworden, die – zumindest für ihn – hinter seinen Interessen und seiner Neugierde zurückstehen:

> Ihre Freundschaft thut meinem Herzen sehr wohl und ich wünsche recht sehnlich, auch einmal durch einen Besuch von Ihnen erfreut zu werden. Diesen Herbst [1826] waren Notter, Schall, Schmiedlin und manche andre Ihrer Freunde und Bekannten bey uns, *Sie* kamen noch nicht. Ihrem Schreiben nach, sind Sie nicht mehr in Tübingen und da ich Ihre Adresse nicht weiß, lass ich diese Zeilen an Sie über unsre Vaterstadt und das Heugelinsche Haus gehen.
> Erhalten Sie mir Ihre Liebe![30]

Dieser kurze Brief an den ihm fast völlig unbekannten und literarisch bis dahin noch nicht hervorgetretenen jungen Mörike (der gerade sein theologisches Studium beendet hat und auf ein Vikariat wartet) drückt von den ersten Worten an die Sehnsucht des Einsamen nach Beachtung aus. Doch selbst wenn man dem 18 Jahre Älteren die Spontaneität und Naivität des echten Romantikers zubilligt, ist es erstaunlich, wie unbekümmert er seine Gefühle einem praktisch Fremden gegenüber äußert. Außerdem zeigt gleich der folgende Satz, in dem er die Besuche anderer Mörike-Freunde im Weinsberger Haus erwähnt, daß die anfänglich behauptete Verlassenheit nicht existent ist. Eine ähnliche Reaktion zeigt Kerner am Beginn seiner Freundschaftsbeziehung zu Lenau im Jahre 1831:

> …ich weiß gar wohl, daß Sie Wochen lang in Stuttgart und Tübingen herumfahren, in Heilbronn noch einen Brief an Mayer schrieben, der Sie kaum verlassen, an Weinsberg aber wohl dachten, aber dahin kein Sehnen hatten. Ja, Sie schreiben an mich nicht einmal, nicht einmal einen Brief. Wie leicht wäre uns eine Zusammenkunft in Heilbronn gewesen! Hätten Sie sich auch nicht die Mühe machen wollen, nach dem Weinsberg, das Ihnen freilich, besonders im Winter nichts Befriedigendes darbieten kann, zu kommen. Wäre ich nicht besonders seit der Zeit, wo

ich Geister nicht bloß wie Sie und andere in Novellen und Gedichte aufführe, sondern Beweise für deren Wirklichkeit anführe, gewohnt geworden, daß auch sehr gute Freunde mitleidungsvoll über mich den Kopf schütteln und mich auch bei anderen zu verdächtigen suchen, so könnte mich Ihre Unfreundlichkeit befremden, so aber bin ich derlei, wie ich sage, schon seit Jahren auch an älteren Freunden gewohnt, und es ist nun einmal so und ich kann mich trösten.[31]

Dies ist offenbar nicht mehr die harmlose Offenlegung eines schlichten Romantikergemüts; hier sprechen Resignation, Verbitterung und Verärgerung über die Mißachtung der eigenen Persönlichkeit eine scheinbar deutliche Sprache. Solche anklagenden Töne sind ebenso durchgängig in den Briefen an die anderen Dichterfreunde zu finden wie die immer wiederkehrenden Fragen eines anscheinend verzweifelt einsamen Menschen: „Geliebtester! Wo ist der Niembsch? Wo bist Du?"[32] schreibt er etwa in unzähligen Briefen an Graf Alexander von Württemberg, mit dem er seit 1830 freundschaftlich verbunden ist. Der allzu häufige Umgang mit Begriffen, die die Schwere seines Lebens, seine melancholischen und depressiven Stimmungen charakterisieren, wird hauptsächlich durch die hohen psychischen und physischen Anforderungen seines Berufs ausgelöst. In einem Brief an den eben Genannten heißt es:

Geliebtester!
Ich höre von Dir selbst nichts, – ich höre aber durch andere: daß der Druk Deiner schönen Sonette bey Hallberger bald vollendet seyn werde. Ich freue mich herzlich auf sie und sende sie mir nur bald.
Aus meinem Leben u. von hier kann ich Dir wenig schreiben, es ist eine immerwährende ärztliche Plage u. Unruhe, ein Umherfahren Steinsfeld, Sulzbach, Weiler, Lichtenstern, Waldbach, daß ich täglich matt u. elend nach Hause komme. Dabey schwindet das Licht meiner Augen immer mehr u. mit ihm meine Lust noch länger auf dieser Erde zu leben. – *Theobald* versieht die Kranken hier im Ort u. kommt auch sonst zu nichts. Es ist ein höchst trauriges Leben. Alter! wir sollten mit einander sterben, das wäre das Beste.
Ich kann nicht nach *Stuttgart,* weil mich die Kranken hier halten u. weil ich selbst zu elend bin um dort die vielen Besuche machen zu können die ich machen müßte, ich wäre diesen Leuten ein Scandal. –
Ein Magikon wirst du nächstens von mir erhalten.
Mein Geist ist immer bey Dir, aber mein Leib ist wie der Deine dahin! Gott sey mit Dir!
Dein trauernder Justel.[33]

Aus diesen Zeilen wird ersichtlich, daß es in allererster Linie die körperlichen und geistigen Überlastungen des ungemein anstrengenden

Landarztlebens sind, die Kerner in einen allgemeinen Zustand der Mattigkeit versetzen, und nicht die aus seinem Innern wirkenden Depressionen. Denn wären solche in dem bisher angenommenen Maße existent gewesen, hätte dies unweigerlich zu einem menschlichen Zusammenbruch führen müssen. So gesehen beherrscht Kerner seine Stimmungen in diesen Lebensperioden und nicht sie ihn. Das heißt, daß seine Gefühlsebene nicht von einer kranken, also depressiven und damit unkontrollierbaren Kraft bestimmt wird, sondern durchaus in einem gesunden Sensibilitätsbereich angesiedelt ist, dessen Empfindungsfähigkeit aber zugegebenermaßen weit über die eines „Normalmenschen" hinausgeht. Die niederdrückend klingenden Stimmungen, die er in seinen Briefen permanent äußert, sind demnach stark überzeichnet und können von den Außenstehenden nicht realistisch eingeschätzt werden, da ihr Gefühlsleben sich nicht mit dem Kerners messen kann. Die Freunde jedoch haben sich längst an dieses Kernersche „Markenzeichen" gewöhnt. Sie wissen um die meist zum Klischee gewordenen Formulierungen und kennen seine wirkliche, bei weitem nicht so dramatische seelische Situation. Und auch er selbst ist seiner Person gegenüber kritisch genug, um die impulsiven Gefühlsäußerungen richtig einordnen zu können:

> Niembsch! Schrecklich Geliebter!
> Sie kennen mich noch nicht, sonst wäre Ihnen mein Klageschrei nicht aufgefallen. Ich liebe innigst und komme sogleich in Verzweiflung, wenn ich mich verstoßen fühle. Derlei Briefe können Schwab und Uhland und Mayer in Menge von mir aufweisen, den von diesen glaubte ich mich auch oft verlassen.[34]

Wie sehr die Haltung, sich als Verlassener und Vergessener zu fühlen, schließlich in vielen Fällen sogar zur Pose wird, zeigt sich an der unmittelbaren Auswirkung dieses Verhaltens auf die ganze Familie. So ist der Brief, den sein Sohn Theobald in Vertretung seines nach München gereisten Vaters an Mörike schreibt, im Tone kaum von Kerners eigenen zu unterscheiden:

> Auch habe ich noch eine andere Lockspeise, die den seltenen Vogel ins Weinsberger Nez ziehen soll. Vorgestern kam ein Brief von L. Tieck und einer an Sie darin eingeschlossen – wenn Sie ihn nicht selbst holen, bekommen Sie ihn nicht; ich behalte ihn böswillig zurück, bis Sie sich selbst ins feindliche Lager wagen um den Geissel zu lösen. Nicht wahr Sie kommen? Noch einmal bittet Sie Ihr Theobald K.[35]

Daß die Wehklagen Kerners in vielen Fällen zu bloßen Floskeln werden, veranschaulicht aber nur einen Aspekt seines sehr tätigen und ausgefüllten Daseins in jener Zeit und meint auf keinen Fall, daß sein Leben ganz frei von trübseligen Gedanken ist. Zweifellos leidet er bis zu seinem Lebensende unter der Schwermut. Aber es ist doch festzustellen, daß die in der Forschung häufig vertretenen Auffassungen eines von überwiegend melancholischen Stimmungen geprägten, seelisch kranken Charakters stark zu relativieren und vor allem zeitlich einzuschränken sind. Das heißt, daß das erste Berufsjahrzehnt Kerner sicherlich in ein auch für ihn selbst unerwartet großes Seelentief stürzt, daß sich seine Psyche verändert, indem sie sich weiter sensibilisiert; seine Charakterstärke verhindert jedoch ein Abgleiten in ein akutes Krankheitsstadium. Denn gerade die ersten zwei Jahrzehnte in Weinsberg, an deren Ende er sich auf der Höhe seines Ruhms befindet und sich als Landarzt auf der untersten sozialen Stufe im „wirklichen Volk" genauso sicher wie als Dichter-Arzt in den höchsten Adelskreisen bewegt, verschaffen seiner Persönlichkeit einen oft zu gering eingeschätzten Freiraum, in dem seine dunklen Stimmungen ihr Ventil finden. Kerner ist jetzt wieder, wie in seinem Studentenleben, zur Kompensation – wenn auch auf andere Art und Weise – fähig, so daß seine Depressionen sogar in oberflächlichen, floskelhaften Verhaltensweisen verpuffen können.

Man hat Kerner in dieser Zeit mit seinen melancholischen Gefühlsausbrüchen allzuoft beim Wort genommen, wie dies übrigens auch mit seinen humoristischen Einfällen geschah, wenn er etwa an die Stuttgarter Freunde fälschlicherweise meldet, daß Lenau aus Amerika zurück sei, aber noch nicht in die Hauptstadt reisen könne, da er von Affen gebissen worden sei und an der Schiffskrätze leide.[36] Dieser schon groteske Humor, der sich in vielen Zusammenhängen nachweisen läßt, entwickelt sich in erster Linie aus der Erfahrung großer menschlicher Leiden. Kerner bestätigt dies selbst in einem Brief an Lenau:

> Im Jahre 1811 wurde auch ein Kind von mir in Heidelberg ans Licht gebracht, meine „Reiseschatten". Sie müssen sie lesen, damit Sie sehen, daß ich auch einmal recht tiefen Schmerz hatte, denn jener Humor konnte nur aus tiefem Schmerz hervorgehen; ich hatte dazumal aber wohl auch den Glauben wie Sie, und das viel schwärzer als der schwärzeste Gespensterglaube.[37]

Auf der anderen Seite aber sind die ironischen, ja oft satirischen Bemerkungen Ausdruck eines in ihm fest verwurzelten Gefühls der Eifersucht auf die Freunde, die in einer der größeren Städte innerhalb

Abb. 3: Justinus Kerner, um 1855

oder außerhalb Württembergs den Vorzug eines vornehmeren, gesell-
schaftlich und kulturell bevorzugteren Lebens genießen können. Daraus entstehen jene echten Verlassenheits- und Einsamkeitsgedanken,
die alles andere als eine Pose sind, die aber auch nicht aus einer kranken
Seele entspringen, sondern einen ganz nüchternen, realen Hintergrund
haben. Sie resultieren aus einer wirklichen Entbehrung und Sehnsucht;

sie machen ihm die Hilflosigkeit seines Lebens in der Provinz gegenüber seinen geistigen, seinen literarischen Bedürfnissen und das Ange-
wiesensein auf die Reisefreudigkeit seiner Freunde und Bekannten
bewußt. Sein Kummer ist immer wieder zu lesen: „Ich habe das
entsetzlichste Heimweh nach Stuttgart. Tausend amtliche Arbeiten
liegen vor mir, ich kann nicht mehr, meine Kräfte sind dahin", schreibt
er etwa an Gustav Schwab.[38] Und Uhland gegenüber klagt er:

> Du wurdest mir weggerissen. Dein Zug geht nicht mehr nach mir. Diß
> ist auch eine *der* Wunden in mir die nie mehr heilen. –
> *Niembsch* ist ja nun wieder bey Reinbeks ... Willibald *Alexis* gieng gestern
> von uns u. Sein Streben war nach Dir – wofern ihn der Postwagenzug
> nicht abwärts zog.
> Mein Geliebter! Du bist in mir u. wirst auch nicht mit meinem Tode aus
> mir kommen.[39]

Besonders deutliche Zeichen seiner „Eifersucht" lassen folgende Zeilen
an Graf Alexander von Württemberg erkennen:

> Niembsch ist also nun gegangen! Er sandte mir noch ein schönes Lied.
> Seine Entfernung schmerzt mich sehr, aber doch bin ich froh daß er von
> Stuttgardt los ist, weil sie ihn dort durch Affenliebe augenscheinlich
> verderben. Noch lasse ich die Hoffnung nicht sinken daß Ihr bey dem
> italiänischen Himmel der jezt über der Weibertreue steht, noch Selbst
> kommen werdet und freue mich in der Stille ...[40]

Es ist der Bereich der Muse, der Poesie, den Kerners unbändige Lebenslust immer wieder als Ausgleich zur Alltagsarbeit fordert; ein Wunsch,
den er sich nur ersatzweise und zeitweise erfüllen kann, indem er
möglichst viele Dichterfreunde immer wieder mit all seiner Überre-
dungskraft nach Weinsberg zitiert, in seine selbst geschaffene „Kultur-
insel". Freiligrath, Tieck, Pfizer, Geibel, Alexis, Matthison, Varnhagen
von Ense, Arnim, Dingelstedt, Strauß, Vischer, Mörike, Lenau, Graf
Alexander von Württemberg, Schwab, Kurz und Emma von Niendorf
(um nur die bekanntesten zu nennen) sind alle mehr oder weniger
häufig zu Gast im Kernerhaus. Sie bringen ihm einen Teil des schmerzlich vermißten Dichter-Lebens zurück, in dessen Mittelpunkt er so
gerne stehen würde. Doch Kerner bemerkt schnell angesichts seiner
äußeren Lebensumstände, daß dies, zumindest in schöpferischer
Weise, nicht mehr möglich sein wird. So bleiben nur seine „geschäfts-
mäßigen" literarischen Interessen stark ausgeprägt: 1826 erscheinen
seine Gedichte in erster Auflage bei Cotta, weitere folgen; seine späten
Gedichte, „Winterblüten", veröffentlicht er drei Jahre vor seinem Tod;

er interessiert sich stark für die Werke aller seiner Dichterfreunde, berät sie teilweise hinsichtlich einer Auswahl, erledigt selbst Korrekturarbeiten und schreibt Rezensionen; und letztlich sind es viele junge Schriftstellerinnen und Schriftsteller, für die er, durch persönliche Begegnungen menschlich begeistert, wichtige literarische Beziehungen anknüpft. Zum eigenen Dichtersein, zum schöpferischen Tätigsein fehlt ihm jedoch die Kraft, die ganz von seinem realen Dasein in Anspruch genommen wird. Daß Kerner sich im klaren darüber ist, im Kampf um den ersehnten dichterischen Teil seines Lebens keine Siegeschance zu haben, bekennt er schon früh seinem Freund Lenau:

> O Niembsch, ich bin innen nicht so dick, wie außen! Dabei habe ich nicht die Kraft wie Sie! Sie sind ein glühendes, edles Metall, an dem die Andern doch nur die Finger verbrennen; Sie werden doch nur immer gestählter und edler durch das Feuer; ich aber bin bald zur erbärmlichsten Schlacke verbrannt.[41]

Kerner spricht mit diesen Zeilen als dichterische Persönlichkeit, die unmißverständlich auf den Verlust des poetischen Feuers hinweist. Sein Interesse hat sich gezwungenermaßen auf Berufs- und Wissenschaftsgebiete verlagert, das dichterische Vermögen wird in den Hintergrund gedrängt, entscheidende schöpferische Kraft geht so verloren. Der Romantiker, der in seinen Versen von Anfang an den Kampf zwischen Leben und Tod in den Vordergrund stellt, der immer wieder mit den Motiven der Schwermut seinen Weltschmerz beschreibt, ist – obwohl von der Muse nie verlassen – in seiner literarischen Entwicklung damit früher als andere stehengeblieben. Er bestätigt diese durch berufliche Desillusionierung begründete Tatsache in eindeutigen Worten an Graf Alexander von Württemberg:

> Ja kommet! ach! ich bin verdammt selbst die entsetzlichsten Geschichten durchzumachen, die Ihr nur dichtet. Ich muß den bittern Kelch der Wirklichkeit trinken, Ihr trinkt noch den süßen des frischesten Jugendlebens, Dichterlebens. Kommet! Gott sey mit Euch! Ich bin sehr betrübt![42]

Die Schwierigkeiten des Alltags, das unprosaische Erlebnis menschlichen Elends überfordern Kerner dermaßen, daß diese Erfahrungen nicht mehr dichterisch verwertet werden können. So bleibt er bei seinen „alten" Themen, muß aus dem Vorrat schöpfen, der für ihn seit den Studien- und ersten Berufsjahren vorhanden ist. Daß er damit nichts Neues bietet, sieht er ganz realistisch, und er äußert es auch unverblümt:

Habe doch einmal die Güte, den *Cotta* im Ernst zu fragen: ob er meine Gedichte ungedrukt lassen wolle! Will er diß, so hab ich, in Wahrheit nichts dagegen: denn weder ich noch die Welt verliehren dadurch das mindeste, da ich von Cotta bezahlt bin, und derley Verse die Welt im Überfluß besizt. Aber – wissen möcht ich es. Nun hat er sie seit zwey Jahren ...,

schreibt er 1841 resigniert an Schwab wegen seiner Gedichte, die in dritter, immerhin sehr vermehrter Auflage erscheinen sollen.[43] Schon neun Jahre früher, als ihn Schwab um Gedichte für einen Almanach bittet, hat er Schwierigkeiten, etwas Geeignetes und noch dazu Ungedrucktes zu finden, und leicht vorwurfsvoll setzt Kerner hinzu: „Es ist Dir ja selbst bekannt daß ich eigentlich keine Gedichte mehr mache."[44]

Auch die letzten zwei Lebensjahrzehnte zeigen keineswegs einen schwachen Kerner. Daß sich seine Klagen in den Briefen aus jener Zeit zu häufen beginnen, ist nicht nur in den oben beschriebenen Relationen zu sehen, sondern ebenso durch normale äußere Umstände zu erklären: Der Tod seiner Brüder Louis (1837) und Karl (1840), die Affäre seines Sohnes mit Frau von Hügel (die sich schließlich scheiden läßt und den jungen Kerner heiratet), der Verlust der engsten Freunde Graf Alexander von Württemberg und Nikolaus Lenau im gleichen Jahr (1844)[45] und der Tod seiner Frau (1854) sind für das sensible Gemüt des alt Gewordenen nicht leicht zu verkraften. Auf der anderen Seite aber ist zuallererst auf die trotzdem immer noch erstaunliche Intensität hinzuweisen, mit der er sein medizinisches Amt bis an die Grenzen der körperlichen Fähigkeit und Belastbarkeit weiterführt. So lehnt er 1847 entrüstet den Plan einiger Freunde ab, sich wegen der fortschreitenden Erblindung für seine vorzeitige Pensionierung zu verwenden. Aber drei Jahre später ist er schließlich gezwungen, seine Oberamtsarztstelle aufzugeben: „Ich kann mit diesen Augen keine Obduktionen, keine Apothekervisitationen etc. mehr machen ..."[46], stellt er resignierend fest.

Und Kerner steht weiter mit vielen Persönlichkeiten in häufigem persönlichem wie in brieflichem Kontakt; seine Reiseaktivitäten nehmen gegenüber früher sogar noch zu. Aufenthalte in München, im Rheinland, in Lichtenthal bei Baden-Baden, eine ausgedehnte Nordseereise über Frankfurt nach Hamburg, Cuxhaven und Helgoland gehören ebenso dazu wie Besuche in Badenweiler, Straßburg, Basel und Meersburg am Bodensee. Dies alles ist nicht das Bild eines unter wachsender Isolierung und Vereinsamung krankhaft depressiven Menschen, es zeigt vielmehr eine Vitalität, die nicht jeder in diesem Alter sein eigen nennen kann. Diese These bestätigt etwa auch Tieck, wenn er 1853 schreibt: „Ich bin jetzt achtzig Jahre und habe schon seit langem eine wundersame Sehnsucht nach meinem großen, starken, herzlichen Justinus Kerner getragen..."[47]

Der Schluß, Kerners Persönlichkeitsbild, vor allem seine früh zum Stillstand gekommene dichterische Entwicklung, resultiere allein aus einer ererbten Anfälligkeit für Gemütsleiden, aus der in jungen Jahren schon eingetretenen politischen Desillusionierung wie auch aus seiner nicht leicht faßbaren Stellung zum Okkultismus, zur „Nachtseite der Natur", ist also nur teilweise richtig. Die Problematik seines Daseins beruht vielmehr auf dem permanenten Versuch, die romantische Synthese zu finden. Deshalb gibt es für ihn keine Möglichkeit, sich für den Dichter oder für den Arzt zu entscheiden; beide Pole sind nur in Gemeinsamkeit denkbar. Dies geht auch so lange gut, wie es die Zwänge des täglichen Lebens zulassen: In der Studentenzeit und den ersten Berufsjahren ist ihm zeitweilig die Synthese gelungen. Doch dann verändert sich die äußere Situation, die berufliche Seite gewinnt schnell an Gewicht, die Synthese ist nur innerlich noch zu halten. Und dies erfordert ungeheure seelische Kräfte, um die dadurch entstehenden inneren Spannungen zu überwinden. „Ich bin innen nicht so dick, wie außen", Worte eines Menschen, der sich – auch durch diese Selbsterkenntnis – solchem Druck gewachsen zeigt und sich damit weit über seine Zeitgenossen erhebt.

Albrecht Bergold

Der Briefwechsel Justinus Kerners mit Prinz Adalbert von Bayern (1850–1862)

„Als ich in all der Jugendfülle
In Deines Vaters Schloss am Main
Zuerst Dich sah, da dacht' ich stille:
O könnt' ich *dem* ein Freund doch seyn!"[1]

Diese von Justinus Kerner in seinem Gedicht an Adalbert von Bayern beschriebene, denkwürdige Begegnung fand am 25. August 1850 statt. Kerner wurde die lang erhoffte Audienz beim bayerischen König Ludwig I. (reg. von 1825–1848) gewährt. Er war dazu nach Aschaffenburg, dem Sommersitz Ludwigs und seiner Familie, gereist, um seinem königlichen Gönner persönlich Verehrung und Dank auszusprechen. Die Verehrung galt in erster Linie dem kunstsinnigen, dichtenden Monarchen, der Dank dem großzügigen Spender eines Ehrengehaltes; im Februar 1848, kurz vor seiner Abdankung, hatte Ludwig I. Kerner eine jährliche Unterstützung von 400 Gulden auf Lebenszeit gewährt.

Bei diesem Treffen nun lernte Justinus Kerner auf einer Mainfahrt den jüngsten Sohn Ludwigs I. kennen, den damals 22jährigen Adalbert (1828–1875), und sein „stiller" Wunsch nach einer Freundschaft mit diesem jungen Prinzen sollte schnell in Erfüllung gehen.

Die Korrespondenz der beiden beginnt mit einem Brief Kerners vom 7. September 1850 und endet mit einem Schreiben Adalberts, datiert vom 7. Februar 1862, zwei Wochen vor Kerners Tod. In den dazwischenliegenden Jahren gingen die Briefe zwischen München und Weinsberg beständig hin und her, manchmal innerhalb weniger Tage, teilweise im Abstand mehrerer Wochen. Antworten wurden angemahnt, überschnitten sich oder gingen auch mal verloren. Depeschen, Bücher und Gedichte, Lithographien und Photographien, kleine Geschenke und nicht zuletzt Bierfässer fanden ihren Weg – und das meist in nur knapp zwei Tagen – zum bescheidenen Weinsberger Haus genauso wie in die Münchner Residenz oder nach Schloß Nymphenburg.

Das noch vorhandene, umfangreiche, aber verstreute Brief-Material dokumentiert ausführlich und genau den Verlauf dieser intensiven

Abb. 4: Adalbert, Prinz von Bayern

Korrespondenz. Erhalten haben sich aus dem Nachlaß Justinus Kerners insgesamt 61 Briefe des Prinzen Adalbert, heute im Schiller-National-museum Marbach. Die Kerner-Briefe an Adalbert liegen durchgehend nur bis Dezember 1853 vor, decken damit aber den wichtigsten Zeit-raum des Briefwechsels ab. Sie konnten als Konvolut von 29 Briefen 1984 vom Städtischen Museum Ludwigsburg angekauft werden.[2]

*Abb. 5: Das Kernerhaus in Weinsberg mit dem Geisterturm und Burg Weibertreu,
um 1850*

Ergänzend dazu befinden sich in Marbach noch zehn Briefentwürfe
Kerners an den Prinzen Adalbert aus den Jahren 1850/51 und zwei von
1859 und 1860.

Eine zusätzliche und höchst interessante Informationsquelle bilden
die hier erstmals veröffentlichten Briefe von Joseph Heiland, dem
Sekretär des Prinzen Adalbert, an Justinus Kerner. Auch sie kamen mit
dem Kerner-Nachlaß in das Schiller-Nationalmuseum. Es sind 33 Briefe,
die der fleißige Schreiber innerhalb von knapp drei Jahren an Kerner
richtete. Sie enden leider schon 1853, da Heiland seiner Dienste beim
Prinzen enthoben wurde (s. Br. 57). Von den Briefen Kerners an Heiland
ist leider nur wenig bekannt. Aber vier erhaltene Briefentwürfe im
Schiller-Nationalmuseum können zumindest einen kleinen Einblick in
die Beziehung Kerners zu diesem Briefpartner geben.

Der Inhalt der Briefe dreht sich von Anfang an um *ein* großes Thema:
Hellseherei, Somnambulismus, magnetisches Schauen. Der vom Mysti-
schen und Okkulten angezogene Adalbert will mit allen Mitteln seine
Zukunft voraussehen. Die große Faszination, die Justinus Kerner dabei
auf ihn ausübt, beruht auf dessen Wissen um die „Nachtseiten der
Naturwissenschaften", um ein „Hereinragen der Geisterwelt in die

31

unsere".[5] Und was Kerner vollends unwiderstehlich macht: Er hat eine „Seherin" bei der Hand, mit deren Hilfe Adalbert hofft, sein zukünftiges Leben vorausgesagt zu bekommen. Zum großen Bedauern des Prinzen und Kerners handelt es sich hierbei jedoch nicht um Friederike Hauffe (1801–1829), die durch Kerner berühmt gewordene „Seherin von Prevorst", sondern um eine „Wasserschauerin" aus Ellhofen bei Weinsberg.

So beginnt ein – anfänglich noch recht harmloses – Frage- und Antwortspiel, das jedoch schnell bedenkliche Formen annimmt. Auf die absurden, oberflächlich-naiven Fragen Adalberts geht Kerner mit viel Einfühlungsvermögen und Geduld ein. Er steht jedoch durchweg kritisch und zweifelnd den magnetischen Fähigkeiten seiner „Seherin" gegenüber: „Gott gebe, daß sie wahr geschaut!!" (Br. 1). Dazu kommen die Kommentare, Ratschläge und verblümten Anweisungen des Sekretärs Heiland an Kerner, die ein weiteres Licht auf die Geschehnisse werfen.

Die hier vorliegende Zusammenstellung und Präsentation der Briefe macht zum erstenmal die ganze Spannbreite und Intensität dieses umfangreichen Briefwechsels deutlich; durch die chronologisch geordnete Abfolge der Briefe kann zudem der spannende Wechsel zwischen Fragen und Antworten ungestört nachvollzogen werden.

Bedeutung des Briefwechsels für Adalbert von Bayern

Während des Zeitraumes, der den regen Brief- und Gedankenaustausch mit Justinus Kerner umfaßt, stand Adalbert mitten in einem wichtigen Entscheidungsprozeß, der für sein künftiges Leben ausschlaggebend war. Es ging dabei um die politisch nicht unbedeutende Frage der bayerischen Thronfolge in Griechenland. 1832 war der ältere Bruder Adalberts, der damals 17jährige Otto, zum König von Griechenland gewählt worden. Da seine 1836 geschlossene Ehe mit Amalie von Oldenburg kinderlos blieb, schien das von Anfang an eher unsichere griechisch-bayerische Königtum besonders seit den 40er Jahren in Frage gestellt. In dieser Situation wurde Adalbert als potentieller Nachfolger seines Bruders gehandelt. Voraussetzung dafür war jedoch sein Über-

32

Abb. 6: Otto, König von Griechenland, um 1855

tritt zur orthodoxen Kirche, ein Schritt, der dem streng katholisch erzogenen Prinzen zu einem persönlichen, fast existentiellen Problem wurde.

In dieser Krise, hin und her gerissen zwischen einem fast krankhaften Macht- und Geltungsbedürfnis („Herrschen muß ich und Großes vollbringen. Dazu fühle ich mich berufen"[4]) und der Realität tagespolitischer Zwänge, findet der verunsicherte junge Adalbert in Justinus

Kerner einen wichtigen Ansprechpartner. Aber nicht den vertrauens-
würdigen Rat des lebenserfahrenen, väterlichen Freundes sucht Adalbert, nein, die Aussagen einer Seherin sollen ihm in diesem Zwiespalt
als Entscheidungshilfe dienen. Wunsch und Wirklichkeit klaffen dabei
weit auseinander. Der junge Prinz will das wohl nicht erkennen und
flüchtet sich lieber in dubiose Prophezeiungen, die ihm Ruhm, Ehre und
vor allem eine Krone voraussagen. Der feste Glaube und das sture
Festhalten an diesen Äußerungen nehmen jedoch immer stärker patho-
logische Züge an: „... ich befürchte daß diese fortdauernde Unruhe und
Phantasien mit Unterdrückung alles Verstandes noch zu einer schlimmen Krankheit führen könnte." (Br. 33) Eine gute Charakteristik der
Adalbertschen Persönlichkeit zu dieser Zeit liefert auch Heiland in
seinem Brief an Kerner vom 6. Dezember 1850 (Br. 12).

Klar erkennt Adalbert jedoch von Anfang an die Redlichkeit und
ehrliche Zuneigung, die ihm Kerner entgegenbringt. Vertrauensvoll
stellt er seine unzähligen, oft recht privaten Fragen, und immer fühlt er
sich von dem treuen Brieffreund verstanden. Kerner wiederum begegnet dem Prinzen – was für die Beständigkeit der Korrespondenz sicher
keine unwesentliche Rolle spielt – stets mit einer guten Mischung aus
Respekt, Offenheit und Verehrung. Und so schreibt Adalbert 1855 an
den „theuren väterlichen Freund":

> Weil mein Sinn daher nicht auf das Alltägliche gerichtet war, so verachte-
> ten mich auch die Alltagsmenschen, nannten mich überspannt, an fixen
> Ideen leidend und sogar dumm. Wie tröstlich war es daher für mein Herz
> heilige Sympathie in dem Ihrigen zu finden..." (Br. 63)

Auch als das Hauptthema des Briefwechsels, das Zukunftsschauen,
mehr und mehr in den Hintergrund tritt, bleibt Adalberts Treue und
Anhänglichkeit zu Kerner bestehen. Er holt sich von ihm den Segen zu
seiner Hochzeit („... ehe ich noch meine Braut zum Altare führen
werde, gedenke ich noch bey meinem *väterlichen Freund* in dem mir
durch ihn so theuer gewordenen Weinsberg anzuklopfen und mir
seinen Segen zum wichtigsten Schritt des Lebens zu erbitten; Gott wird
mir diesen Trost gewähren!"[5]); er informierte ihn eigens durch ein
Telegramm aus Madrid von seiner Hochzeit, und über alle privaten
Ereignisse wird der Weinsberger Freund als einer der ersten ins Vertrauen gezogen. 1857 schreibt Adalbert an Kerner: „... es wäre mir recht
fatal, kämen meine Briefe in unrechte Hände für die sie nicht bestimmt
sind. Die Welt versteht sie nicht, eben weil sie die Welt ist, doch Sie
verstehen sie und wir verstehen uns, dieß läßt uns genügen."[6]

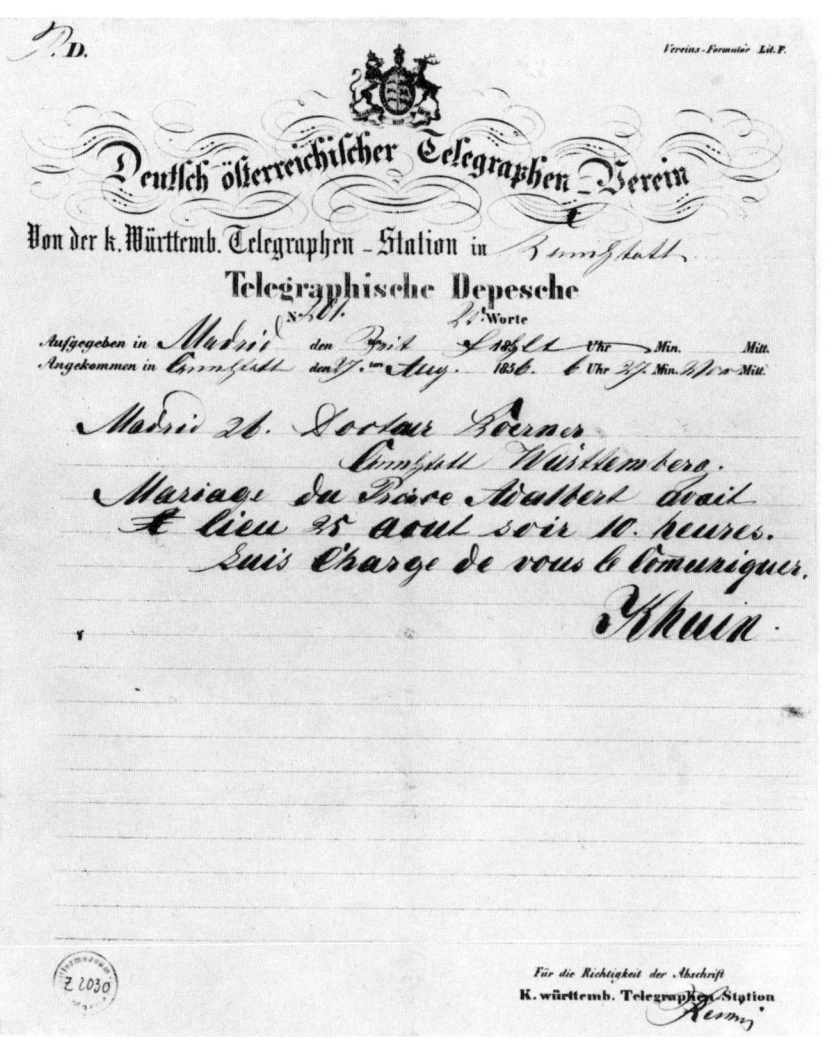

Abb. 7: Telegramm Adalberts von Bayern an Justinus Kerner, in dem er seine Heirat mit Amalia, Infantin von Spanien, bekanntgibt

Abb. 8: Ludwig I., König von Bayern, um 1845

Bedeutung des Briefwechsels für Justinus Kerner

Den ganzen Briefwechsel durchzieht eine tiefe Verehrung und uneingeschränkte Bewunderung Kerners dem bayerischen Königshaus gegenüber. Diese kritiklose Einstellung zeigt deutlich seinen unreflektierten, zum Teil unbekümmerten Umgang mit politischen Problemen. Er entwickelte – und das ist nicht nur dem „Zeitgeist" der Romantik, sondern auch seiner Persönlichkeitsstruktur zuzuschreiben – ein rein gefühlsmotiviertes Engagement für Politik und gesellschaftliche Fragen. Kerner war alles andere als ein scharfer Analytiker, der argumentativ und konsequent eine politische Richtung vertreten hätte. Nur durch persönliche Betroffenheit, durch direkte Berührung mit den politisch Handelnden war er aktivierbar, und auch dann nur zu einem spontanen, emotionalen Eintreten, das schnell wieder von anderem überlagert wurde. Zu einer prägenden Kraft konnte die Politik daher nie für ihn werden, und in diesem Sinne war Kerner ein apolitischer Mensch, wie er sich später selbst bezeichnete. Sein idealisierender, unkritischer Monarchismus, wie er sehr deutlich auch im Briefwechsel mit Adalbert von Bayern hervortritt, steht nur auf den ersten Blick im Widerspruch zu Kerners früheren bürgerlich-freiheitlichen Vorstellungen.[7] So sehr er sich auch während des württembergischen Verfassungskonfliktes 1815–1819 für eine liberale Verfassung einsetzte, nie wurde von ihm der Bestand der Monarchie oder ihr Gottesgnadentum in Frage gestellt. Ja, die Vorstellung vom Herrscher als dem Lenker des Staates hat weitgehend sein Politikverständnis geprägt. Ihm stand das Idealbild eines liberalen, aufgeklärten Monarchen vor Augen, das er im jungen König Wilhelm I. von Württemberg und vor allem im damaligen Kronprinzen von Bayern, dem späteren Ludwig I., verwirklicht sah.

Die nach der Julirevolution 1830 immer stärker restaurativ und absolutistisch ausgerichtete Politik Ludwigs konnte diese Überzeugung nicht erschüttern. Was Kerner einmal persönlich als gut und richtig anerkannt hatte, das wollte er unangetastet wissen, das konnte er nicht hinterfragen. So ist es für ihn folgerichtig, wenn er bei der Revolution von 1848 eindeutig für die Monarchie Stellung nimmt und verbittert klagt: „Die Liebe fehlt, der Glaube fehlt, die Treue fehlt und der Nimbus ist von den Thronen gerissen."[8] Die Beziehung Kerners zu König Ludwig I. und dessen Familie kann so symptomatisch für seine ganze politische Entwicklung stehen.

Die große Betroffenheit, die die politischen Unruhen von 1848 bei

Kerner auslösten, wurde durch die revolutionären Aktivitäten seines Sohnes noch verstärkt. Der republikanisch gesinnte Theobald (1817–1907) hatte in einer öffentlichen Rede zum Umsturz aufgerufen und mußte nach Straßburg fliehen. Nach seiner Rückkehr 1850 wurde er zu zehn Monaten Festungshaft verurteilt, von denen er acht Monate auf dem Hohenasperg verbüßen mußte.

„Verloren ist das Paradies!" schreibt der verstörte Vater „in das Album eines jungen Rothen"[9], in dem unschwer der eigene Sohn zu erkennen ist. Das Paradies zerstört – ein harter Vorwurf, der zeigt, wie sehr sich Kerner von Theobald enttäuscht und hintergangen fühlte. Es war sicherlich die schwerste Krise zwischen Vater und Sohn. Begonnen hatte sie bereits 1843 mit der für Kerner unerträglichen Beziehung Theobalds zu der verheirateten Baronin von Hügel, die er gegen den Willen des Vaters 1844 heiratete; und ihren unbestreitbaren Höhepunkt erreichte sie mit den Ereignissen der Jahre 1848–1851.[10]

In diese für Kerner schwere Zeit, in der sein Selbstverständnis als Vater und als treuer Anhänger der Monarchie stark gelitten hatte, fällt nun seine Begegnung mit der bayerischen Königsfamilie in Aschaffenburg. Die offensichtliche Bewunderung und Verehrung, die ihm von Seiten Adalberts entgegengebracht wurde, muß Kerner eine große Freude und Genugtuung gewesen sein. Der zutrauliche junge Königssohn eroberte sich sein Herz im Sturm und wurde zu einem willkommenen Sohnersatz, dem er von nun an unermüdlich seine väterliche Liebe und Treue bezeugte.

Ein besonderer Reiz des Briefwechsels – der auch heute noch spürbar ist – lag für Kerner sicherlich in dem spannenden Blick, den er hinter die Kulissen der „hohen" Politik werfen konnte. Vertrauensvoll weihte ihn Adalbert in Heiratspläne, politische Absprachen und „Staatsgeheimnisse" ein (Br. 62). Die Briefe wurden als Geheimnisträger behandelt (s. die häufigen Bemerkungen wie: „Brief gütigst zu verbrennen"); Sekretär Heiland diente als Deckadresse (Br. 4), und die Befragung der „Seherin" durfte nur äußerst vertraulich erfolgen. Der eher weltfremde Kerner hatte offensichtlich seinen Spaß daran, und so geht auch von Weinsberg aus ein „geheimes Zettelchen" an Adalbert, das ihm Informationen über potentielle Heiratskandidatinnen zukommen läßt (Br. 45).

Es bleibt jedoch nicht beim voyeuristischen Blick eines Außenstehenden. Durch die Prophezeiungen der „Seherin" gewinnt Kerner auch direkten Einfluß auf das Geschehen, und er versucht offensichtlich Adalbert in eine bestimmte Richtung zu lenken. Aufregende Kontakte und Informationen bekommt Kerner somit frei Haus in sein weltabgeschiedenes Weinsberg geliefert, wo er sich oft genug unter Depressionen einsam und verlassen fühlt. Durch die Briefe Adalberts kommt die große Welt zu ihm, bei ihm laufen die Fäden zusammen, und Kerner wäre nicht Kerner, wenn er daran nicht seine klammheimliche Freude gehabt hätte.

Dennoch erkennt er genau die Grenzen seines Einflusses. Er ist ehrlich genug zuzugeben – auch wenn es ihn „entsetzlich traurig" macht –, daß die Briefe weniger ihm gelten als dem „unseligen Begehren" Adalberts, „sein kommendes Geschick vorauswissen zu wollen". Und eine „wahre Trauer" erfüllt ihn, „wenn Königliche Hoheit sich auch noch Menschen anvertraut, die es vielleicht nicht so gut mit Ihm meinen" wie er (Br. 28). So war ihm Adalbert „eine große Freude neben einem großen Bedauern".[11]

Subtil, aber doch deutlich macht sich hier die empfindliche Psyche Kerners bemerkbar; „dünnhäutig" nennt ihn Jennings treffend.[12] Das Bedürfnis nach Anerkennung, seine kleinen Eitelkeiten und seine Verletzbarkeit schimmern durch viele Briefstellen hindurch. Kerner fühlt sich geschmeichelt vom Zutrauen des Prinzen, und er setzt alles daran, die Faszination, die er durch die „Seherin" auf ihn ausübt, nicht zu verlieren. So kann er, um die Erwartungen Adalberts nicht zu enttäuschen, auf ihr Befragen – oft gegen seine eigene Überzeugung – nicht verzichten. Er gibt ausführlich ihre Antworten wieder, relativiert im gleichen Atemzug jedoch deren Aussagekraft. Seine ständigen Warnungen vor allzu großem Vertrauen in die Hellseherei stehen im krassen Widerspruch zu seinem eigenen Verhalten. Auch der toposartige Verweis auf die göttliche Vorsehung („Gottvertrauen, nicht Vorausschauen macht Könige und Helden", Br. 49) wird unglaubwürdig, wenn Kerner mehrmals selbst mit dem Zukunftsschauen beginnt.[13]

So bringt der Briefwechsel Kerner mehrfach in schwierige Situationen, in denen er abwägen muß, wie weit er bei dem absurden, ja gefährlichen Frage- und Antwortspiel gehen darf. Seine finanzielle Abhängigkeit und die Verantwortung, die er dabei dem Vater Adalberts gegenüber empfunden haben muß, werden die Entscheidungen nicht erleichtert haben.

Doch in den letzten Jahren des Briefwechsels, in denen das aufregende und schwierige Thema der Hellseherei keine Rolle mehr spielte, konnte der fast blinde, vereinsamte Kerner die Korrespondenz mit seinem fürstlichen Freund uneingeschränkt genießen.

Die Bedeutung Joseph Heilands für den Briefwechsel

Joseph Heiland kommen innerhalb des Briefwechsels verschiedene Aufgaben zu. Als Schreiber vieler Adalbert-Briefe tritt er sogleich durch seine gestochen klare Schrift positiv in Erscheinung (im Gegensatz zu der fast unleserlichen Hand Kerners und der recht sorglosen Schrift Adalberts). Als Briefpartner Kerners sind ihm einige wichtige Informationen über Adalbert und über Personen seines Umkreises zu verdanken. Die interessanteste, jedoch etwas unklar bleibende Funktion Heilands ist die als Sekretär S.K.H. Adalberts von Bayern. Zu seiner Aufgabe gehörte es offensichtlich auch, eine gewisse Kontrolle über den jungen, vertrauensvollen Prinzen auszuüben. Aus den Briefen geht hervor, daß er Adalbert mehrmals dem gefährlichen Einfluß betrügerischer Wahrsagerinnen entziehen mußte und daher ein wachsames Auge auf die okkultistischen Neigungen seines Herrn hatte (Br. 12 und 27).

So wird Heiland ein Besuch bei Kerner im November 1850, bei dem er im Auftrag S.K.H. die „Seherin" selbst befragen mußte, nicht ungelegen gekommen sein. Er lernte dabei den Mann kennen, zu dem sein Herr so großes Zutrauen hatte, vor allem aber konnte er sich ein Urteil über die Kernersche „Wasserschauerin" machen, eine dubiose Wahrsagerin aus Ellhofen bei Weinsberg. Interessant ist, daß diese Frau den wohl eher kritisch eingestellten Heiland ohne Schwierigkeiten von ihrer Seherkraft überzeugen konnte (Br. 15).

Von nun an kommen fast keine Briefe Adalberts mehr, denen nicht sogleich erläuternde Schreiben des Sekretärs gefolgt wären. Sie enthalten Kommentare zu den angesprochenen Personen, wollen Kerner die psychische Situation Adalberts begreiflich machen und versuchen immer wieder, die „unendlichen Fragen" (Br. 22) seines Prinzen zu entschuldigen.

Wichtig für die Einschätzung seiner Rolle sind einige Briefstellen, die dezidiert zeigen, wie Heiland auf den Inhalt der Kerner-Antworten Einfluß genommen hat: „Es ist dies ein äußerst delikater Punkt. Jedoch ich halte es für meine Pflicht, Sie davon in Kenntniß zu setzen, um die Antworten darnach einzurichten." (Br. 16) Diese Abhängigkeit ging bis in die Wortwahl hinein, und Kerner war verunsichert und „sehr beunruhigt", wenn das übliche Begleitschreiben des Sekretärs einmal ausblieb.

Nicht klar einzuschätzen ist die Tatsache, daß Heiland offensichtlich Briefe Kerners an Prinz Adalbert unterschlagen hat, was ihm – bei aller Gutmütigkeit – denn doch eine leichte Rüge von Seiten des „werthen Herrn Doctor" einbrachte (Br. 21, 24, 25). Deutlich genug wird die Zensur, wenn Heiland schreibt: „So eben erhielt ich Ihre beyden letzten Schreiben. Sie sind der Art, daß ich sie übergeben kann..." (Br. 21)

Das Verhalten des Sekretärs, seine ganze Informationspolitik mit ihren Kommentaren, Ratschlägen und Anweisungen scheint jedoch nur dem einen Zweck gedient zu haben, die exaltierte Fragerei Adalberts in vernünftigen Grenzen zu halten. Auch Kerner kam wohl zu dieser Einschätzung, und so bittet Heiland im März 1851: „...mich fortan nennen zu dürfen Ihren Sie innigst verehrenden Freund Heiland." (Br. 29)

Im Mai 1853 brechen die Briefe Heilands ab. Die Erklärung dafür liefert sein späteres Schreiben vom Juni 1854, wo von einem Komplott gegen ihn die Rede ist, das zu seiner Entlassung führte (Br. 57). Die genauen Gründe dafür sind nicht mehr festzustellen; von Veruntreuung und Trunksucht ist die Rede[14]. Der Münchner Kerner-Freund Franz Pocci schreibt im Dezember 1853 dazu nach Weinsberg: „Sie werden wissen, daß Heiland vom Prinzen weg kam, über das Warum geht manches Gerücht. Ich kann den Mann doch nicht unredlich glauben!"[15] Ein Hang zur Intrige ist Heiland jedenfalls – soweit die Briefe ein Urteil zulassen – nicht abzusprechen, und seine Gestalt hinterläßt etwas zwiespältige Gefühle. Mit oder ohne ihn, die Fragen Adalberts gingen unbekümmert weiter – ein Vermittler oder Vertrauter wurde jedoch nicht mehr eingeschaltet. Ab Mai 1853 liegen nur noch eigenhändige Briefe Adalberts an den Weinsberger Freund vor.

Der Verlauf des Briefwechsels

Der Briefwechsel kann von Inhalt und Intensität her in verschiedene Phasen eingeteilt werden. Die intensivste Zeitspanne, in der die Briefe in kürzesten Abständen hin und her wechseln, geht vom Beginn der Brieffreundschaft im September 1850 bis in die Mitte des Jahres 1851. Die Fragerei Adalberts nahm bis dahin beängstigende Formen an, und am 7. Mai 1851 winkt Kerner ab:

...auch wollte ich immer eine Zeit erwarten, wo jene Seherin zu neuem *untrüglichen* Schauen vielleicht kommen würde als sie in den letzten Befragungen zeigte. Zu den früheren geistigen Störungen ihres Schauens... kam nun aber inzwischen eine körperl. Störung... In dieser Lage kann ich sie mit gutem Gewissen zu keinem Schauen veranlassen. (Br. 31)

Diese Mitteilung bringt eine gewisse Zäsur innerhalb der Korrespondenz, die Fragen Adalberts lassen nach. Dafür drehen sich die meisten Schreiben um die bevorstehende Reise Kerners nach München, die im Dezember 1851 endlich stattfinden kann.

Im Februar 1852 kommt die nächste Hiobsbotschaft aus Weinsberg: „Jene Seherin betreffend, so soll dieselbe zum Todtengerippe herabgekommen seyn u. das Bett nicht mehr verlassen können, auch sey es mit ihrem Schauen nun gänzlich vorüber." (Br. 40) Dieser Umstand leitet eine ruhigere Phase innerhalb der Korrespondenz ein. Kerner lebt ganz in der Erinnerung seines München-Besuches, und Prinz Adalbert scheint durch die politischen und gesellschaftlichen Ereignisse in München von seiner Zukunftsschauerei abgelenkt. Immer häufiger muß er sich entschuldigen, so spät erst auf die Briefe des Weinsberger Freundes zu antworten. Heiland beruhigt Kerner, der sich zurückgesetzt fühlt, am 11. Juli 1852:

Und ich muß es wiederholen, daß Sie ja *nie* auf einen unrechten Gedanken deßhalb gerathen möchten, wenn manchmal längere Zeit keine Antwort erfolgt. Wir sind, d.h. mein gnädigster Herr, und ich natürlich mit, in ein anderes Stadium übergetreten, wo es, wie ich Ihnen schon gemeldet, entsetzlich viel zu thun gibt.[16]

Eine dritte, recht turbulente Phase beginnt im Februar 1853 mit dem Auftreten einer „Kerner-Konkurrentin" in München: der Marquise von Milan, eine, wie sich herausstellen wird, betrügerische Somnambule (s.u.). Um Adalbert ihrem Einfluß zu entziehen, scheut Kerner keine Anstrengung. Er bringt sogar eine neue Form des Hellsehens, das Tischklopfen, ins Spiel. Die lebhafte Korrespondenz dieser Zeit endet mit einem Besuch Adalberts in Weinsberg im Oktober 1853.

Ab 1854 stehen nur mehr die Adalbert-Briefe zur Verfügung; aber auch deren Häufigkeit nimmt ab. 1855, als die Heiratspläne Adalberts konkretere Formen annehmen, setzt die Fragerei noch einmal verstärkt ein. 1856/57 jedoch werden die Schreiben immer seltener, die Fragen immer weniger dringlich gestellt. Fast entsteht der Eindruck, Adalbert frage nur noch aus Gewohnheit, wenn er am 15. Februar 1857 beiläufig erwähnt: „Legen Sie bitte der Seherin die Fragen vor, von denen Sie wissen, daß sie mich interessieren.“[17] Die letzten Jahre des Briefverkehrs (1858–1862) sind ohne größeres Interesse, aber voll liebevoller Freundschaftsbeweise Adalberts dem alten Kerner gegenüber.

Um die Konzentration des umfangreichen Briefwechsels aufzuzeigen, wird im Anhang eine chronologische Auflistung aller der Herausgeberin bekannt gewordenen Briefe dieser Korrespondenz von 1850–1862 wiedergegeben.

„Ach München – mit diesem königl. Hause wie ist es glücklich!!!“[18]

Die persönliche Verbundenheit Kerners zum bayerischen Königshaus wurde durch seinen Tübinger Studienfreund Heinrich Breslau hergestellt, der Professor an der Münchner Universität und seit 1833 Leibarzt Ludwigs I. war. Breslaus Vermittlung hatte Kerner auch die finanzielle Unterstützung von seiten des bayerischen Königs zu verdanken. Sowohl Ludwig I. als auch Adalbert hatten großes Vertrauen zu ihm, und Adalbert schrieb nach Breslaus Tod 1851 an Kerner: „Auch ich verlor an ihm einen mir threu ergebenen ausgezeichneten Arzt, der mir einst in zarter Kindheit das Leben rettete.“[19]

Der briefliche Kontakt zur Wittelsbacher Königsfamilie setzte schon 1830 ein. Auch in München war das Interesse an Kerners Geisterforschung groß, und besonders Königin Therese (1792–1854), die Frau Ludwigs I., hat sich damit auseinandergesetzt.[20] Die Beziehungen zu den einzelnen Mitgliedern der Familie waren vielfältig, und durch den intensiven Briefwechsel mit Adalbert ergaben sich zusätzliche Berührungspunkte.

Max II. (1811–1864), als Nachfolger seines Vaters Ludwigs I. seit 1848 König von Bayern, versicherte Kerner mehrfach seines Vertrauens und ehrte ihn 1854 mit dem von ihm gestifteten Maximiliansorden.[21] Aus einem interessanten Schreiben Kerners an Max II. wird deutlich, daß der König in die Problematik des Briefwechsels zwischen seinem Bruder und dem Weinsberger Arzt eingeweiht war.[22]

Für die Schwester Adalberts, Mathilde Großherzogin von Hessen-

43

Abb. 9: Mathilde, Großherzogin von Hessen-Darmstadt, um 1850

Darmstadt (1813–1862), empfand Kerner eine schwärmerische Zuneigung. 1850 bei seinem Besuch in Aschaffenburg kennengelernt, wird sie in den Briefen häufig erwähnt: „Ich höre, daß von der mir so unsäglich theuer gewordenen Frau Schwester, und von Ihnen, Königl. Hoheit, ein lithographiertes Bild existieren soll, was ich aber in hiesiger Gegend nicht erhalten kann." Und groß ist die Freude, als „die lieben zwey wohlgetroffenen Bilder" in Weinsberg eintreffen.[23] In Kerners Gedichtband „Der letzte Blüthenstrauß", herausgegeben 1852, ist Mathilde eigens ein Gedicht gewidmet: „An eine hohe Liebliche. Darmstadt, am 30. August 1850."

> Es treibt des Dampfes Macht mich fort,
> Schon tönt sein Ruf grell meinen Ohren,
> Erhab'ne! noch zu dir ein Wort
> Am schönen Tag' der dich geboren!
>
> Wie hab' ich jüngsthin dich so lieb,
> Ja! ja! wie lieb und licht gesehen!
> So schweben, wenn's auf Erden trüb,
> Oft Engel aus des Himmels Höhen.
>
> Sey du noch lange Trost und Lust
> Dem warmen mütterlichen Busen!
> Küss' lange noch des Vaters Brust,
> Den Sitz des Wohlthuns und der Musen!
>
> Mir aber wird dein liebes Bild,
> Dein lichtes Bild, im Herzen leben,
> Wenn Nacht mein äußres Auge hüllt,
> Licht meinem innern Auge geben.

Die wichtigste Beziehung war für Kerner jedoch die zu König Ludwig I. Neben dessen patriarchaler Königsvorstellung, die auch dem Politikverständnis Kerners entsprach, waren es vor allem die stark gefühlsbestimmten Dichtereien des Bayernkönigs, in denen sich Kerner wiederfand. Im gleichen Jahr mit ihm geboren, erkannte er in Ludwig ein „gleichfühlendes Herz".[24]

> „Doch schien auf unserer Wiege früh
> Damals der gleiche Stern hernieder,
> Das war der Stern der Poesie
> Gab unsrer Nacht viel helle Lieder."[25]

Daß seine Hochachtung vor Ludwig I. und der „herrlichen Königin Therese" Kerner nicht davon abhielt, mit der königlichen Mätresse Lola Montez seine Späße zu treiben, das wirkt geradezu erfrischend bei all der schwärmerischen Verehrung den königlichen Majestäten und Hoheiten gegenüber.[26]

Auch seine Zuneigung zu Adalbert, dem jüngsten Sohn Ludwigs I., ließ Kerner die Schwächen seines Brieffreundes nicht ganz übersehen. Er erkennt „die vielen herrlichen Eigenschaften dieses lieben Prinzen", gesteht aber auch ein:

> Ich liebe ihn, denn er ist ein seelenguter Mensch, aber bedaure ihn, daß er gar nicht in diese Welt und in die Stellung taugt, in die er wie von einer mutwilligen Fee gesetzt wurde... Ein Hauptfehler ist, daß er keine ordentliche Beschäftigung hat, wie es scheint nicht einmal eine militärische... So muß er offenbar oft in Langeweile verfallen...[27]

Mit den „vielen herrlichen Eigenschaften" sind die Neigungen Adalberts zu Musik, Gesang und Poesie gemeint, die sich auch im Briefwechsel niederschlagen. Von Opernaufführungen ist die Rede, in denen Adalbert im Privattheater des Königs mit seiner Baßstimme die Hauptrolle spielte[28], und Proben seiner „Dichtkunst" liegen einem Brief an Kerner bei (Br. 2). Die Liebe zum Theater teilte Adalbert übrigens mit seinem Neffen, dem späteren Ludwig II. (1845–1886); zwischen diesen beiden gab es neben ihrer beachtlichen Körpergröße noch „manche Ähnlichkeiten. Beide waren Romantiker und schwärmten für das Haus Bourbon und den Prunk von Versailles..."[29] Ludwig II. zeigte eine besondere Zuneigung zu Adalbert und ließ sich in späteren Jahren mehrfach von ihm offiziell vertreten.

Neben diesen Beziehungen zur Königsfamilie lag Kerner die Bekanntschaft mit Herzog Max in Bayern (1808–1888, aus einer Wittelsbacher Nebenlinie) besonders am Herzen. 1851 hatte er den populären Prinzen in Baden-Baden kennengelernt; über gemeinsame Interessen an Volksmusik und -dichtung und durch gemeinsame Freunde kam schnell ein herzlicher Kontakt zustande. Besonders das vom Herzog in Mode gebrachte volkstümliche Zitherspiel hatte es Kerner angetan. Theobald erzählt von Konzerten, die – eigenartig genug – mit Zither und der Kernerschen Maultrommel im Weinsberger Garten abgehalten wurden.[30] Natürlich war Kerner auch ein großer Verehrer der berühmten Tochter von Herzog Max: der Kaiserin Elisabeth (Sissi) von Österreich. Dazu sei David Friedrich Strauß zitiert, der Kerner zwar in seiner Welt- und Lebensauffassung völlig entgegenstand, aber

Abb. 10: Herzog Max in Bayern, um 1850

dennoch die wohl beste Kerner-Charakteristik geliefert hat. Mit der folgenden Anekdote versuchte er die überschwenglich-monarchistische Begeisterung des Freundes etwas zu relativieren:

> Unter die Gegenstände seiner Huldigung gehörte in dieser Zeit auch die Tochter seines zitherspielenden Gönners, die entthronte Königin von Neapel; und wenn er in ihr nicht blos die heldenmüthige Gattin, sondern auch die Verfechterin des Rechts gegen Raub und Umsturz pries, so wollten freilich seine bürgerlichen Freunde von einem göttlichen Recht der Bourbonen in Neapel nichts wissen. Allein sie dachten sich den Fall, daß nun etwa Garibaldi aus irgend einem Anlaß nach Deutschland käme. Als Original und Freund des Originellen würde er sicherlich Kerner nicht unbesucht lassen. Und dieser? Er würde den General, wie einst die polnischen Führer, freundlich aufnehmen, nach wenigen Stunden die politische Frage für eine offene erklären, in dem Räuber aber einen „lieben Menschen" finden, dessen Bild er, wenn auch klüglich nicht in seinem Zimmer dem der heldenmüthigen Königin gegenüber aufhängen, doch gewiß in seinem Herzen an einer feinen Stelle bewahren würde.[31]

Ein Höhepunkt der späteren Lebensjahre war für Kerner sein Besuch in München im Dezember 1851, wo er fast alle die von ihm so verehrten Mitglieder der Wittelsbacher Königsfamilie wiedertraf. Ausführlich berichtet er davon seinen Freunden:

> Besonders vergnügt war ich einen Abend bei der Königin Marie [Frau von Königin Max II.], bei der ich zum Tee eingeladen war, wo auch König Max war... Bei König Ludwig war natürlich meine erste Aufwartung und er nahm mich wie immer mit viel Liebe auf, obgleich die Königin Therese eine Augenentzündung hatte, so ließ sie mich doch in zwei Tagen nacheinander in ihr verdunkeltes Zimmer kommen... Bei dem vortrefflichen Herrn Herzog Max... war ich zu einer Biergesellschaft eingeladen... Bei Adalbert speiste ich mehrmals und er kam täglich in unsere Wohnung im Bayerischen Hof... er zeigte gegen mich eine unbegreifliche Anhänglichkeit...[32]

Bei dieser Begeisterung ist es nicht verwunderlich, wenn in den Briefen häufig von Adalberts Verwandten die Rede ist. Und nicht zuletzt Adalbert selbst ist es zu verdanken, daß Kerner noch 1861 beteuert: „So kam mir doch immer von Wittelsbach her, ist es in meinem Herzen noch so große Nacht und Trauer, Tröstung und Licht."[33]

„Eine Königskrone ist immer eine Dornenkrone"[34]

Den größten Teil des Briefwechsels durchziehen die Königs- und Heiratspläne Adalberts. Als vierter und jüngster Sohn Ludwigs I. hatte er keinerlei Chancen auf den bayerischen Königsthron. Und dennoch war seine feste Überzeugung, zum König bestimmt zu sein, nicht völlig aus der Luft gegriffen. Durch die politische Situation in Griechenland bestand für Adalbert die realistische Möglichkeit, als Nachfolger seines Bruders Otto zum griechischen König gewählt zu werden. Sein älterer Bruder Luitpold hatte für sich und seine Nachkommen von Anfang an darauf verzichtet.

Schon seit der griechischen Revolution (1843) machte sich die Frage nach der Erhaltung des griechisch-bayerischen Königtums – zumindest vordergründig – am Problem der kinderlosen Ehe Ottos fest. Es ging dabei nicht nur um die Designation eines Nachfolgers, sondern vor allem um dessen geforderte Religionszugehörigkeit zur griechisch-orthodoxen Kirche. Diese Forderung hatte großes Gewicht, da der Befreiungskampf der Griechen 1821–1829 auch ein Religionskrieg gewesen war, der sich gegen die türkischen Moslems richtete. So hatte schon die Londoner Konferenz von 1832, die Otto zum griechischen König ernannt hatte, seinen Übertritt zum orthodoxen Glauben gefordert. Nur durch das Versprechen, seine Kinder orthodox erziehen zu lassen, konnte diese Bedingung umgangen werden. Mit der Revolution von 1843 wurde dieser Punkt als Artikel 40 in der Verfassung verankert (Br. 13).

Von August 1850 bis Mai 1851 hielt sich Otto in Deutschland auf, auch um die Frage seiner Nachfolge zu klären. Obwohl die Dringlichkeit dieses Problems auf der Hand lag, schien der damals erst 35jährige Otto an einer schnellen Entscheidung nicht interessiert.

In München und innerhalb der königlichen Familie gab es wohl unterschiedliche Positionen. König Max II. sah in der schnellen Designation seines Bruders Adalbert die einzige Chance, um Bayern den griechischen Thron zu erhalten. Er war es auch, der versuchte, bei Papst Pius IX. die Erlaubnis zur orthodoxen Erziehung von Adalberts Kindern einzuholen. Der Papst hat seine Einwilligung dazu übrigens verweigert[35] (Br. 17, 18, 19).

Ludwig I. stand dem griechischen Erbfolgeproblem eher kritisch gegenüber. Als Philhellene der ersten Stunde hatte er den griechischen Befreiungskampf nicht nur ideell, sondern auch mit Geld, Waffen und Militärberatern unterstützt und wollte nicht ruhen, „bis München aussieht wie Athen"[36]. Um 1850 hatte er aber viel von seinem politischen Engagement für die griechische Sache verloren. Als König Otto nach der griechischen Revolution von 1843 endlich die lang geforderte Verfassung anerkennen mußte, meinte Ludwig I. enttäuscht: „...so ist der König entthront. Er heißt zwar noch König, aber Königsrechte hat er nicht mehr."[37] Die Bayern hatten in Griechenland spätestens nach 1843 allen Einfluß verloren; Minister, Beamte und die Personen der nächsten Umgebung des Königs waren ausschließlich Griechen (Br. 36). Die Enttäuschung über „das undankbare Volk von Griechenland", wie sie in den Briefen Heilands und Adalberts formuliert ist (Br. 13, 36, 50), war Ausdruck einer damals allgemeinen anti-griechischen Stimmung in München. Das idealisierte, nur auf die Antike projizierte Griechenland-Bild der Philhellenen hatte der griechischen Wirklichkeit nicht standgehalten.

In dieser Situation, die innen- und außenpolitischen Schwierigkeiten des Krisenherdes Griechenland vor Augen, sah Ludwig wohl nicht mehr allzuviele Chancen für eine bayerische Thronfolge.

Adalbert selbst verhielt sich äußerst unentschlossen und inkonsequent. Schon im ersten Brief an Kerner, am 23. September 1850, fragte er nach dem Schicksal seines Bruders Otto, der sich gerade in München aufhielt. Adalbert beschäftigte zu dieser Zeit vor allem der unvermeidliche Übertritt zur griechisch-orthodoxen Kirche und die „schismatische" (Br. 50) Erziehung seiner Kinder. Die Anfrage, die deswegen an den Papst gestellt wurde, und Ottos Verhalten zögerten eine klare Entscheidung hinaus (Br. 19). Im Mai 1851, als Otto wieder nach Griechenland zurückkehrte, schien die Sache dann perfekt: „Die griechische Angelegenheit ist nun so weit bereinigt, daß mein gnädigster Herr die griechische Thronfolge übernommen hat." (Br. 30, 32) Es handelte sich dabei jedoch nur um eine interne Familienabsprache, Adalbert war nie offiziell zum griechischen Thronerben designiert worden.

Er schien an der Vorstellung Gefallen zu finden, begab sich mit seinen Träumen aber schnell auf politisch gefährliches Terrain, wenn er meinte:

> . . . als griechischer Herrscher das erlöschende Licht des Halbmondes aus Europa gänzlich zu vertreiben, und den alten Kaiserthron der Bizantiner vom Glanze des Christentums umstrahlt wie einen Phönix aus der Asche erstehen zu sehen. Denn selbst die Türken haben eine Weissagung, die den Sturz des Islams in Europa in den Jahren zwischen 1850 und 60 fallen läßt. (Br. 32)

Um 1850 erinnerten sich die Griechen allenthalben der von Adalbert angesprochenen „Weissagung", daß nämlich die Besetzung Konstantinopels durch die Türken nur 400 Jahre dauern würde – und Byzanz war 1453 erobert worden. Die Bestrebungen Griechenlands, das byzantinische Weltreich des Mittelalters wieder zu errichten, hatten unter dem Schlagwort der „Großen Idee" gerade während des Krimkrieges (1853–1856) großen Auftrieb erhalten. Natürlich standen die internationalen Machtstrukturen solchen Vorstellungen entgegen, die Großmächte wollten ein erstarktes Griechenland nicht dulden. Die „Große Idee" war von vornherein zum Scheitern verurteilt.[38]

Adalbert sah über diese Probleme naiv hinweg und ließ bei der Kernerschen „Seherin" gleich vorsorglich anfragen: „ob es Gottes Wille sey, daß ich König oder auch Kaiser der Griechen werde." (Br. 32) Erst die 1853 gewonnene Erkenntnis, „daß fremde Mächte, besonders England und Rußland es nie werden empor kommen lassen", machte

Adalberts „Vorliebe für Griechenland" wieder schwinden (Br. 50). Der Brief Heilands vom 28. Februar 1853 gibt auch Hinweise darauf, daß die griechische Erbfolge und das Religionsproblem den Heiratsplänen Adalberts im Wege standen. So schwankte er in seiner Haltung hin und her, und als Anfang 1855 sein Bruder Luitpold noch einmal als griechischer Thronprätendent ins Gespräch kam (br. 60), gab das für Adalbert den Ausschlag, nun intensiv seine spanischen Heiratspläne zu verfolgen.

Sein Wunsch nach einer spanischen Infantin fand bei König Max II. offenbar kein Verständnis; denn:

> wie kann man denken, daß das erzkatholische Spanien eine Heirath zugeben werde, wobei zur Bedingung gemacht ist, daß die Kinder schismatisch erzogen werden sollen. (Br. 50)

In diesem Punkt gab der sonst so unsichere Adalbert jedoch nicht nach, und am 23. Februar 1855 konnte er glücklich an Kerner schreiben: „Mein Vater hat sich nemlich für mich bey König Max verwendet, daß er mir gestatten möge, unverzüglich nach Madrid zu reisen, um die Infantin, die einst die Seherinn mir bezeichnet, von Angesicht zu Angesicht zu sehen."[39] Obwohl Otto noch im Juni 1856 beim Vater dagegen intervenierte[40], fand die Hochzeit Adalberts mit der spanischen Infantin Amalia Felipe Pilar am 25. August 1856 (dem Geburtstag Ludwigs I.) in Madrid statt.

Nach diesem entscheidenden Schritt löste sich Adalbert immer mehr von dem Gedanken einer griechischen Erbfolge. Auch in den Briefen an Kerner tritt dieses Thema nicht mehr auf, und eine lang geplante, 1858 endlich durchgeführte Griechenland-Reise Adalberts findet nur beiläufig Erwähnung.[41] Mit der katholischen Taufe seines am 22. Oktober 1859 geborenen Sohnes zog Adalbert – zumindest für sich – einen Schlußstrich unter seine griechische Thronfolge. Eine offizielle Absage hat er aber wohl nie gegeben, denn noch im März 1860 wollte König Max II. Adalbert zur Rettung des bayerisch-griechischen Thrones nach Griechenland schicken; und symptomatisch für den ganzen Verlauf dieser Geschichte: Otto und seine Frau Amalie lehnten diesen Vorschlag ab.[42]

So war es nicht nur die Unentschlossenheit Adalberts, sondern auch die seines Bruders Otto, daß aus den Thronfolge-Plänen nichts wurde. Wie Otto wäre aber auch Adalbert der politischen Situation in Griechenland sicher nicht gewachsen gewesen.

Wie steht nun Kerner zu dem Zwiespalt seines jungen Freundes? Auch er hatte sich, wie Ludwig I., für den nationalen Befreiungskampf der Griechen eingesetzt, von seinem „Geisterturm" wehte die griechische Fahne[43], und 1823 hatte er seine Betroffenheit in dem Gedicht „Im Herbste" ausgedrückt.

> . . .
> Evoe! Dem Gotte leer'
> Ich auch dieses Glas mit Wein!
> Gold des Neckars! – Doch woher
> Fällt ein Tropfen Blut hinein?
>
> Freunde! Das ist Griechenblut!
> Stellt Gesang und Jubel ein!
> Blickt zu Thal, mit trübem Muth
> Auf die Erde, kalt wie Stein.
>
> Evoe, Ruf, der einmal
> Froh getönt durch Hellas Land,
> Töntest mir jetzt Hellas Qual –
> Und das Glas entfällt der Hand.[44]

Wie in diesen Zeilen nur ein passives Mitfühlen anklingt, so hat Kerner auch den Gedanken eines selbstbestimmten neugriechischen Staates nie konsequent weitergedacht. Für ihn stand die bis 1843 absolutistisch geführte Regierung eines mehr oder weniger aufgedrängten bayerischen Königs nicht im Widerspruch zu den Zielen des griechischen Freiheitskampfes; er war von der bayerischen Lösung überzeugt.

Im Briefwechsel mit Adalbert hat Kerner daher immer wieder versucht, den Prinzen von der griechischen Erbfolge zu überzeugen. Nicht nur durch die wiederholten Aussagen der „Seherin" („den Adalbert... sehe ich immer in Spanien finster, in Griechenland sehe ich ihn licht", Br. 20), sondern auch durch eigene Ratschläge versuchte er Adalbert zu beeinflussen. Daß er dabei für das griechische Königsprojekt eintrat, entsprach einer vernünftigen Einschätzung der Situation: „... wenn er je eine Krone wolle (ich halte aber jede Krone für Ihn für das höchste Unglück) so wäre die Krone Griechenlands (für die er ja... bestimmt ist) immer noch natürlicher u. erreichbarer als die *Krone Spaniens,* nach der Er so mit Inbrunst strebte..." (Br. 33) Kerner wollte also das kleinere Übel für seinen Prinzen, obwohl er um die Probleme und Gefahren in Griechenland wußte. Er hofft daher: „Gott gebe nur daß... aus dieser griechischen Geschichte nichts werde" (Br. 33); und 1852 schreibt er an

Franz Pocci: „Ach! Sorgen Sie mir doch nur auch für den guten Adalbert. In Griechenland muß es schlimm aussehen. Dorthin lassen Sie ihn nicht."[45]

So konnte auch Kerner keine endgültige Entscheidung Adalberts herbeiführen. Die bayerische Erbfolge-Frage in Griechenland wurde erst mit der Absetzung Ottos gelöst, und das geschah am 13. Februar 1862, eine Woche vor Kerners Tod.

Das griechische Problem wäre – zumindest aus der Sicht Adalberts – keines gewesen, wenn er nicht mit übersteigerter Beharrlichkeit an seiner „unstillbaren und unbegreiflichen Sehnsucht" (Br. 8) festgehalten hätte, König von Spanien zu werden. Adalbert war schon früh mit den romanischen Sprachen und vor allem mit Spanien und dessen Geschichte vertraut geworden. Daraus hatte sich eine romantische Sehnsucht nach „diesem herrlichen Lande und seiner ritterlichen Nation" entwickelt (Br. 8). Heiland spricht dagegen vom „verhexten Spanien" und „von der zur fixen Idee gewordenen Sehnsucht" (Br. 10).

Adalbert versucht Kerner gegenüber mehrfach, seine Liebe zu Spanien zu erklären. Interessant ist dafür der Brief vom 11. Dezember 1850, in dem er ausführlich von seiner Spanien-Reise im Jahr 1849 berichtet.[46] Ein wenig wird verständlich, was den jungen Prinzen, ganz in einem dynastisch-monarchistischen Bewußtsein erzogen, an der spanischen Mentalität so begeisterte: „In einem Dorfe z.B. nöthigten sie mich... auf einem eigens dazu hergerichteten Thron mich niederzulassen und das Essen einzunehmen. So tief ist dort die Verehrung vor dem monarchischen Prinzen eingeprägt..." (Br. 13) Dieses Schreiben gibt auch den wichtigen Hinweis, daß er, zumindest kurzfristig, als möglicher Heiratskandidat für die Königin Isabella II. von Spanien (1830–1904) in Erwägung gezogen worden war.

Isabella hatte aber schon 1846 ihren Vetter Francisco de Asis geheiratet, eine rein politische Ehe, die auf Betreiben Frankreichs zustande gekommen war. Sie sollte einen möglichst unbedeutenden Gemahl neben Isabella installieren. Um den Einfluß Frankreichs zu stärken, wurde Luisa, die Schwester der Königin, die bei den Fragen Adalberts auch auftaucht, mit dem Herzog von Montpensier, dem Sohn des französischen Königs Louis Philippe, verheiratet.

Daß Adalbert 1850 die Hoffnung auf die spanische Königskrone noch immer nicht aufgegeben hatte, lag wohl an dem allgemein verbreiteten Gerücht, Isabellas Ehe mit ihrem Vetter bleibe kinderlos. Deshalb seine

Abb. 11: Amalia Felipe Pilar, Infantin von Spanien, um 1860

hartnäckigen Fragen nach Eheverhältnissen und Kinderzahl der Königin und ihrer Schwester (Br. 6, 8).

Doch spätestens 1851, mit der Geburt von Isabellas Tochter, war auch die letzte vage Möglichkeit für Adalbert geschwunden. Was in Spanien über Isabellas Ehe und Mutterschaft gedacht wurde, schildert ein Zeitgenosse:

> Louis Philipp's Name erschien überall in den Heiraths-Intrigen am Hofe Spaniens, und man klagte ihn öffentlich an, er habe sich für die Heirath der Königin mit ihrem Vetter Francisco bemüht in der Meinung, er sei nicht zeugungsfähig, um so seinen Enkeln die Krone Spaniens zu sichern. Es ist wahr, das Volk theilte im Allgemeinen die Meinung des Königs von Frankreich und hat sich von dieser Ansicht durch die wiederholten Entbindungen der Königin nicht abbringen lassen.[47]

Die innenpolitische Lage Spaniens war um 1850 äußerst unsicher und unruhig. Parteikämpfe, Umsturzversuche und Revolutionen bestimmten das Bild. Die spanische Monarchie war gefährdet durch die restaurative Politik Isabellas II. und ihrer Günstlinge. Zu diesen gehörte zeitweise auch der in den Briefen erwähnte General Ramon Narvaez, Minister und Führer der konservativen Partei. Die Korruption am Hof war sprichwörtlich, und schon mehrmals war – von unterschiedlichen Seiten – der Sturz der Königin geplant gewesen. Einen Hinweis darauf enthält auch der Kerner-Brief an Adalbert vom Februar 1852, als ein Mordanschlag auf Isabella ihn in Aufregung versetzt hatte: „Nun! die Isabella! Sie benimmt sich gehörig, aber daß dort Mordversuche zu Hause sind, sahen wir wieder." (Br. 40) Und 1863 schreibt der schon einmal zitierte spanische Gewährsmann: „Könnte meine Stimme bis zu Isabella von Bourbon dringen, so würde ich ihr rathen, von einem Thron, der in Trümmern liegt, freiwillig herabzusteigen, von dem sie ohne Zweifel, wenn sie hartnäckig darauf beharrt, mit Schimpf und Schande heruntergestürzt werden wird."[48] Im Jahre 1868 wird Isabella II. tatsächlich gestürzt und die spanische Republik ausgerufen.

Es bleibt unverständlich, daß Adalbert in all diesen Wirren und in einer für ihn aussichtslosen Situation unbeirrbar an seinen spanischen Königswünschen festhielt. Er war besessen von der Überzeugung, zum König bestimmt zu sein. Dabei hatte er unklare Vorstellungen eines schicksalhaften Erbkönigtums von Gottes Gnaden, die stark an die Vorstellungen seines Vaters erinnern:

> Der Mensch muß immer sein Geschick willig aus der Hand Gottes nehmen. Mancher ist bestimmt, in der Hitze des Mittags in dem

Abb. 12: Adalbert, Prinz von Bayern, mit seiner Frau Amalia, 1856

Weinberge des Herrn zu arbeiten. Solche sind die Könige, auf deren Schultern in diesem Leben die ganze Last des Reiches ruht… Daher können auch nur Bande der Natur oder eine innere mächtige Stimme zu einer so gewaltigen Aufgabe begeistern. Suchen soll man so etwas in unserer Zeit freylich nicht. Jedoch, bin ich dazu berufen, ich schrecke vor Nichts zurück. (Br. 17)

Je hoffnungsloser sich seine Aussichten auf eine Königskrone gestalteten, je hartnäckiger klammerte sich Adalbert an die Prophezeiungen der verschiedenen „Seher" und „Seherinnen", die ihm eine Krone voraussagten. Er huldigte „seinem Götzen, einer jugendlichen Lüsternheit nach hohem Ruhm und Ehre vor der Welt".[49] Mit dem „nüchternen Verstand", mit dem Kerner mehrfach argumentierte (Br. 11, 14, 33), kam man da nicht weiter, „denn dieses Sehnen hat sich mit seinem ganzen Wesen bereits amalgamirt". (Br. 12)

Auch der Vorschlag Kerners, „daß jene Sehnsucht vielleicht ein bloßes Spiel der lebendigen Phantasie E. K. Hoheit ist" (Br. 14), wurde nicht akzeptiert. Hier trifft seine Beschwerde Heiland gegenüber zu: „Es ist mir… *entsetzlich traurig,* daß K.H. meine Bitten u. Vorstellungen meiner Briefe… so gar nicht beachtet als hätte sie K. Hoheit gar nicht gelesen." (Br. 28)

Adalbert ließ nichts unversucht, seine spanischen Königspläne durch eine Heirat doch noch zu verwirklichen. „Die Folge war, daß Er darauf fest bestand, eine spanische Infantin zu heirathen." (Br. 50) Denn nun war Adalbert überzeugt, er „würde einst durch eine *Frau steigen,* vielleicht ist es die Infantin, denn eine innere Stimme sagt mir für Spanien bist du bestimmt, du mußt es retten und mit Gott werde ich es auch!"[50]

Mit Unterstützung seines Vaters reiste Adalbert 1855 zur Brautwerbung nach Madrid, um die Infantin Amalia Felipe Pilar (1834–1905), die Schwester von Isabellas Gemahl Francisco de Asis, kennenzulernen. Als einer der ersten erfährt der väterlich mit ihm fühlende Kerner aus Paris von Adalberts großem Glück: „Von Seiten Spaniens liegt kein Hinderniß zu meiner Verbindung mit derselben im Wege, ja man wünscht sogar diese Allianz." (Br. 61)

Die Heirat, die 1856 stattfand, scheint Heilands Hoffnungen zu erfüllen, „daß ein glückliches Familienleben an der Seite einer vortrefflichen Gattin einen nicht geringen Einfluß auf Ihn machen dürfte." (Br. 34) Und Kerner hatte schon 1851 an Adalbert geschrieben: „Gewiß nur durch solch eine Verbindung werden K. Hoheit erst ein Glück der Erde finden können das über alle Königskronen geht." (Br. 35)

Adalbert sieht das zwar etwas prosaischer, wenn er klagt: „Bei mir erfüllte sich leider nur zu bald das Sprichwort: Der Ehestand ist ein Wehestand"[51], aber Amalia scheint ihren Ehemann tatsächlich auf den Boden der Tatsachen gestellt zu haben. Die Liebe zu Spanien blieb zwar bestehen, aber von Krone und Königswürde ist nicht mehr die Rede. Der träumerische, leicht größenwahnsinnige Prinz wandelte sich allmählich zum besorgten Familienvater, der seinem Freund Kerner stolz von seinen Söhnen erzählt (Br. 64, 65). Adalbert hatte es gelernt, sich in seiner Mittelmäßigkeit einzurichten.

Bei der Verfolgung der Königspläne ist auffallend, von was für wirklichkeitsfremden Ideen Adalbert bestimmt wurde. In Griechenland sah er sich nicht als der bedeutungslose, von den Großmächten völlig abhängige König, sondern als byzantinischer Basileus; in Spanien nicht in die Wirren einer Revolution verwickelt, sondern als Retter des „ritterlichsten Volkes der Erde". Mit diesen theatralisch-übersteigerten und völlig unzeitgemäßen Vorstellungen wäre für Adalbert jede Königskrone zur Dornenkrone geworden.

„Die Seherin von Prevorst war eine Seherin ganz anderer Art"

Auf diesen Punkt wies Kerner den Prinzen Adalbert mehrfach hin. Es lag ihm offensichtlich daran, die Aussagen und Prophezeiungen seiner „Seherin", der Frau Rupp aus Ellhofen bei Weinsberg, zu relativieren: „Solches geistiges Wissen, wie die Seherin von Prevorst in ihrem tiefen magnetischen Leben, besitzt allerdings jene befragte Seherin nicht. Es ist das Schauen letzterer mehr wie ein Instinkt..." (Br. 23) So versuchte er, Adalberts übertriebene Erwartungen zu dämpfen.

Adalbert dagegen hielt viel auf die Kernersche „Seherin", auf diese christliche „Pythia", an deren Schauen, „nichts unrechtes ist". Er suchte in ihr eine neue Seherin von Prevorst (s. Beitrag v. H. Schott).

Was ist nun von der eigentlichen Hauptfigur des ganzen Briefwechsels, von der Wasserschauerin Frau Rupp zu erfahren? Sie wird von Kerner recht beiläufig als „jene Seherin" eingeführt, und etwas herablassend schreibt er über sie: „Eine Zeitung liest dieses Weib übrigens nie u. weiß auch nichts von Politik." (Br. 5)

Aufgeregt reagiert Kerner auf die Idee Adalberts, Frau Rupp nach München kommen zu lassen. In einem langen Brief, mit häufigen Unterstreichungen, bringt er seine Gegenargumente vor und ist ängstlich darauf bedacht, kein Aufsehen zu erregen:

> Man wäre sehr *unpolitisch,* wenn man hiebey nicht auch bemerken würde, daß man (nahmentlich der Geistliche des Ortes) den Zweck der Reise dieser Frau (die immer kränklich ist u. viele Kinder hat) bald herausbringen u. davon ein Geschrey in die Welt machen würde, was bösartige Menschen und hungrige Zeitungsschreiber, aber *K. Hoheit gewiß nicht,* sehr willkommen wäre. Derley muß für *K. Hoheit... durchaus* vermieden werden." (Br. 23)

Kerner selbst verschweigt dabei, daß es auch ihm *durchaus* nicht recht gewesen wäre, mit der Frau Rupp aus Ellhofen ins Gerede gebracht zu werden. Was die Briefe höflich übergehen, das hat jedoch H. Gehrts 1982 mit Hilfe von Archivunterlagen ans Licht gebracht.[52] Unter dem Titel „Der Oberamtsarzt unter Verdacht" berichtet er, wie sich Justinus Kerner im Jahre 1846 zusammen mit einer Frau Justina Rupp aus Ellhofen wegen der Verabreichung „sympathetischer Mittel" vor der königlichen Kreisregierung zu verantworten hatte. Kerner rechtfertigte in einem langen Schreiben das ihm zur Last gelegte Verhalten. Er habe seinen Patienten nicht nur Zettelchen mit „magischen Hyrogliphen" gegeben, sondern auch gewissenhaft die üblichen Medikamente verschrieben. Dennoch bleibt die Regierung bei der Meinung:

> Die Anwendung sympathetischer Mittel von Seiten des Dr. Kerner scheint uns mit seiner Stellung als öffentlich angestellter Gesundheitsbeamter unvereinbar zu seyn, und daß hierdurch nur der Aberglaube befördert werde, wird bei der sonstigen bekannten Richtung dieses Mannes besonders in dem Bezirk des Oberamtes Weinsberg, kaum zu bezweifeln seyn.[53]

In unserem Zusammenhang besonders interessant ist ein Gutachten des Medizinalrates Seeger vom 29. September 1846, in dem die Mitverdächtige Justina Rupp als Frau geschildert wird,

> welche sich seit Jahren mit unbefugter Behandlung von Krankheiten abgibt, deshalb schon vor 6 Jahren mit Gefängnißstrafe belegt worden ist und auch schon vor 23 Jahren wegen Diebstahls und Scortations Vergehens [Hurerei] eine Arbeitsstrafe von 2½ Monaten erstand.

Die von Gehrts veröffentlichten Aktenstücke belegen ausführlich diesen aufregenden Fall, der auch unter medizin-, kultur- und geistesgeschichtlichen Aspekten höchst aufschlußreich ist.

Es war eine symbolisch denkwürdige Situation, die den Weinsberger Oberamtsarzt mit einem armseligen Weibe zusammen auf eine Anklagebank brachte, mit einem Frauenzimmer, das diebstahlhalber, wegen Hurerei und Kurpfuscherei vorbestraft war und das, Ironie des Schicksals, denselben Vornamen führte wie er.[54]

Kerner entging einer „Zurechtweisung" wegen „seines vorgerückten Alters" und „seiner früheren Verdienste um die Wißenschaft". Bei

der Rupp von Ellhofen... will man zwar... von einer Bestrafung abgestanden haben, es ist ihr dagegen zu erkennen zu geben: daß bei fernerem Zuwiderhandeln gegen die bestehenden Gesetze, unnachsichtig die von dem Artikel 38 des Polizeystrafgesetzes gegen das Medicastriren verhängten Strafen gegen sie verfügt werden würden. Von dem Erkenntniß gegen die Rupp ist, da dasselbe Bezug auf die Medicinalpolizey hat, auch den Oberamtsärzten Dr. Kerner in Weinsberg und Dr. Meißner(?) in Neckarsulm Mitteilung zu machen"[55]

Da mutet es doch etwas seltsam an, daß Kerner gerade diese recht zwielichtig erscheinende Frau für das Zukunftsschauen seines Prinzen benutzte. Daß Kerner von ihren hellseherischen Fähigkeiten überzeugt war, daran kann kein Zweifel bestehen; daß er die Grenzen ihres Schauens klar erkannte, daraus machte er nie ein Geheimnis: „Daß diese Frau nicht lügt und nicht betrügt davor stehe ich, aber bezweifeln möchte ich daß man auf Ihr Schauen mit Zuversicht bauen könnte" (Br. 5) – und damit hatte sich „unser Justel" erst einmal geschickt aus der Affäre gezogen.

Das ambivalente Verhalten Kerners den Wünschen seines Brieffreundes gegenüber (s. auch Beitrag v. H. Schott) bekommt durch den Fall Rupp noch eine zusätzliche Komponente. Es muß gefragt werden, wie ernsthaft Kerner mit den Antworten an Prinz Adalbert umging, ob nicht eine gewisse Manipulation im Spiel war.

Daß Kerner nicht völlig unvoreingenommen auf Adalberts Fragen reagierte, zeigt schon seine „Zusammenarbeit" mit Sekretär Heiland, mit dem Antworten zum Teil regelrecht abgesprochen wurden (Br. 16, 21); und wenn Adalberts Fragerei allzu anspruchsvoll und dringend wurde, dann ließ eben das Schauen der Seherin nach (Br. 23, 31, 40).

Eine interessante These stellte Pocci 1928 auf, als er vermutete, Kerner sei von der königlichen Familie und speziell von Max II. dazu benutzt worden, Adalbert für Griechenland zu beeinflussen. Adalbert selbst spricht – in bezug auf den von ihm häufig konsultierten Astrologen Vogt – einen solchen Verdacht aus: „Herr Vogt, der nun (wohl aus Furcht vor K. M.) immer für Gr. und gegen Sp. eifert und prophezeit…“[56] Mehrere Briefstellen, in denen sich Kerner gegen eine griechische Königskrone für Adalbert ausspricht, machen diese These aber unwahrscheinlich.

> Ich weiß gar nicht wie der Prinz zu dieser projektierten Nachfolge Seines H. Bruders Majestät kam, ob es der Wille des Bruders, der Wille der Familie ist, – ich weiß gar nichts von dieser Politik. Ich weiß nichts als nur nach dieser langen Correspondenz, daß dem Leben K. Hoheit gewiß der beste Frieden gegeben würde, könnte man K. Hoheit vor allen Kronen bewahren… (Br. 33)

Daß Kerner zumindest im Einvernehmen mit Max II. handelte, beweist ein ausführlicher Bericht von 1853, in dem er dem König die Gefahren schilderte, denen sich sein leichtgläubiger Bruder wieder ausgesetzt hatte. Da in diesem Schreiben explizit das Verhältnis Kerners zu Adalbert angesprochen wird, auch Geschehnisse Erwähnung finden, die im Briefwechsel ausführlich behandelt werden, sei es hier in Auszügen wiedergegeben.

> Eine große Sorge ist mir des mir so teuer gewordenen Herrn Prinzen Adalberts königl. Hoheit! Seit ich königl. Hoheit vor 3 Jahren zu Aschaffenburg das erstemal zu sprechen das Glück hatte u. königl. Hoheit mir persönlich u. in Briefen Ihr Vertrauen schenkten, wodurch ich leider ersah, daß königl. Hoheit immer sehnsüchtig Ihr künftiges Los durch Seher u. Seherinnen zu erfahren wünschte, machte ich es mir zur heiligen Pflicht (eben des Vertrauens wegen, das mir K. Hoheit schenkten), Sie von Irrungen und Phantasien abzubringen, auf die Sie offenbar durch den Einfluß schlechter Menschen geführt wurden, namentlich von der fixen Idee mit Spanien etc. Dies gelang mir auch und ich war dessen schon hocherfreut, als ich zu meinem Schrecken hörte, daß die Marquisin von Milan, die sich für eine Somnambule ausgibt, die Bekanntschaft des Prinzen in München gemacht und Er ihren Schläfen beiwohnte u. ihr allen Glauben schenkte. Ich schrieb dann sogleich an königl. Hoheit, um königl. Hoheit, so sehr ich nur konnte, vor den Aussagen dieser Person zu warnen, um so schmerzhafter war mir der Einfluß dieser Person auf K. Hoheit…
> Aber auf des Prinzen Adalbert K. Hoheit ist von ihr nun schon übel eingewirkt. Ich bitte K. Majestät, K. Hoheit zu veranlassen, daß Sie mit mir noch ferner korrespondieren (kann ich dieselbe nicht wieder persönlich sprechen), wo ich allem nach ferner aufbieten würde, demselben die klare Wahrheit zu sagen und den Einfluß jener Person wieder zunichte zu machen, was mein innigster Wunsch, meine schwere Sorge ist…
> Zugleich schrieb ich ihm auch: daß ich wegen Seiner (übrigens nur zum

Scherz) die Prophetie eines Tisches befragt und eine Antwort erhalten hätte, die den Aussagen der Frau Markisin de Milan gänzlich widerspreche und Ihn nicht nach Spanien, sondern nach Griechenland hinweise. Dies ist auch völlig wahr – doch möchte ich mich auf eine solche Prophetie auch nicht verlassen...[57]

Daß Kerner bei seinen Bemühungen auf das ihm selbst höchst zweifelhaft erscheinende Verfahren des Tischklopfens zurückgriff (Br. 55), zeigt, unter welchem Zugzwang er handelte. Er war eifersüchtig darauf bedacht, seinen Einfluß auf den Prinzen nicht zu verlieren. Durch die Marquise von Milan, deren „gelinde gesagt Selbstbetrug" (Br. 56) Adalbert schnell erkennen mußte, war Kerners Vertrauensposition kurzfristig gefährdet. In dieser Situation schreckte er – sogar auf die Gefahr hin, unglaubwürdig zu werden – von einer kleinen Manipulation nicht zurück. Die weiteren Ereignisse belegen, daß Kerners Zweifel an den „Prophezeiungen" seines Tisches begründet waren: Keine der Aussagen traf ein.

In Kerners Brief an Max II. macht vor allem eine kleine Nebenbemerkung stutzig: das in Klammern gesetzte „übrigens nur zum Scherz". Denn hier kommt ein Charakterzug Justinus Kerners zum Vorschein, der auch im Briefwechsel mit Adalbert berücksichtigt werden muß, ein skurriler, hintergründiger und oft schwer einschätzbarer Humor. Wie ernst er die ganze Sache wirklich nahm, wie oft er damit vielleicht seine kleinen Späße trieb – das verraten uns die Briefe jedoch nicht.

„Aus Herzen und aus Bildern bricht zu München eine eigne Sonne"[58]

Der München-Besuch im Dezember 1851 war ein wichtiges Ereignis für den alten Kerner und eine seiner letzten größeren Unternehmungen. Adalbert hatte ihn und seine Frau Friederike eingeladen „als einen ganz theuren und lieben Gast" und, wie Heiland meinte, „in einem Augenblick, wo Sie, wie ich sicher glaube, unendlich viel ihm nutzen können".[59] Kerner selbst hat den Grund seines Besuches etwas undiplomatischer formuliert, falls er tatsächlich geäußert hat, er sei nur gekommen, um Adalbert „zu entgeistern". (Br. 43)

Abb. 13: Gotthilf Heinrich Schubert, 1838

Der Aufenthalt in München muß für Kerner ein großer persönlicher Erfolg gewesen sein. Stolz und übersprudelnd von Eindrücken schildert er seinem Freund Graf Wilhelm von Württemberg (dem Erbauer von Schloß Lichtenstein) seine Erlebnisse.[60] Neben der ausführlichen Erwähnung der nun schon sattsam bekannten Majestäten und Hoheiten wird auch minutiös von den Treffen mit seinen Kollegen und Künstlerfreunden berichtet.

Abb. 14: Franz von Pocci, um 1855

Kerner hatte enge Kontakte zu München. Sie bestanden einmal zu den ihm nahestehenden „Mystikern" wie G. H. Schubert (1780–1860) und Joseph Ennemoser (1787–1854), dem Arzt und Magnetiseur (Br. 41). Diese beiden gehörten zu den wenigen Naturwissenschaftlern, die Kerners „Seherin von Prevorst" (1829) uneingeschränkt gutgeheißen und verteidigt hatten. Kerner selbst war durch Schuberts Hauptwerk „Ansichten von der Nachtseite der Naturwissenschaften" (1808) bei seinen eigenen okkultistischen Forschungen stark beeinflußt worden (s. Beitrag v. H. Schott). Auch zu Adalbert ergaben sich Verbindungen, da ihm Schubert als Lehrer aus Jugendjahren bekannt war. So wird von Kerner oft der „herrliche Schubert" erwähnt, und immer wieder insistiert er darauf, ihn doch ins Vertrauen zu ziehen (Br. 11, 33). Schubert selbst schreibt an Kerner: „Durch unsern teuren, an Liebe reichen, überhaupt an Gemüt hochbegabten Prinzen Adalbert stehen und bleiben wir beide auch immer in lebendigem Verkehr."[61]

Einem anderen Münchner Kreis stand Kerner als romantischer Dichter volkstümlicher Lieder und Balladen nahe. Dazu gehörten vor allem Graf Franz von Pocci (1807–1876) und der Mundartdichter Franz von Kobell (1803–1882), die beide im Mittelpunkt der Münchner Kulturszene der Jahrhundertmitte standen. Der vielseitig begabte Pocci war für Kerner ein anregender und einfühlsamer Freund. Durch ihre Neigung zu Melancholie und christlich-romantischer Todessehnsucht waren sie sich sehr ähnlich. Dazu kamen viele gemeinsame Interessen, die Liebe zum Mittelalter und nicht zuletzt ihre skurrilen Klecksographien, die die Freunde miteinander austauschten (s. Beitrag v. Hofmann/Praeger).

Aber auch noch eine andere Beziehung scheint Kerner mit München verbunden zu haben. Im Dezember 1851, wohl gleich nach seiner Rückkehr, geht ein Hilferuf an eine Unbekannte:

Geliebteste! Es ist zu arg, daß ich Sie nicht sehen kann u. in einer Stimmung hier lebe die tödlich ist. Wäre ich mit Ihnen noch by der Champagnerquelle im Wald!! – Meine Heiserkeit ist gewichen aber es zog sich alles in den Kopf, der so schwer und so dumm wie möglich wurde. Ich liebe Sie so herzlich, helfen Sie mir doch!!... Sie u. Pocci machen mich einzig noch lebendig, – daß ich wenigstens meine ich sey nah. – ... Vergessen Sie mich nicht! Innigst Ihr Sie herzlich liebender J. Kerner.[62]

Leider gibt der Brief weder den Namen der „Geliebtesten" noch den Bestimmungsort preis. Die gewählten Formulierungen, die Erwähnung

Poccis und die Schilderung seines Gesundheitszustandes passen aber genau auf die Situation Kerners kurz nach der München-Reise. Wehmütig scheint er sich an eben erst Vergangenes zu erinnern. Dennoch konnte über die Champagnerquelle und über die Adressatin dieses überschwenglichen Briefes nichts Genaues innerhalb des Münchner Freundeskreises entdeckt werden. Und so soll es genügen, was Kerner selbst über seinen München-Besuch gedichtet hat:

Im December in München (1851)

Wer mich in Winters schlimmer Zeit
Jetzt in der Isarstadt wird sehen,
Denkt wohl: wie konnte der so weit
Nach Winterfrost und Nebel gehen?

Ja! Nebel birgt des Himmels Licht,
Läßt sich auf all' die Wunder nieder,
Nordstürme brausen, Schnee fällt dicht
Auf der Bavaria Riesenglieder.

Ich bin mir keines Frosts bewußt,
Ich fühle warm die Pulse pochen,
Und was ich sprech' aus offener Brust,
Von Herzen warm ist es gesprochen.

Erlösch' des Himmels Wärm und Licht,
Hier fühlte man doch Wärm' und Wonne. —
Aus Herzen und aus Bildern bricht
Zu München eine eigne Sonne.[63]

„Den Tag, wo mich K. Hoheit in meinem kleinen Häuschen beglückten, kann ich Zeitlebens nicht vergessen"[64]

Dieser erste Besuch Adalberts in Weinsberg kam am 26. Mai 1851 zustande. Vorausgegangen war die sehr intensive Anfangsphase der Korrespondenz, mit den immer ausführlicheren Fragen Adalberts. Sein kurzer Aufenthalt galt daher in erster Linie der Wahrsagerin Frau Rupp. „Da ich ohne Herren kommen werde, so bitte ich die Seherinn kommen zu lassen."[65]

In den ganzen Jahren des Briefwechsels war Adalbert sieben Mal in Weinsberg, und so war es nicht unberechtigt, wenn Kerners kritische Freunde ab und zu spöttelten: „Bei Kerner prinzelt's wieder."[66] Die Besuche kamen meist zur großen Freude Kerners, der dann seine vielgerühmte Gastfreundschaft entfalten konnte. Nur manchmal wurden ihm die Stippvisiten Adalberts etwas zu anstrengend: „Mitten in meiner Krankheit überraschte mich Prinz Adalbert... Er kam voll der Tischwunder und ich belehrte ihn hierüber, so elend ich dazumal war, daß man sich auf Voraussagen der Tische durchaus nicht verlassen könne... Es wird aber wenig fruchten, er liebt eben einmal das Tollste, ist aber ein herzguter Mensch!"[67] Zufrieden war Kerner mit seinem Schützling, wenn er im Oktober 1854 berichtet, daß Adalbert „erst vor 14 Tagen bei mir war, wohlgemut und lebensfroh, zu dick geworden"[68]; und ganz nach seinem Geschmack war es auch, wenn Adalbert „inkognito" in Weinsberg weilte und er stolz seinen Freunden anvertrauen konnte: „...er war nicht, wie es in den Zeitungen hieß zwei Tage in Heilbronn, sondern hier bei uns..."[69]

Wie in unzähligen anderen Briefen fehlt jedoch auch im Briefwechsel mit Adalbert nicht das stereotype Kernersche „Jammern". In seinen depressiven Stimmungen, in denen sein Leben „sehr langweilig und trüb" dahinging (Br. 41), bedurfte er „der Aufheiterung K. Hoheit oft sehr".[70] Wenn die Briefe einmal ausblieben, glaubte er sich schnell „von K. Hoheit ganz verlassen" (Br. 45), er befürchtete, ihn nicht mehr wiederzusehen, denn: „mein Leben ist bald aus." (Br. 7) Diese immer wiederkehrenden hypochondrischen Todesahnungen, die schon beim jungen Kerner zu finden sind, veranlaßten seine Frau einmal zu der Bemerkung: „Aber Kerner, jetzt mußt du wirklich bald sterben, sonst ist's eine Schand' vor den Leuten."[71] Daß Kerner diese Anekdote oft

Abb. 15: Adalbert, Prinz von Bayern, um 1860/65

selbst erzählte, spricht für eine seiner liebenswertesten Eigenschaften: für seine Selbstironie.

Briefe, persönliche Kontakte und Besuche waren ein wichtiger Bestandteil in Kerners Leben. Dabei vergaß er seine Verlassenheitsgefühle und seine innere Einsamkeit. Sie waren der eigentliche Motor für seinen fast unüberschaubaren Briefverkehr, durch den ein wesentlicher Kontakt zur Außenwelt entstand, ohne den er nicht leben konnte. Es war Kerners „Horror vacui", der ihn seine weitläufigen Korrespondenzen und seine großzügige Gastlichkeit so intensiv betreiben ließ. Adalbert vertraute er an: „Der Todt trennt nicht so als diese irdische Ferne ... Königliche Hoheit kommen so selten zum Briefschreiben u. so fehlt uns auch noch dieses irdische Verbindungsmittel."[72]

All die unzähligen Briefe, die Kerner geschrieben hat, wurden deshalb sehr wichtig genommen. Anhand der Adalbert-Korrespondenz ist das besonders gut aufzuzeigen. Die erhaltenen Briefentwürfe im Schiller-Nationalmuseum in Marbach belegen, wie wohlüberlegt die Briefe abgefaßt wurden. Zum Teil gibt es zwei, nur leicht variierende Briefentwürfe, dazu noch die Abschrift der dann endgültig abgeschickten Fassung. Es waren keine spontan hingeschriebenen Briefe, wie die flüchtige Schrift vermuten läßt; sondern es wurden genau durchdachte, ausgefeilte Formulierungen benutzt.

Auch Kerners Umgang mit den an ihn gerichteten Briefen zeigt den hohen Stellenwert, den er ihnen beimaß. So hat er kein Schreiben Adalberts vernichtet, obwohl oft genug darum gebeten wurde. Briefe galten ihm nicht nur für den privaten Gebrauch, sondern müssen als gesellschaftliches Kommunikationsmittel interpretiert werden, das für eine ausgewählte Öffentlichkeit bestimmt war. Viele Briefe seiner Freunde hat Kerner chronologisch geordnet und binden lassen; Dritten gegenüber wurde oft wörtlich daraus zitiert, oder sie wurden in großer Runde vorgelesen.

So bedeutete auch der Briefwechsel mit Adalbert, wie er hier in seiner ganzen Komplexität vorgestellt wurde, ein Stück gesellschaftlichen Lebens und ein Stück Lebenskraft für den alten Justinus Kerner. Die Freundschaft endete für ihn so heiter, wie sie begonnen hatte: „... noch acht Tage vor seinem Ende versammelte er zum Mitgenusse des Münchner Biers, das der Prinz Adalbert von Baiern geschickt hatte, eine Anzahl von Weinsberger Bekannten und war mit ihnen herzlich vergnügt."[73]

Andrea Berger-Fix

Abb. 16: Friederike Hauffe (1801–1829)

Der „Okkultismus" bei Justinus Kerner – Eine medizinhistorische Untersuchung

„Von früher Jugend an hatte ich stets eine
brennende Wißbegier für alles Wunderbare und
Mistische. Es ist ja der Übergang zu einem
höheren Seelenleben, und der Vorgeschmack des
Jenseits!"

Prinz Adalbert von Bayern
an Justinus Kerner[1]

„Bey einer warmen lebendigen Phantasie, können
solche Träume am Ende, widerstrebt man ihnen
nicht, zu einer Art krankhaften fixen Idee werden."

„...ich halte dafür daß K. Hoheit gesünder und fröhlicher bleiben, wenn Sie tanzen als wenn Sie
zu viel in der Seherin von Prevorst u. in
Swedenborg lesen."

Justinus Kerner an
Prinz Adalbert von Bayern[1]

1. Zur Kerner-Rezeption

Wer oder was war Justinus Kerner? Die Antworten der einschlägigen
Literatur[2] laufen in der Regel auf vier charakteristische Attribute hinaus.
Es heißt, er sei Dichter, Arzt, Okkultist und ein Genie der Freundschaft
gewesen. Wenn vom „Arztdichter" oder „Dichterarzt" die Rede ist, so
wird zumeist das ungetrübte Bild des schwäbischen Romantikers
gezeichnet. Problematisch und strittig wird es dann, wenn Kerners
„Okkultismus" zur Debatte steht. Dabei wird er von den einen als
Wegbereiter der Anthroposophie im Sinne eines „Okkultismus des

Herzens"[3] oder als „Pionier der Parapsychologie"[4] gepriesen, von den anderen dagegen als Irrationalist und Mystiker beargwöhnt, wie wir es noch bei einigen Medizinhistorikern sehen werden.

Wie wird nun das Werk dieses Dichter-Arzt-Okkultisten[5] in unserer Zeit bewertet? „Gehört er nicht zu den ‚Großen', so gehört er zu den menschlich Liebenswertesten unter den deutschen Dichtern", hat Theodor Heuss[6] einmal gesagt und damit die heute gängige Einschätzung Kerners als *Dichter* auf eine markante Formel gebracht. So erscheint er niemandem als Genie, eher als ein Beispiel „von einer unvollkommen erfüllten Berufung des Dichters, ... einem zu früh erloschenen Feuer."[7] Als naturforschender *Arzt* wird Kerner – vor allem als Erstbeschreiber des Botulismus[8] – immer gelobt, aber „Brennpunkt der Wissenschaft war Justinus Kerner sicher nicht".[9] Sein „Okkultismus" wird hierbei häufig als bedauernswerte mystische Entgleisung aufgefaßt, welche die wirklichen Verdienste des Dichters und Arztes verdunkelt. Trotz einer Reihe zustimmender Würdigungen Kerners als *Okkultist* fallen die Einschätzungen der wissenschaftlichen Parapsychologen zurückhaltend aus. Unzulänglichkeit der Berichte und dilettantische Arbeitsweise werden bei ihm bemängelt. Er habe keinen großen unmittelbaren Einfluß auf die Parapsychologie gehabt, meint Jennings.[10]

Somit erscheint Kerner als eine zwar liebenswerte und originelle, aber keineswegs überragende Gestalt. Nur beim vierten Charakteristikum seiner Person erscheint seine Größe über jeden Zweifel erhaben und wird er als ein Genie gefeiert: als Mensch der Freundschaft, Mittelpunkt eines Freundeskreises. Diese persönliche Wirkung Kerners ist bis heute ein Faszinosum geblieben. Sein schwermütiges Temperament – manchmal als „somnambul" oder „depressiv" bezeichnet –, gepaart mit Selbstironie, Humor und überschäumender Lebhaftigkeit, ist Gegenstand unzähliger Legenden geworden, denen Kerner nicht zuletzt seine Popularität zu verdanken hat.

Doch kommen wir auf das Okkultismus-Problem in der Kerner-Rezeption zurück. Trotz aller Kritik an seiner „Geisterseherei" wird Kerner zumeist als ehrenwerter und vernünftiger Arzt anerkannt, dem zwar der Geruch des religiösen Sektierers anhaften mag, nicht aber der des Scharlatans, wie dies bei Mesmer der Fall war. Die „Vielseitigkeit Kerners" zeichne ihn vor dem „monomanen" Mesmer aus, habe ihn davor bewahrt, „die ganze Medizin in ein magisches System aufzulösen, wie es noch Mesmer (gewiß unabsichtlich) tat", meinte Kretschmer.[11] Aber gerade an diesem Punkt werden die bisherigen medizinhistorischen Einschätzungen sehr mangelhaft. „Rationale" und „magische" Heilkunde sind keineswegs so trennscharf auseinanderzudividieren, wie dies häufig geschieht, wobei im Falle Kerners die Beschäftigung mit der ersteren seine Neigung für die letztere entschuldigen soll – im Sinne einer „Ehrenrettung".[12]

In medizinhistorischen Lehrbüchern und Lexika lassen sich drei verschiedene Tendenzen ausmachen: 1. Kerner wird lediglich als Erstbeschreiber des Botulismus registriert.[13] 2. Kerner erscheint als „Geisterbeschwörer"[14], der auf der „abschüssigen Bahn des Mystizimus...", verführt durch die Sphinx des Somnambulismus"[15], mit Friederike Hauffe eine „folie en [!] deux"[16] entwickelte. 3. Ein wissenschaftlich vorurteilsloser und unverzerrter Abriß von Kerners Werk ist bis heute die Ausnahme. Zu nennen wäre hier der Artikel über Kerner im „Biographischen Lexikon"[17], in dem festgehalten wird, daß er wider seinen Willen als Vorkämpfer der Mystik und des Aberglaubens betrachtet wurde und daß er „von der Anschuldigung bewußter Fälschung entschieden freizusprechen sei".

So erscheint bis heute Kerners Okkultismus als ein romantischer Irrweg und der „tierische Magnetismus" als eine Angelegenheit, über die man „kein Wort mehr zu verlieren braucht".[18] Im folgenden soll jedoch gerade dieser Okkultismus im Kontext des *zeitgenössischen Mesmerismus*[19] näher betrachtet werden. Dieser lieferte nämlich Kerner als einem Arzt in der ersten Hälfte des 19. Jahrhunderts ein Konzept in Theorie und Praxis, in welchem pietistische und naturphilosophische Ideen[20] ohne Schwierigkeiten assimiliert werden konnten. Somit wollen wir gerade jene Dimension des Okkultismus ansprechen, die als „Magnetismus" des Mesmer-Anhängers Kerner bezeichnet wurde[21], um dessen *medizinische* Bedeutung es uns im folgenden geht.

Dabei soll vor allem das Verhältnis von Arzt und Patientin beleuchtet werden, über das bisher schon manche Mutmaßungen angestellt wurden.[22] Zunächst (Kapitel 2) gehe ich auf die Tradition des „tierischen Magnetismus" ein, der als *objektive Leitlinie* das theoretische Gerüst und den Erklärungsrahmen für den behandelnden Arzt abgibt – aber auch teilweise für dessen Patientin, mit ihrer Vision vom „Nervenstimmer" zum Beispiel. Demgegenüber (Kapitel 3) erscheinen die somnambulen Offenbarungen und Botschaften als *subjektive Leitlinie,* in denen sich die Kranke selbst wahrnimmt, beobachtet und mitteilt, gleichsam ihren „inneren Arzt"[23] zu Wort kommen läßt. Schließlich (Kapitel 4) wollen wir untersuchen, inwiefern Kerner diese beiden Leitlinien miteinander verknüpfte und zugleich auseinanderhielt und damit eine skeptische (psychohygienische) Distanz zum Aberglauben bewahrte, wie sie in seinem Briefwechsel mit Prinz Adalbert von Bayern (siehe Exkurs) zum Ausdruck kommt.

2. Der „tierische Magnetismus": die objektive Leitlinie

Vor allem die „Seherin von Prevorst" (1829) trug Kerner den Ruf des Okkultisten ein. Dieses Buch dokumentiere, wie es ein Medizinhistoriker einmal formulierte, die „konsequente Weiterentwicklung vom Magnetisten zum Spiritisten".[24] Aber worin liegt der Unterschied zwischen einem „Magnetisten" und einem „Spiritisten"? Genauer gefragt: Worin unterscheidet sich Kerner als Mesmer-Anhänger und praktizierender Magnetiseur vom Beobachter und Schilderer somnambuler Eröffnungen und spiritistischer Erscheinungen? Zunächst müssen wir feststellen, daß *beide* Funktionen in der Tradition des Mesmerismus wurzeln, die zum Zeitpunkt der Krankenbehandlung der Seherin immerhin schon ein halbes Jahrhundert alt war. Denn Magnetisieren, Übertragen der fluidalen Kraft durch die „Manipulation" des Arztes einerseits, intensives Wahrnehmen des eigenen Leibes und Fühlen in die Ferne bis hin zur Geisterwelt andererseits waren nur zwei Seiten ein und derselben Medaille.

Bei *Mesmer* überwog der erstere (aktive) Aspekt: die Applikation des Magnetismus als Naturheilmittel. Bei *Kerner* überwog im Hinblick auf die Seherin der letztere (passive) Aspekt: die Exploration der somnambulen Patientin, die Erforschung der „Nachtseite" des Seelenlebens. Mesmer konnte sich mit mechanistisch-physikalistischen Begriffen und Modellen begnügen, da es ihm in seinem Selbstverständnis auf die objektive Begründung des „tierischen Magnetismus" als einer wissenschaftlichen Medizin ankam. Die Patienten hatten die Rolle der Empfänger der magnetischen Heilkraft zu spielen, ihre Wahrnehmungen und Äußerungen erschienen gegenüber jenen ihrer Ärzte nebensächlich. Bei Kerner und seinen romantischen Kollegen rückt der „Somnambulismus" in den Mittelpunkt des Interesses: die Mitteilungen und Eröffnungen der „Somnambülen", ihr subjektives Erleben. So spielt die kranke Seherin Friederike Hauffe die *aktive Rolle:* Sie sieht, spricht, riecht, empfindet, zeichnet, schreibt. Der Arzt dagegen übernimmt die Rolle des teilnehmenden Beobachters und Protokollanten. Sicherlich ist Kerner auch weiterhin als „manipulierender" Arzt tätig. Aber er tut dies um der subjektiven Mitteilungen der Patientin willen – einerseits, um diese überhaupt hervorzulocken, andererseits, um den gegebenen Anweisungen seiner Patientin Folge zu leisten. Entscheidend ist, daß auch in dieser Form des Umgangs die Lehre des „tierischen Magnetismus" verbindlich bleibt und als objektive Leitlinie Denken und Handeln der Hauptakteure bestimmt: nicht nur die Verhaltensweisen von Kerner, sondern, wie wir noch am Beispiel des „Nervenstimmers" sehen werden, auch die seiner Patientin.

Dieser Wechsel in der Blickrichtung des Arztes geht einher mit einem Wandel der therapeutischen Zielsetzung. Dies läßt sich an der Gegenüberstellung zweier berühmter Fallgeschichten illustrieren: Mesmers Behandlung der „Jungfer Paradis" im Jahre 1777 und Kerners Behandlung der Friederike Hauffe, der „Seherin von Prevorst", von 1825 bis 1828. Zunächst fallen eine Reihe von Gemeinsamkeiten auf: Zum Zeitpunkt der Behandlung sind beide Patientinnen etwa gleich alt (zwischen 25 und 30 Jahre), ebenso ihre Ärzte (um 40 Jahre). Damit ist eine in der Geschichte der Psychotherapie typische Konstellation erreicht: Der Arzt in seiner Lebensmitte behandelt eine deutlich jüngere Patientin.[25] Beide Behandlungen finden über einen längeren Zeitraum im häuslichen Milieu der Ärzte statt, inmitten ihres Familienlebens. In beiden Fällen kommt es zu einer öffentlichen Kontroverse, allerdings mit unterschiedlichem Ausgang: Mesmer verläßt als skandalumwitterte Gestalt Wien und wird dann in Paris weltberühmt; Kerner bleibt in Weinsberg, wird als der Autor der „Seherin von Prevorst" berühmt und bleibt trotz aller Angriffe eine geachtete Person.

Doch die epochalen Unterschiede zwischen beiden Fallgeschichten springen sofort ins Auge, wenn wir das therapeutische Vorgehen der beiden Ärzte miteinander vergleichen. Als Mesmer die blinde Pianistin Paradis im Jahre 1777 mit seinem „tierischen Magnetismus" behandelte, war sein Ziel, die Patientin wieder sehend zu machen. Aus der Fallbeschreibung[26] geht hervor, daß Mesmer die Patientin umfassend behandelte: durch Magnetisieren, durch konsequente Schulung des Sehens und durch liebevolle Hinwendung zu ihrer Person. Diese sollte *das* sehen lernen, was *er*, Mesmer, selber sah, und sollte die sichtbaren Dinge genau so benennen, wie die Normalsichtigen sie benannten. Mesmer verhielt sich hier durchaus nach dem Verhaltensmuster der Medizin der Aufklärung, welche ja die Kranken in erster Linie umerziehen wollte. Auf die Schwierigkeiten der Interpretation dieser Krankengeschichte sei hier nur hingewiesen, sowohl was die Diagnose der Blindheit als auch was die Behandlungsmethode betrifft.[27] Vor kurzschlüssigen Erklärungen ist zu warnen, etwa vor der kaum beweisbaren Formel, es habe sich hierbei „nur" um „hysterische Blindheit" gehandelt, die „suggestiv" behoben worden sei.

Die „Heilung der Blinden" spielt in der Geschichte der religiösen Wunderheilungen eine bedeutende Rolle. Auch im Mesmerismus ist häufiger von ihr die Rede: von Mesmer, der außer der „Jungfer Paradis" weitere Blinde „geheilt" haben soll[28], bis hin zu Justinus Kerners Sohn Theobald, der „durch animalischen Magnetismus u. durch elektromagnetische Einflüsse... Blinde und Schwerhörende durch manche gelungene Einwirkungen besserte u. auch völlig herstellte."[29]

Als Kerner fünfzig Jahre später seine „Seherin" (Abbildung 16) behandelte, lebte er in einer anderen Zeit. Mesmers „tierischer Magnetismus" war inzwischen längst zum „Somnambulismus" psychologisch verfeinert und in die romantische Naturphilosophie eingepaßt worden. Wichtiger als die ärztliche Manipulation wurde nun das subjektive Erleben der „Somnambülen" selbst: *Ihre* Wahrnehmungen und Mitteilungen standen nun im Mittelpunkt des Forschungsinteresses, und die ärztliche Behandlung sollte jene aktivieren. Der Normalmensch schien den Romantikern blind für die „Nachtseite". Er war auf die Hilfe von „Seherinnen" angewiesen, um in die tiefsten und höchsten Geheimnisse der menschlichen Natur eingeweiht zu werden. So sollten die „Eröffnungen" der Friederike Hauffe den Mitmenschen die Augen öffnen. Dieser Auftrag entsprang vielleicht mehr dem Wunsche Kerners und seiner Freunde als dem der Kranken. Während es bei Mesmer noch um eine harmonische Einstimmung des einzelnen in diese Welt ging, richtete sich Kerners Interesse auf ein „Jenseits", wie es sich im Somnambulismus zu offenbaren schien.

Mesmer als Arzt der „Jungfer Paradis" war Heiler und Erzieher, der seiner Patientin beibringen wollte, sehend zu werden und selbständig leben zu lernen. Kerner als Arzt der Seherin war Protokollant, der den Äußerungen der Kranken wie Offenbarungen lauschte. Heilen könne er sie ohnehin nicht, wie er immer wieder betonte.

Abb. 17: Der „baquet magnétique" von Lyon

Wir sprachen von der Theorie des „tierischen Magnetismus" als der objektiven Leitlinie. Nirgends manifestiert sich diese so eindrucksvoll wie im *„baquet magnétique",* dem magnetischen Kübel oder „Gesundheitszuber". In diesem Apparat der Heilung nimmt die Idee eines „Fluidums" als einer kosmisch-physikalischen Kraft handgreifliche Formen an. Der „Nervenstimmer" der Seherin, wie er heute noch im Kernerhaus in Weinsberg zu studieren ist, stellt einen solchen *Baquet* dar. Bis heute wird dieser Apparat fast wie ein Kuriosum aufgefaßt, dem allenfalls noch anekdotische Bedeutung zukommt. So wurde in der Neuausgabe der „Seherin von Prevorst" von 1958 das Kapitel über den „Nervenstimmer" mit den entsprechenden Zeichnungen ohne Hinweis ausgelassen. Als Herausgeber schreibt der Psychiater Joachim Bodamer in seinem Vorwort: „Die vorliegende Neubearbeitung hatte zum Ziel, die Geschichte der ‚Seherin' von allen[!] zeitbedingten Überlagerungen und Spekulationen zu befreien, um so die beobachteten Tatsachen rein zur Darstellung kommen zu lassen."[30] Diese „Reinigung" bedeutet das Ausblenden jener „Spekulationen", deren Untersu-

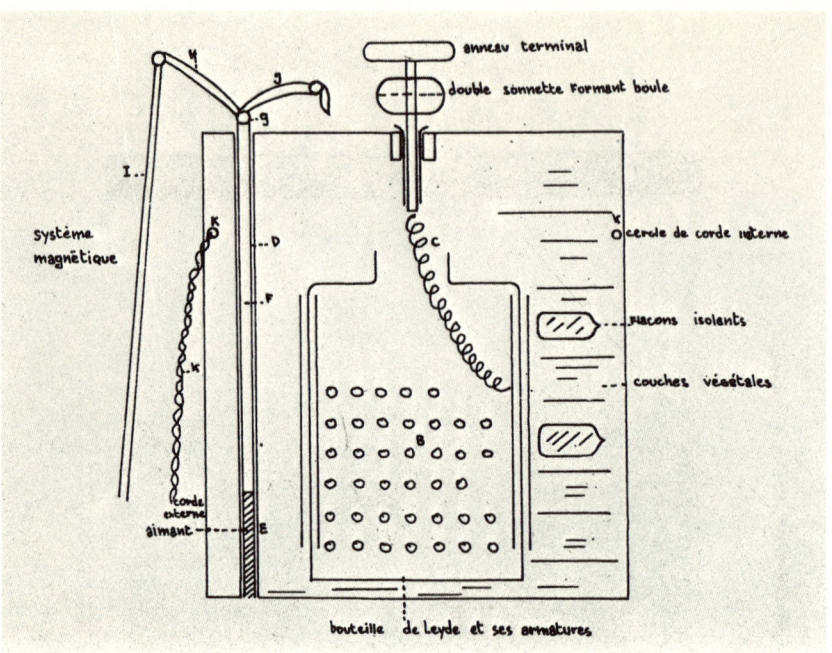

Abb. 18: Der „baquet magnétique" von Lyon. Konstruktionsschema

chung Kerners Buch erst begreiflich machen kann, ohne die es unbegreifbar bleiben muß.

Der „Nervenstimmer" wurzelt in der Tradition der magnetischen Kur, bei der zur Verstärkung der magnetischen Heilkraft auch Apparate eingesetzt wurden: zunächst von Mesmer in Paris (ab 1778) und später insbesondere von den Magnetiseuren in Deutschland (nach der „Wiederentdeckung" Mesmers durch Wolfart 1812). Diese Apparate, zumeist als „Baquets" bezeichnet, tauchen in den verschiedensten Modellen auf, unter denen der „Nervenstimmer" eines von vielen darstellt, also keinesfalls als vereinzeltes Phantasieprodukt einer Geisteskranken aufzufassen ist. Baquets sind heute äußerst seltene Museumsstücke. Außer dem „Nervenstimmer" sind nur noch zwei weitere Apparate erhalten. Der eine befindet sich in Rouen, der andere in Lyon.[31] Der Baquet des Musée d'Histoire de la Médecine in Lyon (Abbildung 17) stammt tatsächlich aus der Glanzzeit Mesmers um 1784. Er wurde von seinen Anhängern benutzt, die sich vergeblich darum bemühten, ihn auch im Krankenhaus zur Anwendung bringen zu dürfen.[32] In einem solchen Apparat sollte nach der Mesmerschen Idee ein „Fluidum" gesammelt werden, das dann als eine Art universeller Heilkraft den kranken Organen zugeführt werden konnte. Der Bauplan (Abbildung 18) zeigt die verschiedenen Systeme, die im Innern des Gehäuses vereinigt sind: Eisenmagnete („aimants"), ein elektrisches System mit einer Leydener Flasche im Zentrum („bouteille de Leyde et ses armatures"), sowie organische Substanzen („couches végétales") und Flaschen als Isolatoren („flacons isolants"). Die genaue Beschreibung wollen wir uns hier ersparen.[33]

Dieser magnetische Kübel wurde nach Mesmers Anweisungen 1784 in Paris gebaut und von einem seiner Schüler, dem Apotheker J.-B. Lanoix, nach Lyon gebracht. Da er jedoch im praktischen Gebrauch keine Wirkung zeigte, fügte dieser Magnetiseur eigenhändig ein „elektrisches System" ein, wodurch der Baquet bei den magnetischen Kuren angeblich hervorragende Wirkung zeigte. Bei einem Besuch 1784 in Lyon prüfte Mesmer diesen Apparat und lobte ausdrücklich die vorgenommene Veränderung.[34] Die wesentlichen Wirkkräfte dieses Konglomerates waren jedoch nach Auffassung Mesmers nicht magnetischer oder elektrischer Natur, sondern entsprangen einer viel feineren Substanz: dem „tierischen Magnetismus".

Der Baquet bildete das Zentrum der magnetischen Gruppenbehandlung. Die Kranken versammelten sich um ihn wie um eine Heilquelle: Aus den Eisenleitern und Wollseilen schien die Kraft überzuströmen. Die Szene auf Abbildung 19 zeigt eine magnetische Kur an Mesmers Baquet im vorrevolutionären Paris, als Mesmer auf dem Höhepunkt seiner Karriere angelangt war. Ein „Leiter" ist auf das „Hypochondrium" („Herzgrube") einer Dame gerichtet, die gleichzeitig von Mesmer magnetisiert („manipuliert") wird. Die Spiegel an der Wand sollten die Wirkung des tierischen Magnetismus verstärken. Es existiert eine große Anzahl von zeitgenössischen Darstellungen solcher Baquet-Szenen, zumeist in Form von witzigen bis boshaften Karikaturen.

Mesmer merkte hierzu an: „Dieses Behältniß stellt ein großes Gefäß oder eine Wanne mit verschiedenen magnetisirten Körpern und Stoffen angefüllt vor: wie Wasser, Sand, Stein, Glasflaschen mit Wasser gefüllt. Es ist ein gemeinschaftlicher Brennpunkt, worin sich der Magnetismus konzentrirt befindet, und aus welchem eine Anzahl Leiter gehen, die aus gekrümmten etwas spitzig zulaufenden Eisenstäben bestehen, deren eines Ende in das Behältniß taucht, indeß das andere an den kranken Theil gebracht werden kann. Diese Zurichtung läßt sich für

Abb. 19: Mesmers „baquet magnétique" im Paris der 1780er Jahre

eine Menge von Kranken gebrauchen, welche, damit sie hier die zu
ihrer Heilung nöthigen Krisen bereiten, umhersitzen."[35] Mesmer selbst
schrieb keinen exakten Bauplan vor und überließ es den Magnetiseuren
selbst, wie sie sich ihren Apparat konstruieren wollten. So entstanden
verschiedene Modelle.

Im folgenden wollen wir zwei davon einander gegenüberstellen, die
zur Zeit der Romantik in Deutschland gebaut und benutzt wurden.
Wolfarts Baquet (Abbildung 20, Figur 1A und 1B), ab 1812 in Berlin in
Betrieb[36], birgt in seinem Inneren einen Eisenkasten mit „Glastafeln
und Glasflaschen, Wolle, vegetabilischen Substanzen, Samen, aromati-
schen Kräutern, Eisenschlacken, zerstoßenem Glas, Eisenfeile, Queck-
silber, Stahlspänen und Wasser, welche, einzeln magnetisirt, in polari-

80

scher Ordnung gelegt werden."[37] Wolfart hat selbst eine ausführliche Beschreibung und Gebrauchsanweisung geliefert.[38] Für ihn war entscheidend, daß die einzelnen Bestandteile beim Zusammenbau des Apparates durch „Striche" eines Magnetiseurs magnetisiert wurden. Ebenso mußte der fertige Baquet von Zeit zu Zeit magnetisiert, d.h. wieder aufgeladen werden.

An diesem Punkte entspann sich ein Streit. Kieser kritisierte Wolfart: dessen Baquet sei „eine willkürliche Mischung von siderisch und nicht siderisch" wirkenden Stoffen.[39] Die anhaltende Kraft der verschiedenen Baquets sei nicht „durch die mitgetheilte magnetische Kraft" zu erklären, sondern durch die „selbständige siderische Wirkung der im Baquet enthaltenen siderischen [eisenhaltigen] Substanzen".[40] So entwickelte *Kieser* ein *„unmagnetisirtes siderisches Baquet"* (Abbildung 20, Figur 2), das seiner Meinung nach *dieselben Wirkungen* wie das „vermeintlich magnetisirte Baquet" hervorbringe.[41] Gleichwohl setzte jedoch Kieser seinen Baquet ganz in der Art und Weise Mesmers ein, „in Ermangelung einer bestimmten Theorie", wie er anmerkt.[42]

Auf diesem Hintergrund wollen wir uns nun den *„Nervenstimmer"* der „Seherin von Prevorst" genauer ansehen (Abbildung 21). Er ist Resultat einer langjährigen Bekanntschaft der Seherin mit der Welt des „tierischen Magnetismus". Schon beim Ausbruch ihrer Krankheit im Jahre 1822 zeigte sie eine Vorliebe für das Magnetisieren, nachdem ihre Ärzte es mit Aderlaß, Blutegeln und Homöopathie versucht hatten.[43] Nachdem ein „nur von ihr gesehener Geist" sie sieben Abende lang um sieben Uhr magnetisiert hatte, gab sie an, „daß sie durch Magnetisieren zu erhalten sei".[44] In jener Zeit erschien ihr im Traume ihre verstorbene Großmutter als „Schutzgeist". Im Traume sah sie dann eine „Maschine" als „Bedingung ihres Gesundwerdens". Schon damals habe sie diese Vision aufs Papier gezeichnet, ohne sie allerdings in die Wirklichkeit umzusetzen.[45]

„Als nach den starken Rückfällen der Frau H. nach dem Tode ihres Vaters [am 2. Mai 1828] auch die gelindeste magnetische Manipulation zu reizend einwirkte, glaubte man, es werde die Wirkung eines magnetischen Baquetes für ihr Nervensystem am passendsten sein", notierte Kerner.[46] Um diese Wirkung möglichst abzumildern, wurde – ohne Eisenbestandteile – ein Holzgestell angefertigt mit Behältern für eine „vegetabilische Füllung" (Kamillen und Malven), wie die Seherin sie „im Schlafe" sich verordnet hatte. Als auch die Wirkung dieses Apparates sich als zu stark erwies und die Seherin ermattete, trat in einem Traume

„ihre Führerin zu ihr und hielt ihr an einem ledernen Bande eine Maschine vor, während sie sprach: ‚Warum ließest du dieses nicht schon vor sechs Jahren machen, jetzt wärest du gesund?!‘"[47] Am nächsten Morgen zeichnete die Seherin den Apparat auf (Abbildung 21).

Die Anwendungsmethode (vgl. Bildlegende) impliziert jene selbsthypnotische Augenfixation, wie sie zwanzig Jahre später von James Braid[48] beschrieben wurde. Das starre Blicken auf die Spitze des Dreiecks entspricht der Einleitung der Hypnose durch „Monoideismus" (Braid), das Auflegen des Leiters mit der linken Hand auf bestimmte Körperregionen der therapeutischen Manipulation in der Hypnose. Doch wir dürfen die medizingeschichtlichen Epochen nicht verwischen: Während Braids Hypnose auf einer rein neurophysiologischen Theorie gegründet war, ist Kerner noch ganz dem Denken des Mesmerismus verhaftet, bei dem „galvanisch-magnetische Vorrichtungen" zur Erzeugung des „Somnambulismus" benutzt wurden.

Der „Nervenstimmer" demonstriert anschaulich, wie die objektive und die subjektive Leitlinie hier ineinandergreifen: nämlich die mesmeristische Annahme einer Kraft, die in einer solchen „Maschine" gesammelt werde, und die somnambule Eingebung, wie diese zur Heilung eingesetzt werden könne. Es liegt auf der Hand, daß die zeitgenössischen Vorstellungen der Ärzte von der Funktion des Baquet die spezielle Vision des „Nervenstimmers" induziert und der Seherin entlockt haben. Wenn Kerner ihrem Einfall bereitwillig folgte, so zeigt dies Verhalten weniger individuelle Versponnenheit als vielmehr konsequente Verfolgung des magnetischen Heilkonzeptes, das seinerzeit von einem Teil der „Schulmedizin" anerkannt war. Der Traum der Seherin vom „Nervenstimmer" nach dem Tod des Vaters bestätigt nur den „Traum" der Mesmeristen, die Heilkraft zu fassen und handhabbar zu machen.

Gegenüber den üblichen Baquets weist der „Nervenstimmer" zwei Besonderheiten auf: (a) Er wurde von der Kranken selbst konzipiert, *sie* gab die Anweisungen, Kerner führte sie aus. (b) Er war ausschließlich zum Gebrauch einer einzigen Person bestimmt, nämlich der Selbstbehandlung der Seherin. Die Verordnung von Baquets durch Somnambule war jedoch keine Seltenheit! Kerner weist selber auf weitere Beispiele hin[49], die bei genauerem Besehen wie *Präzedenzfälle* anmuten, die Kerner zur Nachahmung ermutigt haben. So meinte Ennemoser in bezug auf den Baquet, „jede eigenthümliche Krankheit würde eine

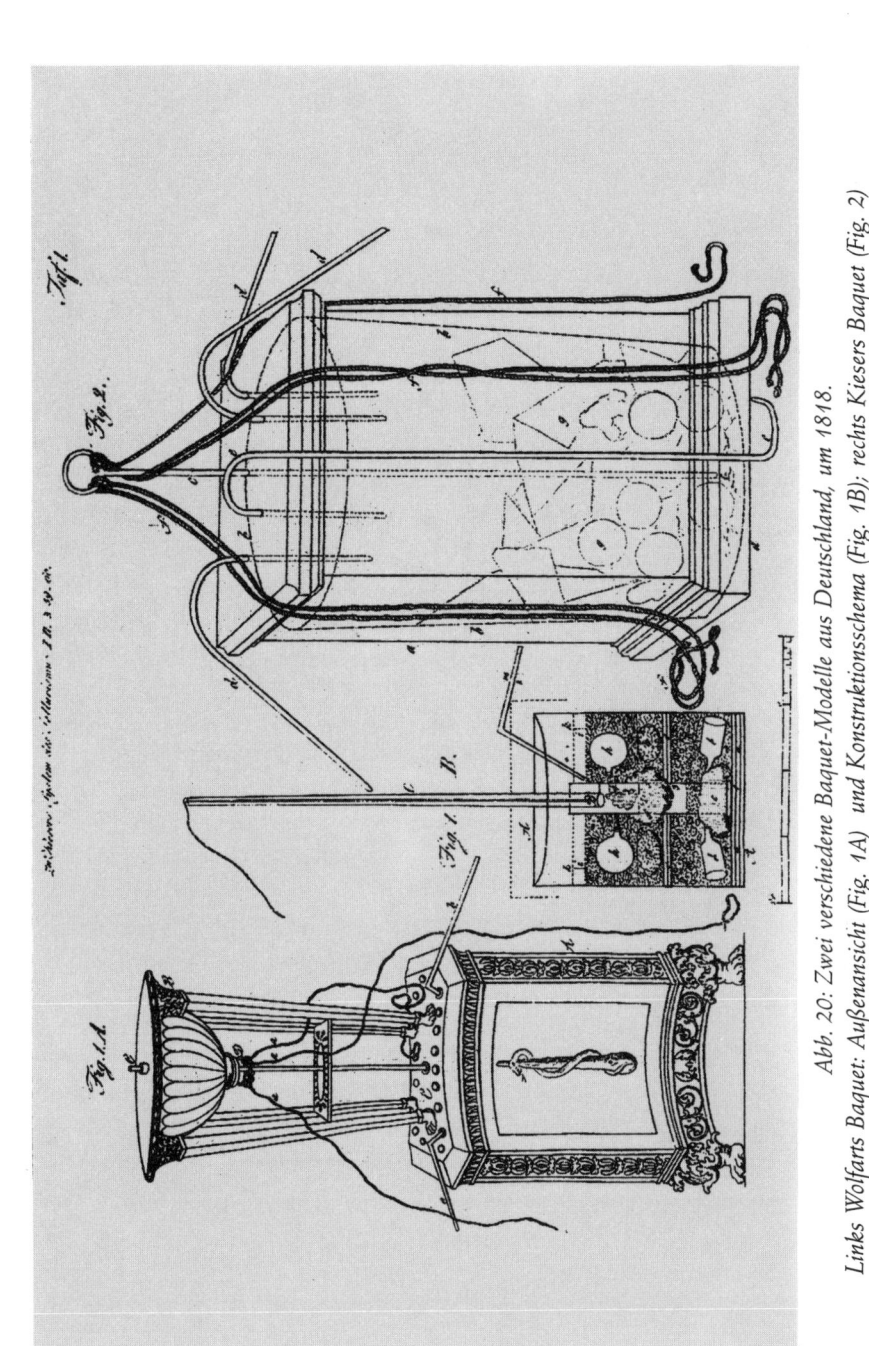

Abb. 20: *Zwei verschiedene Baquet-Modelle aus Deutschland, um 1818.*

Links *Wolfarts Baquet: Außenansicht (Fig. 1A) und Konstruktionsschema (Fig. 1B); rechts Kiesers Baquet (Fig. 2)*

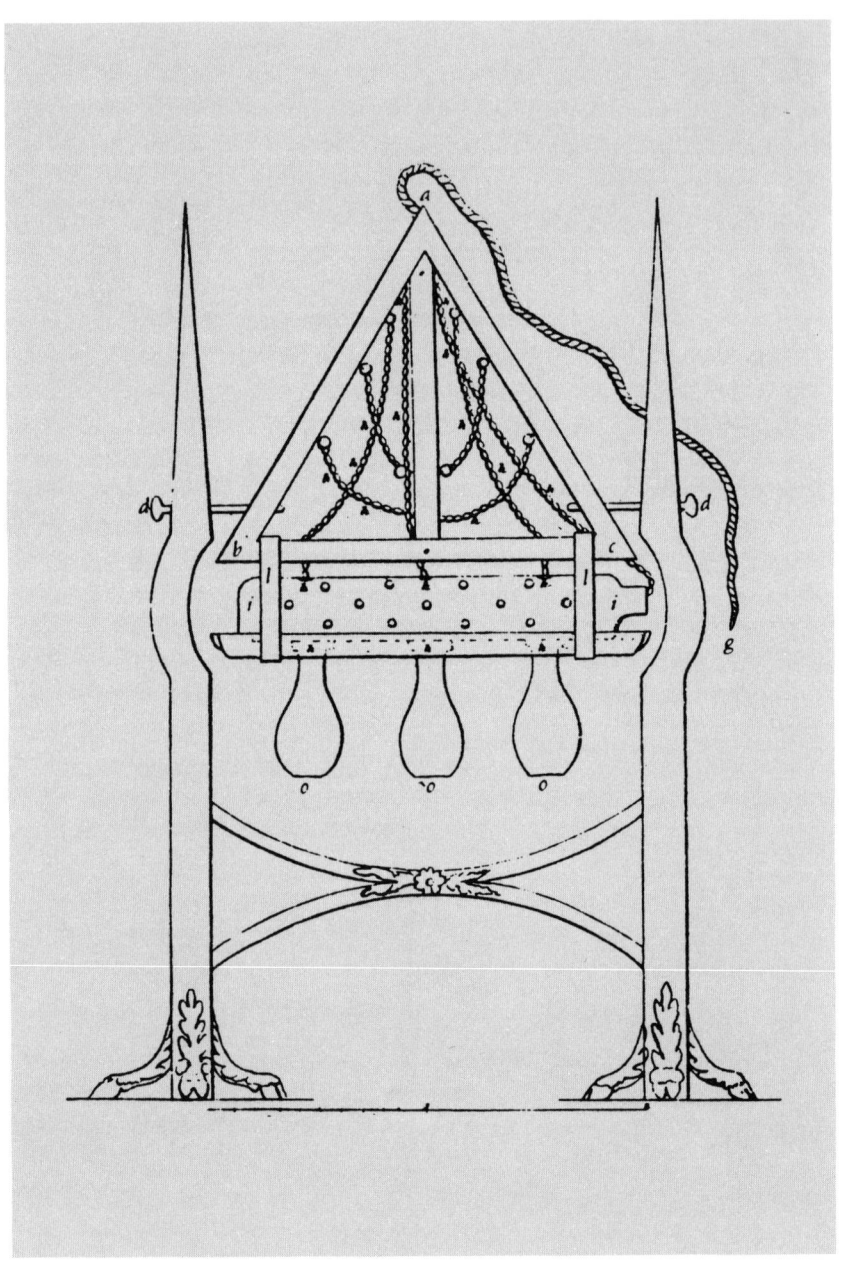

Abb. 21: Der „Nervenstimmer". Zeichnung von Justinus Kerner nach Angaben der „Seherin"

Beschreibung des Aufbaus und der Anwendung des „Nervenstimmers" nach dem Originaltext von Justinus Kerner (Kerner, 1829, 1. Bd., S. 186 ff.):

abc   gleichseitiges Dreieck aus Zwetschgenholz
dd   bewegliche Stahlstifte, wodurch das Dreieck hin und her bewegt werden kann
g   wollener Leiter, der im Inneren des Dreiecks herumläuft und an dessen Spitze herauskommt, mit einem fünf Ellen langen Ende
ii   hohler Glaszylinder, der mit Kamillen und Johanniskraut gefüllt wird und 6 größere Löcher (kkk), drei an der Ober- und drei an der Unterseite, sowie 27 kleinere Löcher aufweist
ll   hölzerne Schienen zur Befestigung des Glaszylinders
ooo   drei Glasflaschen, gefüllt mit Flußwasser, Rehleder, einem eisernen Nagel oder auch – je nach Angaben der somnambulen „Seherin" – mit Mineralwasser, Erde, Wasser, deren Ausdünstungen auf die Kräuter im Glaszylinder einwirken
hhh   Stahlkettchen, welche die magnetische Kraft von den Kräutern im Zylinder auf den wollenen Leiter übertragen. Diese Kraft wird dann an der Spitze des Dreiecks konzentriert.
Die Wirkung des Dreiecks mit Zylinder wird verstärkt, wenn es aus dem Gestell genommen und frei an die Zimmerdecke gehängt wird. Der wollene Leiter mußte nach Anweisung der „Seherin" von Zeit zu Zeit mit 7, die Maschine mit dem Wasser in den Flaschen mit 14 „Strichen" magnetisiert werden.

Beim Gebrauche dieses Baquet, so führt Kerner aus, nahm die „Seherin" den wollenen Leiter „in die linke Hand, der nach ihrem Gefühle auch bald an diesen, bald an jenen Theil ihres Körpers gebracht wurde, während sie immer auf die Spitze des Dreiecks unverwandt hinsah. Dann erhielt sie jedesmal sichtbare Erschütterungen wie von einem galvanischen Apparate, worauf mehr oder weniger heftige Krämpfe an ihr ausbrachen, nach denen sie sich immer wieder stärker fühlte. Sie sagte: ‚Ich fühle jedesmal nach dem Gebrauche dieser Maschine meine Nerven wieder wie geladen.'
Sie gebrauchte sie täglich drei- bis fünfmal, aber nur wenige Minuten lang bis zum Ausbruch von Krämpfen. Sie nannte diese Maschine Nervenstimmer."

eigenthümliche Maschine erfordern", und er empfiehlt zu diesem Zwecke die „Ausbildung" von Hellsehenden. Er spricht aus eigener Erfahrung: „So behandle ich z.B. jetzt eine Kranke, die in Erfindung und Angabe solcher Maschinen für verschiedene Kranke gewiß alle anderen übertrifft."[50]

Einige Parallelen deuten darauf hin, daß Kerner durch eine 1821 publizierte Krankengeschichte mit dem Titel „Ausführliche historische Darstellung einer höchst merkwürdigen Somnambüle"[51] zu seiner „Seherin von Prevorst" inspiriert wurde. Der Vater der betreffenden Kranken, als „rechtschaffen, gewissenhaft und ehrlich" bezeichnet[52], protokollierte den gesamten Krankheitsverlauf der Tochter, teilweise in Gegenwart des behandelnden Arztes. Die Aufzeichnungen wurden jeweils der Patientin vorgelesen und von dieser, falls nötig, korrigiert. Wir können hier auf diese Krankengeschichte nicht näher eingehen und wollen lediglich erwähnen, daß die Entwicklung einer „Magnetisir-Maschine" (eines Baquet) eine zentrale Rolle spielte, die der Vater nach den Angaben der Tochter zu bauen hatte. Es handelte sich hierbei um einen Apparat, der viel komplizierter aufgebaut war als der „Nerven-stimmer" und dessen detaillierte Beschreibung umfangreicher war[53] als Kerners Beschreibung des „Nervenstimmers". Die fünf graphischen Darstellungen des Apparates zeigen ein wesentlich komplexeres Gebilde als die beiden entsprechenden Zeichnungen des „Nervenstim-mers". Auch ihre selbsttherapeutischen Versuche und ihre Verordnun-gen für andere Kranke erinnern an Kerners „Seherin" und lassen erah-nen, wie sehr die „Somnambülen" eine typische Zeiterscheinung waren.

Ein systematischer Vergleich beider Krankengeschichten wäre sicher-lich interessant. Auch die Deutung des Somnambulismus als Folge einer „Entwicklungskrankheit"[54], bei der das Gangliensystem das Gehirn kräfte-mäßig überwiege, finden wir explizit schon in Kerners „Geschichte zweyer Somnambülen" wieder.[55]

Die hier vorgestellten mesmeristischen Baquets als Heilungsappara-turen haben in der Geschichte der Medizin zahlreiche Analoga: Eisen-magnete und elektrische Apparate, wie sie gerade Ende des 18. Jahr-hunderts eingesetzt wurden und auch im Design des Baquet von Lyon (Abbildung 18) zu erkennen sind. Im 19. Jahrhundert finden sich dann „elektro-galvanische" bzw. „elektro-magnetische" Apparate sowie Instrumente der Metallotherapie („Metalloskopie")[56], die ihrerseits Anleihen bei mesmeristischen Techniken machen. Als rezentes Beispiel wäre hier noch der „Orgon-Akkumulator" zu erwähnen, der von Wilhelm Reich in den 40er Jahren unseres Jahrhunderts entwickelt wurde und in der „Paramedizin" auch heute noch in Gebrauch ist.

3. Die subjektive Leitlinie der „somnambulen" Offenbarung

Bis heute gehen die Meinungen über den Gesundheits- bzw. Krankheitszustand der Seherin auseinander. Diesbezügliche „Diagnosen" lassen sich in drei Gruppen aufteilen:

(a) *Neurose bzw. Hysterie.* So spricht der Psychiater Glaus (1957) von einer „neurotischen Entwicklung mit Auftreten von schweren hysterischen Symptomen und Dämmerzuständen".[57] Für Baerwald ist die Seherin „schwer hysterisch".[58]

(b) *Geisteskrankheit bzw. Wahnsinn.* In der ersten und bislang umfangreichsten psychiatrischen Beurteilung der Seherin von Ernst Albert Zeller wird diese als „somnambüle Wahnsinnige" bezeichnet[59], denn: „Eine ganze fixe Ideenwelt ist nur im Gehirne eines Wahnsinnigen."[60] Die heutige Diagnose wäre vermutlich „Schizophrenie".

(c) *Mediale Veranlagung.* In dieser Sicht erscheint die Sehergabe der Friederike Hauffe nicht als Krankheitssymptom, sondern als paranormale Fähigkeit eines überragenden „Mediums". Diese Auffassung hat der Psychiater[!] Bodamer vertreten: Es sei zu zeigen, „daß Friederike Hauffe weder eine phantastische Schwindlerin, noch eine Hysterikerin oder Neurotikerin, am wenigsten eine Schizophrene gewesen sein kann, wohl aber eine mit paranormalen Eigenschaften hochbegabte, einzigartige mediale Gestalt, deren Deutung allein einer wissenschaftlichen Parapsychologie zusteht."[61]

Als Sonderfall sei noch die Vermutung erwähnt, die Seherin habe an einem Lymphom oder einer Leukämie gelitten.[62]

Die Tiefenpsychologie hat sich nur vereinzelt und recht bruchstückhaft mit der „Seherin" befaßt. Während sich Freud ganz über Kerner ausschwieg, machte C. G. Jung einige Bemerkungen über den „verdienstvollen Justinus Kerner"[63] und die „Seherin von Prevorst"[64], ohne jedoch tiefer in die Krankengeschichte einzudringen. Einzig der Psycho-

*Abb. 22: Der Baquet der „Seherin von Prevorst", der von ihr „Nervenstimmer"
genannt wurde*

analytiker Silberer ging näher auf die Welt der Seherin ein und interpretierte sie als ein Beispiel für eine „seherische Entrückung", „die bildlich empfunden werden und somit Gegenstand einer funktionalen Schwellensymbolik werden kann".[65] Er deutete die von der Seherin gezeichneten Kreise als halluzinatorisch erlebte Symbole, ohne weiter auf die Krankengeschichte einzugehen. Eine Auseinandersetzung der Psychoanalyse mit dieser Geschichte steht nach wie vor aus.

Mit dem „Nervenstimmer" haben wir bereits einen Aspekt der somnambulen Offenbarung angesprochen. Im folgenden wollen wir weitere Phänomene herausstellen, die um das Problem der Arzt-Patienten-Beziehung kreisen. Insbesondere interessieren hier die Vorstellungen von einer Selbstheilungskraft im Organismus, die selbsttherapeutischen Praktiken und die Heilversuche an anderen.

Das „magnetische Leben" der Seherin wird von Kerner als ein gegenläufiger Prozeß charakterisiert: einerseits als ein „Zurückziehen ins Innere", andererseits als eine Entbindung des „Nervengeistes" im „äußeren Nervensystem". Je tiefer die Somnambule ins Innere ihrer „magnetischen Kreise" vordringt, um so stärker verbindet sich ihr „Nervengeist" mit der *gesamten* Natur, der Körper- und der Geisterwelt. Diese zweidimensionale Exkursionsbewegung läßt sich an folgenden Zitaten ablesen:

(1) „Im magnetischen Leben wird der Nervengeist leicht entbunden, und alle Eigenschaften und Kräfte, die in den Natursubstanzen liegen und dem im wachen Leben gebundenen Nervengeiste unfühlbar bleiben, werden nun dem frei gewordenen Nervengeiste im Augenblick offenbar und bringen Erschütterungen im Nervensystem hervor, die den ihnen innewohnenden Eigenschaften entsprechen."[66]
(2) „Schleier und Scheidewand, die im gewöhnlichen Leben zwischen uns und der Welt der Geister stehen, sind jenem [magnetischen Menschen] mehr oder weniger niedergefallen, die Isolierung ist mehr oder weniger aufgehoben... Und so siehst du [der Leser] den magnetischen Menschen, während er noch immer an den Körper und somit an die Welt der Sinne gebunden ist, mit verlängerten Fühlsfäden hinaus in eine Welt der Geister ragen und von dieser dir ein Zeuge sein."[67]

Diese Aussagen lesen sich wie ein Kommentar zu den „Ansichten von der Nachtseite der Naturwissenschaft"[68] und zur „Symbolik des Traumes"[69] von G. H. Schubert, bei dem allerdings weniger von der Geisterwelt als vielmehr von der Stimme Gottes in uns (als „Gewissen") die Rede ist.[70] Die Dimension der Geisterwelt, wie sie der zweite Band der „Seherin von Prevorst" enthält, wurde zum Stein des Anstoßes, während die Dimension der sympathetischen Wechselwirkung mit der inneren und äußeren Natur, wie sie im ersten Band dargelegt wurde, sogar von einem vehementen Kritiker wie Zeller[71] anerkannt war. Wie stark Kerner selbst diese beiden Dimensionen auseinanderhielt, dokumentiert die entsprechende Aufteilung der Krankengeschichte in zwei Bände.

Alle Heilungsvorgänge werden aus diesen beiden Blickrichtungen abgeleitet, wobei es in der Tat schwerfällt, eine Grenze zwischen Kerners Aussagen und denen der Seherin zu ziehen.[72] Im Kapitel „Krankheit und Heilbestrebungen im Innern"[73] wird die Selbstheilungstendenz der Kranken thematisiert: der „innere Arzt", der aus der Seherin spricht, das „Bestreben der Naturheilkraft". Die Erklärung ihrer Krankheit erinnerte an Reils Lehre von der „Lebenskraft": Durch das Zurückziehen ins Innere „mußte sich aber nothwendig eine Unordnung im Nervensysteme erzeugen und eine Armuth an organischer Kraft, welche Kraft sich durch stärkern Verbrauch im Gefühlsleben verminderte, was nun die eigentliche Krankheit der Frau H. war."[75] Alle Heilversuche dieser Kranken, so sagt Kerner, zielten darauf ab, „Bindemittel des so lose gewordenen Nervengeistes" zu finden und Lebensstoff aus den Dingen an sich zu ziehen. Es erinnert uns an Vampirismus, „Od-Vampirismus",[76] wenn es weiterhin heißt: „Hauptsächlich sog sie [den „Nervengeist"] aus Augen und Fingerspitzen anderer stärkerer Menschen, von diesen oft nicht gefühlt, auch oft sehr gefühlt, ein Pabulum vitae [Lebensstoff] in sich. Gleiches erhielt sie durch magnetisches Einwirken, Handauflegen, wirkliches Magnetisieren u.s.w."

Im Grunde lief Kerners Magnetisieren der Seherin auf ein Selbstmagnetisieren hinaus, denn diese verordnete sich in der Regel selbst Art, Umfang und Zeitpunkt der „magnetischen Manipulationen".[77] Später wurde sie so magnetisiert, wie es ihr „Schutzgeist" vorexerziert hatte. Die Botschaft der verstorbenen Großmutter lautete dabei: „Also wie du hier magnetisiert wurdest, soll dich dein Arzt ferner magnetisieren."[78] Wenn nun die Seherin angab, sie fühle im magnetischen Zustand ein „Denken auf der Herzgrube", „als schlafe ihr Gehirn ein"[79], so lehnte sie sich auch hier an die medizinisch verbreitete Vorstellung von einer *Polarität zwischen Gehirn und „Herzgrube"* an. Das Selbstheilungsbestreben zielte darauf ab, wie bei Mesmers Kur[80] durch heftige Krämpfe eine „wohlthätige Krise" zu verursachen. Das „Hauptbestreben des Innern" wurde von der Seherin auf die angestrebte Krise hingelenkt, indem sie sich selbst magnetisierte, um den richtigen „Rhythmus" in den magnetischen Krämpfen zu erreichen. Im allgemeinen wurden die Krämpfe durch Handauflegen von Kerner oder dessen Frau, in ihrer Abwesenheit ersatzweise durch ein „magnetisirtes Tuch oder durch magnetisirten Schwamm" gestillt, oder auch durch einen „Ton mit einer Mundharmonika" (Maultrommel).[81] In diesem Zusammenhang sei nochmals auf den „Nervenstimmer" (Abbildung 21) verwiesen, der dieselbe Funktion hatte, Krämpfe zu erregen und eine heilsame Krise zu erzeugen.

Die angegriffene Gesundheit der Friederike Hauffe habe nur wenige *Heilversuche an anderen* zugelassen, bemerkte Kerner. Wie die Erfahrung gelehrt habe, seien die Heilmittel der Seherin auf einen „gleichen somnambülen Zustand" berechnet gewesen: „Nur in solchen Zuständen des entbundenen Nervengeistes, im magnetischen Leben, kann das einfachste Mittel die ihm eingepflanzte Eigenschaft äußern und Wunder wirken." „Fester Glaube" sei dabei Bedingung.[82]

Im Schlafwachen „erfühlte" die Seherin nun bestimmte Heilmittel, insbesondere das Johanniskraut, die sie als Amulett oder Aufguß sich selbst verordnete oder anderen Kranken empfahl. So konnte die Seherin einen jungen Mann, „der zur Melancholie geneigt war", mit Johanniskraut heilen. Gewöhnlich aber benutzte sie bei ihren Amuletten das geschriebene Wort, „hauptsächlich in ihrer Sprache des Innern."[83] Dabei gebrauchte sie bestimmte Formeln in ihrer „inneren Schrift". Die medizinische Annahme einer Polarität zwischen Gehirn und „Herzgrube" (Cerebral- und Gangliensystem) schlägt sich auch in der Anwendungsform dieser Amulette nieder. Ging die Krankheit vom Gehirn und Rückenmark aus, ließ die Seherin das Amulett auf dem Rücken, ging sie „mehr vom sympathischen Systeme" aus, ließ sie es auf der „Herzgrube" (Oberbauch) anbringen.[84]

Des weiteren konnte die Seherin die Krankheitsgefühle anderer Menschen mitfühlen, also am eigenen Leibe eine intuitive Diagnose bei anderen stellen: „Das Physische ging auf ihren Leib, das Psychische auf ihre Seele über." Auch diese Fähigkeit wurde auf den „so lose gewordenen Nervengeist" der Seherin zurückgeführt.[85] Als Beispiel wird geschildert, wie sie den Unterleib einer Frau berührte, die – ohne Wissen der Seherin – an einem Bandwurm litt. Sie fühlte dann „von ihrer Hand aus durch den Arm in den Magen und von da in den Bauch eine sonderbare ... widrige Empfindung strömen".[86]

Das größte Aufsehen erregte die Heilung der Gräfin von Maldeghem, die Silberer als „Energiekur" im Sinne einer gelungenen analytischen

Psychotherapie bezeichnete.[87] Wir wollen diese von Kerner ausführlich dargestellte Heilungsgeschichte nur kurz streifen. Am 28. 3. 1828 kam der Ehemann der kranken Gräfin zum ersten Male zu Kerner und überbrachte ihm die vom behandelnden Arzt aufgezeichnete Krankengeschichte seiner Frau. Dieser Bericht wurde dann durch die mündlichen Mitteilungen des Grafen ergänzt. Der Gemütszustand der Gräfin wurde als ein „wachendes Traumleben" beschrieben, das um drei „fixe Ideen" kreise: (a) Zweifel an der Persönlichkeit ihres Mannes und ihrer Kinder, die ihr nur als Abbilder der Wirklichkeit erschienen; (b) Erwartung und „heiße Sehnsucht" nach einer Umwandlung ihres Wesens mit Hilfe ihres Mannes und (c) Erwartung einer überirdischen Erscheinung, durch welche diese „Verwandlung" bewirkt werden könne.[88]

Für Kerner schien das Leiden der Gräfin „zwischen magnetischem Traumzustand und Manie zu stehen", die Seherin glaubte ihrerseits die Gräfin „mehr in einem regellosen magnetischen Zustand als in wirklichem Wahnsinn befangen".[89] Sie verordnete ihr täglich ein Amulett mit dreimal drei Lorbeerblättern, dreimal drei Eßlöffel „Johannisthee" und dreimaliges Magnetisieren durch den Grafen. Insgesamt sollte die Behandlung neun Tage dauern. Der Graf sollte erstmals um neun Uhr morgens magnetisieren: „Um dieselbe Minute, wo du ihr die Hände auflegst, schlafe ich hier ein... – ich bete für sie." Am sechsten Tage der Behandlung sah die Seherin einen Lichtstrahl und spürte, daß eine Veränderung mit der Kranken vorgegangen sein müsse.

Später stellte sich heraus, daß die weit entfernt wohnende Gräfin zum selben Zeitpunkt „aufs Innigste" an die Seherin habe denken müssen und von da an „wie gezwungen" gewesen sei, „dem Grafen zu sagen, was sie eigentlich in diesen Zustand gebracht, was sie noch keiner Seele gesagt und was auch dem Grafen unbekannt war".[90] Wir erfahren ihr Geheimnis nicht, aber nach ihrer Beichte kehrte sie allmählich aus ihrer Traumwelt in die Wirklichkeit zurück. Sie besuchte häufig die Seherin in Weinsberg und wurde von dieser gleichsam nachbehandelt. Die Seherin betete mit der Gräfin sieben Tage lang, während ihre weiteren Verordnungen (Magnetisieren, Amulett, Tee) pünktlich befolgt wurden. Schließlich war „auch die letzte Wolke in ihr" verschwunden, und die Gräfin war völlig genesen: „wie durch einen Zauberschlag".[91]

In dieser Episode können wir alle Elemente der somnambulen „Heilkunde" auffinden: das intuitive Erfassen der Krankheit (Diagnose), die somnambule Verordnung (die Anweisung des „inneren Arztes"), die sympathetische Fernwirkung (Fernheilung) und die unmittelbare Kur im Sinne einer „Geistheilung“ durch gemeinsame Gebete und bestimmte Manipulationen. Als *psychotherapeutische Momente* sind hier der Zwang zur kathartischen Aussprache der Gräfin und das Ertragenlernen peinlicher Gedanken zu nennen, als *paramedizinische Momente* die Fernheilung und die magnetische Kur, als *religiöse Momente* das Beten und die Glaubensstärkung. Die Vorstellung einer sympathetischen Einwirkung durch bestimmte Gegenstände (z. B. Amulette) oder durch das gesprochene oder gedachte Wort (z. B. Gebete), insbesondere über eine größere Entfernung hinweg, war schon zu Kerners Zeit recht umstritten und wurde zunächst von der naturwissenschaftlichen Medizin, später aber auch von der aufkommenden medizinischen Psychologie und Psychotherapie abgelehnt. Sie spielt jedoch im „paramedizinischen“ Bereich als „Geistheilung“ bzw. „Fernheilung“ bis heute eine bedeutende Rolle.[92] Die Phänomene des Somnambulismus wurden als Erscheinungen der „Suggestion“ erklärt. Damit waren sie entzaubert, und ihre Unheimlichkeit schien gebannt.[93]

4. Die Verknüpfung der beiden Leitlinien: Kerner als „Okkultist“

In Kerners Lebensgeschichte laufen die beiden „Leitlinien“ zusammen: die medizinische Lehre des „tierischen Magnetismus“ und die „somnambulen“ Wahrnehmungen des Subjekts. Letztere sind keineswegs auf die Seherin oder andere Patientinnen Kerners beschränkt, sondern betreffen ihn persönlich, wenngleich in geringerer Intensität und im Rahmen der „Normalität“. Sein Leben lang hat sich Kerner *auch* als Kranker erlebt. Freilich ist das eigene Kranksein und Leiden kein Thema seiner medizinischen und psychologischen („okkulten“) Schriften, um so stärker tritt es in seinem literarischen Werk in Erscheinung, beispielsweise in seinem Gedicht „Der Kranke an den Arzt“:

> Arzt! o laß dein schmerzlich Heilen!
> Weh zerreißt dein eignes Herz.
> Und doch kannst du tröstend eilen
> Täglich, ach! zu neuem Schmerz.[94]

Diesen Vers können wir als Selbstansprache, als Bruchstück seines inneren Dialogs lesen.

Seine erste Begegnung mit dem „tierischen Magnetismus" hatte Kerner als junger Patient. Im autobiographischen „Bilderbuch aus meiner Knabenzeit" (1849) wird geschildert, wie er als 11jähriger mit nervösem Magenleiden nach vergeblichen Behandlungsversuchen schließlich dem namhaften Arzt und Magnetiseur Eberhard Gmelin aus Heilbronn begegnete, der ihn heilte. Dieser „sah mir mit seinen schwarzen Augen fest ins Auge und fing mich mit ausgestreckten Händen vom Kopf bis Magengegend zu bestreichen an; er behauchte mir auch mehrmals die Herzgrube. Ich wurde ganz schläfrig und wußte endlich nichts mehr von mir."[95] Diese einmalige Begegnung mit Gmelin hatte „magnetische Träume" zur Folge, wie Kerner berichtet: Sie hat „ein magnetisches Leben in mir erweckt, das mir von dort an jene voraussagenden Träume und Ahnungen gab und in mir später selbst eine Vorliebe für die Erscheinungen des Nachtlebens der Natur, für Magnetismus und Pneumatologie schuf".[96] Diese somnambulen Selbsterfahrungen als Träumer und Tagträumer ermöglichten es Kerner, sich in seine Patientin einzufühlen.

Als alter Mann setzte sich Kerner als Mesmer-Biograph noch einmal mit dem „tierischen Magnetismus" auseinander. Im Jahre 1854 besuchte er Meersburg, den letzten Wohnort Mesmers, um dort die „wenigen Überreste aus seiner Verlassenheit" zu sammeln.[97] Daraufhin verfaßte er die erste und als Dokumentation bis heute grundlegende Mesmer-Biographie.[98] Es ist interessant, wie Kerner hier Mesmers Ablehnung des Somnambulismus (den wir hier mit „Okkultismus" übersetzen könnten) interpretiert. Zunächst meint er: „Die Hervorrufung des Somnambulismus, um sich bei den magnetisirten Kranken durch ihr inneres Schauen Rath zu holen, lag allerdings nicht in der Heillehre Mesmer's." Erscheine aber der Somnambulismus während der Krankenbehandlung und schließe sich „dem Kranken dadurch ein inneres Auge für das Bild seiner Krankheit auf; so wäre es allerdings Unrecht gethan, diesen Zustand mit Gewalt zu unterdrücken oder keine Rücksicht auf dieses innere Auge des Kranken zu nehmen".[99] Nur der Mißbrauch habe den „ruhigen, klaren Mesmer" veranlaßt, den Somnambulismus aus dem „tierischen Magnetismus" auszugrenzen.

Kerners Identifikation mit Mesmer war recht stark. Es ist bemerkenswert, daß der „Okkultist" Kerner als alter Mann dem bewußten Antispiritisten und Nicht-Psychologen Mesmer Beifall zollte: ein weiteres

Indiz, daß Kerner sich am Ende nicht als Esoteriker, sondern als Naturforscher verstehen wollte, dessen Aufgabe medizinischer und nicht religiöser Natur sei.

Aber widerspricht dem nicht Kerners Einstellung gegenüber der Dämonologie, die Annahme eines Zustandes von Besessensein in bestimmten Fällen und seine gelegentlichen Versuche des Exorzismus? Fällt er nicht auf einen „vorwissenschaftlichen" Standpunkt zurück? Auch hier scheint es mir aufschlußreich zu sein, zunächst einmal *Mesmers* Einstellung zu betrachten. Bereits 1775 hatte Mesmer in der Auseinandersetzung mit dem damals berühmten Exorzisten *Gassner* das Besessensein auf die „Nervenkrankheit", insbesondere die „Epilepsie", zurückgeführt und die Kraft des Exorzismus auf den „thierischen Magnetismus". Der Exorzist Gassner erschien ihm also als ein Magnetiseur, „ohne es selbst zu wissen".[100] Damit hatte Mesmer im Sinne der Aufklärung „das Böse" medizinisch aufgelöst. Es existiert in seinem Konzept nur *eine* (sozusagen „gute") Naturheilkraft: der „tierische Magnetismus". Krankheit entsteht demnach aus Verarmung an dieser Kraft, nicht aus der Besitzergreifung eines teuflischen „Widersachers". Es gibt nur eine einzige Stelle bei Mesmer, in der doch ein zerstörerisches Gegenprinzip erwähnt wird. In seinem 27. bzw. 28. Lehrsatz von 1775[101] ist von Körpern die Rede, deren Gegenwart alle Wirkung des tierischen Magnetismus „in den anderen zerstört". Diese „entgegengesatzte Kraft" sei mit denselben positiven Eigenschaften versehen wie das magnetische Fluidum.

Für Kerner existierte – im Gegensatz zu Mesmer – ein Zustand des Besessenseins, der „Begeisterung (Besitzung) von einem bösen Geist". Aber er versuchte, diesen Zustand in die Theorie des „tierischen Magnetismus" einzuordnen, als dessen „anderer Pol", was vielleicht Mesmers „entgegengesetzter Kraft" entsprach. Den „dämonisch-magnetischen" („gut-magnetischen") Zuständen stellte er die „kakodämonisch-magnetischen" („bös-magnetischen") gegenüber, die er durch „das geistige Wort"[102] und durch eine bestimmte Technik des Magnetisierens zu heilen versuchte.[103] Insofern ging Kerner weit über Mesmer hinaus, wobei er in meinen Augen rückblickend mit dem Phänomen der „multiple personality"[104] konfrontiert war, das er mesmeristisch und zugleich dämonologisch erklären und behandeln wollte. Soweit unser Exkurs zum „Dämonenaustreiber" Kerner.

Kerners Selbstdarstellung als Mensch mit „magnetischem Leben" begegnet uns in seinen autobiographischen und literarischen Zeugnissen: dem Maultrommelspiel zur Überwindung eigener Verstimmungen, den Gedichten über Tod und Sterben, wobei das Bild des Sarges eine große Rolle spielt[105], seinen Kleksographien[106], mit deren Hilfe er Dämonen „bannte" – als Vorläufer der Psychodiagnostik Rorschachs.[107]

Wir wollen hier Kerner jedoch nicht zum musizierenden, schriftstellernden und psychologisierenden Selbsttherapeuten stilisieren, wenngleich manche Aktivitäten derlei nahelegen. Kerner hat sich bei alledem nicht wie einige spätere Tiefenpsychologen systematisch durch eine explizite „Selbstanalyse" erforscht.[108] Aber er hat in einer Zeit, als die Psychologie noch nicht in der Medizin heimisch war, erste empirische Schritte gemacht, worauf schon C. G. Jung hinwies.[109]

Der gängige Dreisprung im Kerner-Bild (Dichter – Arzt – Okkultist), wie wir ihn eingangs in der Kerner-Rezeption vorgefunden haben, läßt sich jetzt näher erläutern. Als *Dichter* schilderte Kerner auch eigenes somnambules Erleben, das jedoch seiner Mitteilungsform wegen der Literatur und nicht dem Okkultismus zugerechnet wird. Inwieweit sein literarisches Arbeiten selbsttherapeutischen Charakter hatte, sei dahingestellt. Als *Arzt* war Kerner durchdrungen vom eigenen Kranksein, das es ihm ermöglichte, okkulte („magnetische") Phänomene ernst zu nehmen und zu erforschen. Als *Okkultist* („Okkultforscher") konfrontierte ihn gerade die Seherin Friederike Hauffe mit eigenen Seelenproblemen, die er nun durch die „objektive" Beschreibung der Krankengeschichte besser kennenlernen und mit Hilfe mesmeristischer Ideen einordnen konnte.

Das Verhältnis zwischen Arzt und Patientin war eigenartig stabil. Trotz aller Sympathie und „Ansteckungsgefahr" bewahrte Kerner eine Distanz, die ihn vor einem Scheitern seiner Beziehung zur Seherin schützte und ihn arbeitsfähig erhielt. Beobachten, Niederschreiben, Dokumentieren bedeuteten Objektivieren und Kontrollieren seines Umgangs mit der Kranken. Kerner vergaß dabei nie die vorgegebene ärztliche Rolle, d.h. er begriff die Seherin durchgehend als Schwerkranke, ja, Todkranke. Dies hinderte ihn jedoch nicht, an ihrer jenseitigen Welt Anteil zu nehmen, die er verwundert miterlebte, ohne ihr anheimzufallen. So sehr ihm nach eigenem Bekunden auch das „magnetische Leben" vertraut gewesen sein mag, so wenig verfing er sich tatsächlich in den „magnetischen Kreisen" seiner Patientin. Er war sicherlich fasziniert von den Phänomenen, gewissermaßen verstrickt in den „Fühlsfäden" der Seherin. Aber er konnte sich willkürlich wieder aus dieser Verstrickung lösen und behielt somit die Situation im Griff.

Mit anderen Worten: Er konnte objektive Naturforschung und subjektives Seelenleben auseinanderhalten, wie es auch in seinem Briefwechsel mit Prinz Adalbert von Bayern deutlich wird.

Im Gegensatz zu unserer Auffassung sprach Bodamer von einer „mystischen Symbiose" zwischen Kerner und seiner Patientin.[110] Er übersah, daß *Kerners Leistung* gerade darin bestand, diese „Symbiose" ständig wieder aufzulösen, indem er das Erleben seiner Patientin zum Gegenstand seiner Beobachtungen machte und damit sein eigenes davon abgrenzte. Jennings merkte an, daß es unklar geworden sei, ob Frau Hauffe als Patientin oder als mediale Versuchsperson behandelt worden sei. Er stellte einen Konflikt zwischen (Okkult-)Forschung und ärztlicher Behandlung fest.[111] Dies mag zutreffen. Aber ist dieser Gegensatz von Forschung und Behandlung nicht der typische Konflikt *jeder* Kasuistik in der klinischen Medizin einschließlich der Psychotherapie, insbesondere wenn wir etwa an psychoanalytische Krankengeschichten denken?

Nach Glaus (1957) hat Kerner sogar die Geister der Patientin einsuggeriert und ihre Symptome „durch das magnetisch-hypnotische Behandlungsverfahren direkt gezüchtet oder mindestens gesteigert".[112] Sicherlich können wir von einer „wechselseitigen Beeinflussung von Geisterbanner und Geisterseherin"[113] sprechen, aber zu einer Konfusion, einer „folie à deux" ist es nicht gekommen, wie Leibbrand schlechthin behauptete.[114]

Kerner hat zwar die Äußerungen der Seherin zur Geisterseherei als „Tatsachen" sorgfältig notiert, aber die Patientin immer als schwer, ja hoffnungslos Erkrankte begriffen. Wirkte seine „Okkultforschung", so müssen wir vielmehr fragen, die ungeheure Aufmerksamkeit, mit der er seiner Patientin begegnete, nicht selbst schon therapeutisch und lebensverlängernd?

Jennings behauptete, für Kerner habe es nur die Alternative gegeben, „die Patientin aus ihrer Verzauberung herauszureißen oder selbst einer Verzauberung zu verfallen".[115] Wir wissen, daß Kerner sie nicht aus ihrer „Bauchverzauberung"[116] herausreißen konnte und dies nach anfänglichen vergeblichen Bemühungen aufgab. Aber deswegen verfiel er nicht selbst einer Verzauberung, wurde er nicht – als Modell des „Karmas der Romantiker"[117] – zum Geisterseher. Er blieb teilnehmender Beobachter, Protokollant, der ein produktives Verhältnis von Nähe und Distanz zu seinem Gegenüber einhielt und gerade dadurch *nicht* dem *Wahn* der Seherin verfiel.

Exkurs zum Briefwechsel mit Prinz Adalbert von Bayern

An Kerners Briefwechsel mit Adalbert von Bayern, der in diesem Bande erstmals in größeren Teilen publiziert wird, läßt sich sein reflektiertes Verhältnis zu okkulten Phänomenen, wie wir es soeben im Kontext der „Seherin von Prevorst" herausgestellt haben, eindrücklich studieren. Dieser Briefwechsel verläuft als ein Frage-und-Antwort-Spiel. Prinz Adalbert möchte durch den erfahrenen Kerner in die Geheimnisse des Okkultismus eingeweiht werden und mit dessen Hilfe konkrete Auskünfte von einer Hellseherin über wichtige und unwichtige Lebensfragen erhalten. Kerner versucht in der Rolle des väterlichen Freundes, mäßigend auf den ungestümen Briefpartner einzuwirken. Adalbert benutzt also Kerner immer wieder als „Mittelsperson", welche in seinem Auftrage eine gewisse Frau Rupp, eine „Seherin" bzw. „Wasserschauerin" aus Ellhofen, befragen soll. Zunächst wollen wir auf Adalberts Anfragen eingehen, ehe wir zu Kerners Reaktion kommen.

Adalbert ist äußerst begierig auf ein persönliches Kennenlernen der Seherin. Kerner soll ihr Zusammentreffen arrangieren und sie nach München mitbringen (Br. 22) oder sie während eines Besuches von Adalbert in sein Weinsberger Haus kommen lassen.[118] Adalbert möchte sogar die „Sehergabe" von ihr erlernen, falls dies möglich sein sollte (Br. 22). Gleichzeitig ist er aber auch auf der Suche nach anderen Hellseherinnen und fragt Kerner: „Eine andere Seherinn, deren Schauen noch intensiver wäre, ist Ihnen wohl zur Zeit nicht bekannt?" (Br. 17) Wie zur Gegenkontrolle der Hellseherin beschäftigt Adalbert noch einen Astrologen, einen Herrn Vogt (Br. 22 und 32), der ihm sogar „Unsterblichkeit des Namens wegen Kriegsruhm" prophezeite (Br. 29). Gelegentlich greift Adalbert auch auf eine Kartenlegerin[119] und auf andere Seherinnen zurück, etwa auf die „Seherinn Maria von Mörl"[120] oder die „Marquise von San Milan", auf die ihn sein alter Lehrer und Kerners Freund G. H. Schubert aufmerksam gemacht hatte (Br. 52).

Adalbert konsultiert gelegentlich über Kerner die Seherin von Ellhofen auch in *Krankheitsfällen*. So soll Kerner einmal eine Fernheilung nach dem Vorbilde der „Seherin von Prevorst" vermitteln, welche die Gräfin von Maldeghem geheilt hatte (s. oben). Adalbert schickt zu diesem Zweck ein Stückchen Leinwand, welches eine kranke Dame trug, um sie auf diesem Wege mit der Seherin „in Rapport zu setzen": „Wollten Sie daher die Güte haben, die Mittelsperson hierin zu seyen, jedoch so, daß blos die Seherinn die Leinwand berühre. Man hofft dadurch eine Heilung wie die der Gräfin Maldeghem durch die Seherinn von Prevorst", schreibt Adalbert an Kerner (Br. 46). Dies war nicht der einzige Fall, bei dem die Lektüre der „Seherin von Prevorst" zu nachahmender Heilpraktik anregte. Frau Rupp, die Seherin von Ellhofen, wird von Adalbert auch wegen der Krankheit des Königs (Ludwig I. von Bayern) „über die zu seiner Rettung nöthigen Mittel" konsultiert.[121] Ihre heilsame Hilfe wird dankbar erwähnt: „Wohl ein Trost für uns wenn Gott uns gewürdigt hat, da wo alle irdische Hilfe vergebens war, durch geheime Wunderkräfte der Natur bey jener christlichen Pythia [der Seherin] angewandt, ihn zu retten."[122] Auch in anderen Fällen, die uns bekannt geworden sind, erbittet Adalbert Hilfe für kranke Personen bei der Seherin (Br. 44).[123]

Immer wieder wendet sich Adalbert an Kerner als einen Fachmann für „Mystik" und „geheime Wissenschaften", wenn er ihn etwa über die griechischen und orientalischen Seher befragt, über die Wünschelrute, den „Stechblick" der Friederike Hauffe und ihre „innere Sprache" (Br. 22) oder über eine gewisse „Schottische Dame" mit vermuteten „somnambülen Kräften" (Br. 27).

Adalberts Wißbegierde ist durchsichtig: will er doch mit Hilfe des Hellsehens zu richtigen Entscheidungen geführt werden, durch die Heilkräfte der Somnambulen kranken Mitmenschen helfen; vor allem aber will er seine eigenen Kräfte, seine Macht steigern. Ihn fasziniert die Möglichkeit, sich durch bestimmte „geheimnisvolle Worte" andere Menschen zu unterwerfen, wie sie ihm einmal eine alte Frau mitgeteilt hat. „Ich machte Versuche, und war dabey nicht wenig überrascht."[124] Soweit Adalberts Fragespiel.

Wir wollen uns nun Kerners Antworten darauf zuwenden, seiner Reaktion als anerkannte Größe auf dem Gebiete des Okkultismus. Sein Verhalten ist *ambivalent:* Einerseits befragt er allen Ernstes die Seherin, Frau Rupp aus Ellhofen, im Auftrage Adalberts, zugleich aber versieht er deren Angaben *durchweg* mit einem kritischen Fragezeichen. Sie seien für ihn „umschleiert" wie die Orakel des alten Griechenlands, teilt er Adalbert mit (Br. 3). Sie seien zwar kein Lug und Trug, aber er bezweifle, „daß man auf ihr Schauen mit Zuversicht bauen könnte". (Br. 5) Wie eine *Abwehrformel* vor dem verführerischen Zauber der Hellseherei führt Kerner unzählige Male das „Gottesvertrauen" an, das wichtiger sei als alles Hellsehen: „Wir stehen in Gottes Hand" (Br. 5), „der unsere Schicksale, ohne daß wir sie vorauswissen, am besten leiten wird."[125] Kerner wünscht Adalbert sogar einen von Gott gesandten „guten Engel zur Führung" und phantasiert sich selbst als Schutzengel Adalberts nach seinem eigenen Tod: „Möge mein Geist... K. Hoheit schützend u. segnend umschweben!!"[126]

Kerners Warnungen und Mahnungen gehen in verschiedene Richtungen: Sie betreffen einerseits den schädlichen Einfluß der „dunklen Mystik" auf Adalberts Gesundheit, andererseits die Möglichkeiten der Täuschung durch die Somnambulen. „Es ist gewiß... das Schauen solcher Menschen kein Evangelium, dessen stärkere oder schwächere Kraft, richtet sich auch nach der augenblikl. Gemüthsbeschaffenheit, nach den jeweiligen körperl. Zuständen usw., variiert dann u. wird dann unklar u. oft täuschend." (Br. 20) Kerner rät Adalbert, nie solchen Menschen zu trauen, „die vorgeben, misteriöse Wissenschaften und Kräfte zu besitzen, wodurch sie die Zukunft anderer voraussagen oder übernatürliche Mittel (Zaubermittel) zur Erreichung gewißer Zwecke abgeben könnten". (Br. 11) Kerner versucht konsequent, Adalbert vom „Feld der dunklen Mystik" und der entsprechenden Lektüre abzubringen (Br. 40). „Bey einer warmen lebendigen Phantasie, können solche Träume am Ende, widerstrebt man ihnen nicht, zu einer Art krankhaften fixen Idee werden." (Br. 11) Er spielt hier auf die Gefahr der Ansteckung an, der sich Adalbert durch zu intensive Beschäftigung mit dem Okkultismus aussetze.

Auch vor dem „Geisterklopfen in den magnetischen Tischen", dem Kerner eine eigene Studie widmete[127], warnt er: Es könne durch Mißbrauch „zu viel Bösem" und oftmals zur Täuschung führen (Br. 54, 55). Seine Maxime gegen somnambules Hellsehen und spiritistisches Tischklopfen lautet: „Man muß der Natur treu bleiben u. kann und darf nicht mehr sagen als was sie uns sagt."[128] Es geht ihm um die Erforschung der natürlichen Kräfte, die physikalisch und physiologisch zu fassen sind. Dies betrifft das Phänomen der Wünschelrute ebenso wie die Zukunftsvorhersage, die lediglich als „Naturphänomen" studiert werden solle (Br. 23 und 31).

Kerners Einstellung zu der von Adalbert vorgeschlagenen Fernheilung ist pragmatisch: „Man könnte ja eine Probe machen u. dann immer noch thun was man für gut hält." (Br. 45)

Doch kommen wir noch einmal auf die oben genannte *Abwehrformel* Kerners zurück, mit der er Adalbert von seinem (Aber-)Glauben an die Hellseherei abzubringen versucht: „nicht auf das Schauen von Menschen zu bauen, sondern einzig Gott in kindlichem Glauben Ihr künftiges Loos anheimzustellen."[129] In einem anderen Brief heißt es, kritisch gegen die Aussagen der Seherin Frau Rupp gerichtet: *„Gottvertrauen, nicht Vorausschauen,* macht Könige und Helden und solchem Gottvertrauen empfehle ich K. Hoheit tagtäglich in inbrünstigem Gebete!!" (Br. 49)

Wie können wir diese Formel interpretieren? Ich denke, daß in ihr eher Kerners Skepsis gegenüber dem Spiritismus zum Ausdruck kommt als seine „christliche Mystik".[130] Kerner macht hier gewissermaßen psychohygienische Bemühungen, könnten wir vielleicht sagen, indem er Okkultgläubige und Wundersüchtige auf ihre eigenen Kräfte verweist und sie davor warnt, sich fremden Mächten auszuliefern und das *Selbstvertrauen* zugunsten des Aberglaubens zu ruinieren. Kerners Abwehrformel, sein Versuch, einen Widerstand gegen Wundergläubigkeit bei Adalbert aufzubauen, war ärztlich-diätetisch motiviert: „Seyen K. H. nur so lange noch die Jugend dauert vergnügt ... ich halte dafür daß K. Hoheit gesünder und fröhlicher bleiben, wenn Sie tanzen als wenn Sie zu viel in der Seherin von Prevorst u. in Swedenborg lesen." (Br. 40) Kerner war alles andere als ein Sektierer und Missionar des „Okkultismus", etwa im Sinne eines Greber.[131] Er wollte ihn vielmehr als Naturphänomen studieren und blieb dabei ein (sympathisierender) *Skeptiker.*

5. Schlußbetrachtung

Wie wir gesehen haben, führt Kerners „Okkultismus" zu den unterschiedlichsten Fragestellungen: Ist die „Seherin von Prevorst" nicht als Schizophrene oder Hysterikerin zu begreifen und ihr Arzt als Psychiater oder Psychotherapeut? Spielt die Seherin nicht die Rolle eines „Mediums" mit paranormalen Fähigkeiten und Kerner die eines parapsychologischen Forschers? Ist die Seherin nicht eine religiöse Mystikerin, zu deren Sprachrohr sich Kerner gemacht hat? Und schließlich: übernimmt die Seherin nicht auch die Funktion einer „Geistheilerin", wie wir heute sagen würden, die „Fernheilungen" vollbringt und anderen Heilmittel (z.B. Amulette) verordnet? Solche Charakterisierungen können die *medizingeschichtliche* Situation freilich nur verkürzt erfassen. Denn Kerners „Okkultismus" kann nach unseren heutigen Maßstäben nicht schlechthin identifiziert werden mit gegenwärtigen psychiatrischen, parapsychologischen oder esoterischen Konzepten. Vielmehr ist er als eine bestimmte Form ärztlichen Denkens zu begreifen, wie sie sich in einer medizinischen Strömung in der ersten Hälfte des 19. Jahrhunderts herausbildete, bei der insbesondere romantische Naturphilosophie und Mesmerismus ineinanderflossen. Insofern war die „Seherin von Prevorst" trotz ihrer Einmaligkeit eine zeittypische Erscheinung. Insofern ist auch Kerners Umgang mit seiner Patientin nur *ein* Beispiel für die Auseinandersetzung der Ärzte mit dem Problem des Somnambulismus in einer Zeit, als die moderne medizinische Psychologie, insbesondere die ärztliche Hypnose[132], noch nicht begründet war.

Die eingangs herausgestellte dreifache Kennzeichnung Kerners als *Dichter, Arzt* und *Okkultist* entsprach durchaus dem zeitgenössischen Arztideal. Ausdrücklich kommt Kerner auch selbst auf diese Trias zu sprechen: „Nicht ohne tiefere Bedeutung war Apollo der Gott der Dichter, der Seher und der Arzneikunde zugleich. [Im] Schlafwachen geht im Innern die Kraft zu dichten, zu sehen und zu heilen auf."[133] Insofern repräsentiert für Kerner die kranke Seherin nach dem Vorbilde des Heilgottes Apoll das Bild des idealen Arztes, der dichten, „sehen" und heilen kann. Der Somnambulismus, das „Schlafwachen", ist für Kerner die Quelle dieser schöpferischen und heilbringenden Tätigkeit, ein Zustand, in dem – nach heutigem Sprachgebrauch – das Unbewußte zum Ausdruck kommt. Die somnambulen „Eröffnungen" der Seherin spiegeln zugleich Kerners eigene Fähigkeiten wider: die Kunst zu dichten, zu heilen und zu „sehen".

Unser Einblick in die Kerner-Rezeption zeigte, daß er in all diesen Künsten nicht als „Genie" gilt, das mit einem Dichter wie Hölderlin, einem Heiler wie Mesmer oder einem Seher wie Swedenborg verglichen werden könnte. Einzig als „Genie der Freundschaft"[134] gehört er unbestritten zu den „Großen". Auch in diesem Punkt ist Kerners Gefühlsleben ohne Zweifel von mesmeristischen Gedanken gefärbt, etwa von der Vorstellung einer Überwindung individueller Grenzen, einer Wechselwirkung zwischen den Menschen, einem Gemeinschaftsgefühl, wie er es in seinen magnetischen Kuren wahrnehmen konnte. In einem selbstironischen Gedicht über die *„Wirkung des Nervengeistes"* schildert Justinus Kerner anschaulich dieses Gefühl, das *Freundschaft* stiftet:

„Wenn ich, mein Lieber! nahe dir,
Wallt rasch mein Blut, das träg sonst schleicht,
Und sprichst du Lieder, wird es mir
Wie einer Gemse luftig leicht.
(...)
So wird's mir, wenn du nah mir bist!
Das macht allein dein Nervengeist,
Der mich mit dem, was in ihm ist,
Der kräftigen Natur, umkreist."[135]

Heinz Schott

Abb. 23: Spiritistische Sitzung: das Tischrücken

Kerner und die Parapsychologie

„Solche Phänomene sind Phänomene des Nachtlebens der Natur, und wer sie an der Sonne oder mit der Laterne suchen will, wird sie nie finden."

Justinus Kerner[1]

„Der Occultismus ist nur unbekannte Naturwissenschaft. Er wird bewiesen werden durch die Naturwissenschaft der Zukunft."

Carl du Prel[2]

1. Parapsychologie heute – die Suche nach „Psi"

„In der Nacht vom 8. März um 11 Uhr hörte man im Hause der Frau H., selbst in anderen Zimmern, zuerst ein unsichtbares Gehen, dann ein leises Klopfen, bald hie, bald dort, das endlich zu einem ganz hellen Klatschen und lauten Klopfen wurde, das bald wie von den Wänden, bald von den Bettstellen, bald von dem Boden des Zimmers, bald aus der Luft zu kommen schien. Die Kranke schlief fest und erwachte, durch dieses Klopfen nicht."[3]

„Auf einmal wurde das Mädchen von unsichtbarer Hand vom Sessel aufgehoben, rückwärts über die Sessellehne gehoben, und hinten am Sessel, zwar unbeschädigt auf den Boden gesetzt. Sie können selbst denken, was dieses Factum für einen Eindruck auf uns alle machte."[4]

Bei diesen Zitaten handelt es sich um zwei beliebig herausgegriffene Schilderungen aus Kerners Schriften, die beim Leser damals wie heute Faszination oder unwillige Abwehr auslösen. Gewiß ist freilich: Geistererscheinungen, Spukphänomene, Ahnungen, Visionen, Wahrträume, „Zweites Gesicht" werden nicht nur aus Kerners Zeit, sondern seit Jahrtausenden berichtet – von ägyptischen Papyri bis zur Tageszeitung von gestern. Solche Phänomene scheinen schon immer das menschliche Leben begleitet zu haben, sie gehören als fester Bestandteil zu seiner Geschichte. Dennoch bilden solche Berichte erst seit relativ kurzer Zeit, seit knapp hundert Jahren, den Rohstoff für eine eigene

Wissenschaft. 1889 heißt es in einem Aufsatz des jungen Max Dessoir (1867–1947), später bekannter Philosophie- und Psychologieprofessor an der Universität Berlin: „Bezeichnet man (...) mit Para- etwas, das über das Gewöhnliche hinaus- oder neben ihm hergeht, so kann man vielleicht die aus dem normalen Verlauf des Seelenlebens heraustretenden Erscheinungen *parapsychische*, die von ihnen handelnde Wissenschaft *Parapsychologie* nennen."[5] Diese terminologische Neubildung löste in der Folgezeit bis dahin übliche Bezeichnungen wie „Spiritismus", „Okkultismus" oder „Psychische Forschung" ab und hat sich seit den 30er Jahren unseres Jahrhunderts allgemein durchgesetzt. Der Leipziger Biologe und Philosoph Hans Driesch (1867–1941) nannte zum Beispiel seine 1932 zum ersten Mal erschienene, grundlegende Methodenlehre „Parapsychologie. Die Wissenschaft von den ‚okkulten' Erscheinungen"[6] und schrieb in der Vorrede dazu die programmatischen Sätze: „Mit den ‚mystischen', ‚irrationalen' Neigungen der Gegenwart hat die Parapsychologie gar nichts zu tun. Sie ist Wissenschaft, ganz ebenso wie Chemie und Geologie Wissenschaften sind. (...), sie arbeitet positivistisch und induktiv. Sie findet Typen und Formen des Weltgeschehens, wie jede andere Wissenschaft."[7]

Diese Sätze Drieschs charakterisieren ohne jede Abstriche auch das heutige Selbstverständnis der parapsychologischen Forschung: Ihr Anliegen besteht darin, mit den bewährten Methoden der Natur-, Human- und Sozialwissenschaften die eingangs erwähnten ungewöhnlichen menschlichen Erfahrungen kritisch auf ihren Tatsachengehalt hin zu untersuchen.

Zu den Parapsychologen in diesem Sinne zählen also – um nur wenige zu nennen – Experimentalpsychologen, Psychotherapeuten, Quantenphysiker, Verhaltensforscher, Volkskundler, Anthropologen oder Trickexperten – kurz, alle jene Disziplinen, die die Behauptung „para-normaler" Erscheinungen der menschlichen Natur hauptsächlich anzugehen scheinen: der Experimentalpsychologe, der untersucht, ob „psychische Inhalte" (Gedanken, Gefühle, Stimmungen) der einen Person A auf die andere Person B (die voneinander zuverlässig abgeschirmt sind) „übertragen" werden können („Telepathie"); der Psychotherapeut, der sich fragt, ob die Träume seines Patienten ein Stück seines eigenen Seelenlebens widerspiegeln, das er, der Therapeut, vor seinem Patienten sorgfältig hatte verbergen wollen; der Physiker, der herauszufinden versucht, ob eine Versuchsperson tatsächlich ohne Berührung ein Metallstück durch bloße „geistige" Konzentration im Labor verbiegen kann („Psychokinese") und ob sich ein solcher Effekt durch eine energetische Wechselwirkung verstehen läßt; der Verhaltensforscher, der ungewöhnliche Heimfindeleistungen von Haustieren untersucht; der Volkskundler, der sich für die Verbreitung des „Zweiten Gesichts" in der ländlichen Bevölkerung interessiert; der Anthropologe, der den Wahrsagepraktiken australischer Ureinwohner nachgeht, und schließlich der Trickexperte, der ein berufsmäßiges Medium daraufhin untersucht, ob es bei seinen Auftritten mit irgendwelchen Tricktäuschungen arbeitet.

All diese Facetten der parapsychologischen Forschung machen deutlich, daß auf diesem Gebiet nur interdisziplinär gearbeitet werden kann und daß es einen eindeutig abgrenzbaren Gegenstandsbereich des Paranormalen gar nicht gibt. Dennoch haben sich im Laufe einer hundertjährigen Geschichte zwei grundlegende Fragestellungen der parapsychologischen Forschung herausgeschält: einmal die Frage nach einer „Wahrnehmung" oder „Erfahrung" außerhalb der uns bekannten Sinnesorgane, als *Außersinnliche Wahrnehmung" (ASW)* bezeichnet, und zum anderen die Frage nach einer naturwissenschaftlich anscheinend unerklärten, „direkten" psychischen Wirkung des Menschen auf physikalische Systeme, als *„Psychokinese" (PK)* bezeichnet.

Die außersinnliche Wahrnehmung wird in drei Formen untersucht: als *„Telepathie"*; als *„Hellsehen"*, d.h. als „direkter" Erwerb von Kenntnissen oder Informationen über einen Vorgang oder Sachverhalt, der sonst niemandem bekannt ist (wo also keine Telepathie im Spiele ist); und schließlich als *„Präkognition"*, d.h. als Vorauswissen zukünftiger Ereignisse, für die keine zureichenden Gründe bekannt sein können, die sie herbeiführen, und die auch nicht als Folge des Vorauswissens auftreten können.

Berichte über ASW- und PK-Phänomene werden unter dem Stichwort *„Psi"* (dem 23. Buchstaben des griechischen Alphabets) zusammengefaßt; Psi-Phänomene gelten als „anomal", weil sie außerhalb der üblichen Vorstellungen von Raum, Zeit, Kausalität oder Energie zu stehen scheinen, was jedoch nicht notwendig besagt, daß zu ihrer Erforschung die Annahme außergewöhnlicher Kräfte oder Prozesse erforderlich ist. Wenn ein bestimmtes Ereignis als „Psi" klassifiziert wird, dann ist dies keine wissenschaftliche Erklärung, sondern erst eine Herausforderung, nach einer solchen zu suchen.

Die moderne Parapsychologie kennt im wesentlichen drei Forschungszugänge: 1. Sie veranstaltet Umfragen unter der Bevölkerung im Hinblick auf Verbreitung und Art solcher Psi-Erlebnisse und analysiert entsprechende Fallsammlungen unter psychologischen und soziologischen Gesichtspunkten. 2. In der Feldsituation erforscht sie besonders „begabte" Persönlichkeiten („Medien") oder besondere Situationen, in denen sich Psi-Phänomene zu häufen scheinen („Spukfälle"), und versucht, solche Phänomene möglichst von Täuschungen, Betrug und anderen Artefakten abzugrenzen. 3. Schließlich werden Laboratoriumsexperimente durchgeführt, bei denen etwa „normale" Versuchspersonen, z. B. Studenten, eine von einem Zufallszahlengenerator erzeugte Folge von Ereignissen (wie das zufällige Aufleuchten von Lämpchen) „erraten" müssen. Mit solchen Versuchen, die sich statistisch auswerten lassen, will man herausfinden, ob sich die Existenz von Psi-Effekten überhaupt nachweisen läßt, ob sich diese unter bestimmten Bedingungen wiederholen lassen und ob die Änderung psychologischer oder physikalischer Randbedingungen beim Experiment zu unterschiedlichen Ergebnissen („Psi-Trefferleistungen") führt, die möglicherweise vorhersagbar sind. Über Methoden, Ergebnisse und Probleme der wissenschaftlichen Forschung auf parapsychologischem Gebiet gibt es eine Fülle einführender und spezieller Literatur, auf die hier nur global verwiesen werden kann.[8]

2. Kerners Beiträge zur Parapsychologie – Bemerkungen zur bisherigen Rezeptionsgeschichte

Die moderne Parapsychologie ist hauptsächlich experimentell-statistisch orientiert, der Laborzugang dominiert; die wenigen Dutzend Wissenschaftler, die auf diesem schwierigen und kontroversen Feld aktiv engagiert sind, kümmern sich angesichts chronischer Legitimations- und Finanzierungsschwierigkeiten nur wenig um die Problem- und Ideengeschichte ihres Faches; die etablierte Geschichtsschreibung der Fachhistoriker hat bis vor kurzem um den Spiritismus, Okkultismus und andere „nichtrespektable" Geistesströmungen einen respektvollen Bogen gemacht, obwohl gerade der Okkultismus, um eine treffende Formulierung von Fanny Moser (1872–1953), der Schweizer Biologin und Parapsychologin aufzugreifen, „wie ein vorsintflutliches Ungeheuer in unser aufgeklärtes Zeitalter hineinragt, ein Fremdes, Unverstandenes, das sich weder beseitigen noch ignorieren läßt."[9]

Erst in den letzten Jahren gibt es Anzeichen für eine Einstellungsänderung: Eine Reihe kompetenter wissenschaftshistorischer und -soziologischer Arbeiten ist erschienen, die den Spiritismus als populäre Protestbewegung gegen den aufkommenden wissenschaftlichen Materialismus seit Mitte des 19. Jahrhunderts begreifen[10] oder die markante Entwicklungsphasen innerhalb der Geschichte der Parapsychologie, zum Beispiel die 1882 erfolgte Gründung der englischen „Society for Psychical Research" und ihren „ideologischen" Hintergrund[11'] oder die Entwicklung des berühmten „Parapsychologischen Laboratoriums" an der Duke Universität (North Carolina), genauer analysieren.[12]

Demgegenüber bleiben Würdigungen Kerners als Pionier oder Wegbereiter der parapsychologischen Forschung vergleichsweise sporadisch; in dem gegenwärtig wichtigsten und umfassendsten Handbuch der internationalen Parapsychologie wird er nur mit einem Titel erwähnt[13], seinen „Geschichten Besessener neuerer Zeit" (1834). Im deutschsprachigen Raum stammen die bisher gründlichsten Darstellungen zum Thema von Literaturwissenschaftlern, dem amerikanischen Germanisten Lee B. Jennings[14] und seinem Schweizer Kollegen Peter Ringger[15], dem Gründer und Herausgeber einer parapsychologischen Zeitschrift, der „Neuen Wissenschaft", in der auch Heino Gehrts[16] eine anregende Kerner-Interpretation veröffentlicht hat.

Im Mittelpunkt der bisherigen Rezeptionsversuche steht, wie zu erwarten, Kerners berühmtestes Buch, „Die Seherin von Prevorst". Carl Kiesewetter (1854–1895), der privatgelehrte Polyhistor einer „Geschichte des Neueren Occultismus"[17], gibt daraus längere Textauszüge wieder, die sich hauptsächlich mit Anschauungen und Lehren der Seherin vom Tode, Jenseits- und Geisterverkehr befassen, für Kiesewetter Grund genug, „den Spiritismus in seiner Reinheit, von angloamerikanischen Bizarrerien und französischen Phantasien gesäubert, für Deutschland zu reklamieren".[18] Der eingangs erwähnte Max Dessoir, der vor allem in der Zeit zwischen den Weltkriegen einer der wichtigsten Repräsentanten der akademischen Psychologie war, die sich skeptisch-vorsichtig mit Problemen der Parapsychologie auseinandergesetzt hatten[19], gibt in seinem einflußreichen Buch „Vom Jenseits der Seele" über die somnambulen Zustände, Ahnungen, Visionen, hellseherischen und spukhaften Vorkommnisse der Seherin folgendes skeptische Fazit: Man erhalte den Eindruck, „daß die Beobachtung teils dilettantisch, teils durch vorgefaßte Meinungen beeinflußt war. Nur wenig bleibt übrig, woraus wir allenfalls den Schluß ziehen dürfen, daß die Seherin von Prevorst jene ebenso seltenen wie seltsamen Fähigkeiten besaß, die auch heute noch bei einigen Individuen vorhanden sein sollen. Sichere Feststellungen darüber sind bei der Dürftigkeit und wissenschaftlichen Unzulänglichkeit der Berichte völlig ausgeschlossen.“[20]

Im Unterschied dazu meint Emil Mattiesen (1875–1939), ein aus Livland stammender Komponist und Philosoph, in seinem dreibändigen Hauptwerk „Das persönliche Überleben des Todes“, das zu den gründlichsten und klügsten Verteidigungen der sogenannten „spiritistischen Hypothese“ gehört, Kerners Verdienste als „strenger Forscher“ seien allzu häufig mißachtet worden, obwohl Kerner die Vorgänge um die Seherin „mit solcher Pünktlichkeit und Ausführlichkeit“ dokumentiert habe, „daß sie dem theoretischen Nachdenken eine ebenso sichere wie ergiebige Grundlage“ böten.[21]

Als „Präludium der modernen okkultistischen Forschung“ charakterisierte der Berliner Psychologe Richard Baerwald (1867–1929) Kerners Hauptwerk; in seinem präzis kommentierenden Exzerpt in seinem Buch „Die intellektuellen Phänomene“ (das die Erforschung der ASW behandelt) versucht er die medialen Erscheinungen Friederike Hauffes als Zusammenspiel der halluzinatorischen Phantome einer „bewußtseinsgespaltenen Hysterika“ mit ihrer ungewöhnlichen telepathischen Übertragungsfähigkeit verständlich zu machen; indem Baerwald die Telepathie gewissermaßen als „drahtlose Telegraphie“ verstand, die auf einer „Fortleitung von Kraftwellen“ beruhe, hoffte er, solche Erscheinungen „in unser naturwissenschaftliches Weltbild“ zu integrieren.[22]

Knappere Erwähnungen von Kerners parapsychologischen Schriften finden sich noch in den souveränen Darstellungen der „okkultistischen“ bzw. parapsychologischen Geschichte Rudolf Tischners (1879–1961), eines Münchner Augenarztes, dem die deutschsprachige parapsychologische Forschung Wesentliches verdankt.[23]

Als zweiter bedeutsamer Beitrag Kerners zur engeren Fachgeschichte der Parapsychologie ist ohne Zweifel seine 1836 veröffentlichte Schrift „Eine Erscheinung aus dem Nachtgebiete der Natur“ zu nennen, die man als *Prototyp einer modernen Spukuntersuchung* bezeichnen kann. Mattiesen sieht in ihr einen „der reichhaltigsten und überdies bestbeglaubigten Spukabläufe“, von denen er Kenntnis habe. Von den ehedem berühmten, heute anscheinend fast vergessenen Vorgängen im Weinsberger Oberamtsgericht in der Zelle der „inhaftierten Elisabeth Eslinger von Baurenlautern" habe uns der „lächerlich unterschätzte Justinus Kerner" einen Bericht hinterlassen, „der auch vom Standpunkt heutiger Zeugnisanforderungen als mustergültig bezeichnet werden darf".[24] Ganz ähnlich die Einschätzung Fanny Mosers, der die deutschsprachige parapsychologische Forschung das leidenschaftlichste Plädoyer zur Untersuchungswürdigkeit der tabuierten Spukerscheinungen verdankt. Sie schreibt über Kerners Bericht, wir seien „hier im Besitz eines einzigartigen, unter günstigen Bedingungen gerichtlich untersuchten Falles, mit zahlreichen, auch eidlichen Aussagen. Alle sind mitveröffentlicht, ein Material also, dessen Wert (...) nicht leicht überschätzt werden kann für die Frage: Irrglaube oder Wahrglaube?"[25]

Meines Wissens gibt es in der einschlägigen Literatur der Parapsychologie keinen Fall aus der ersten Hälfte des 19. Jahrhunderts, der mit dieser Vielfalt und Detailliertheit der Zeugenaussagen zu vergleichen wäre, und auch später ist ein Spuk in dieser Massivität und solch erstaunlichem Umfang „kollektiv" ganz selten beobachtet worden.[26] Das folgende Kondensat aus Kerners Bericht mag dies verdeutlichen:

„Nicht nur die Mitgefangenen der Eslinger, deren Aussagen mit größter Sorgfalt aufgezeichnet sind, sahen zum mindesten den ‚4–5 Schuh hohen und 1–1½ Schuh breiten weißen Schatten' oder ‚Schein', wenn die röchelnde Eslinger über seinen ‚Druck' klagte oder sich mit ihm unterredete; sondern auch die Herren des Gerichts und andere Gebildete, die gelegentlich in der Zelle auf die Erscheinung warteten: der Oberamtsrichter Heyd, ‚ein ganz wahrheitsliebender, besonnener Geschäftsmann', der Referendar Bürger, der Dr. Seyffer, der Mathematik- und Physikprofessor H. Chr. Kapff, beide aus Heilbronn, der Kupferstecher Duttenhofer, der Pfarrer Stockmeyer u. a. m. Diejenigen, die nicht geradezu Entsprechendes schauten, hörten wenigstens die überaus typischen Spukgeräusche, die mit dem Auftreten der Erscheinungen stets verknüpft waren: ‚Schritte', Rascheln, Tropfenfallen, ‚Entladungen', ‚Sandwerfen', ‚Flügelschlagen', Rütteln und Klirren, dazu mehrfach ‚ein Rasseln der Fenster, ein Schütteln des ganzen Hauses gleichsam, ein Getöse, daß die Balken der Kerkerdecke auf uns herabfallen zu müssen schienen', was nach persönlichen Beobachtungen in der Zelle u. a. die Herren Baron von Hügel (von Eschenau), Pfarrer Meguin (von Willspach), Dr. Sicherer (von Heilbronn) und Rechtsanwalt Fraaß (von Weinsberg) bezeugen."[27]

Angesichts der Abgründe, die sich dem gesunden Menschenverstand bei der provozierend nüchternen Beschreibung so unglaublicher Vorgänge auftun, mag es nicht schwerfallen, das „Komplott des Totschweigens und Vergessens" (treffender wäre wohl „Verdrängens") zu verste-

hen, dem Fanny Moser bei ihren Recherchen zum Skandalon „Spuk"
begegnete, und Kerners erste Sätze aus seiner Vorrede muten eigentüm-
lich zeitlos an:

> „Phänomene, wie die nachstehenden, gehören zur Beobachtung des
> Naturforschers: denn sie sind einmal in der Natur vorhanden, so gut wie
> der Ring des Saturns, sollte man auch nicht *der Zeit*, so wenig als von
> diesem, ihr eigentliches Wesen wissen und begreifen können. Die Furcht,
> dadurch ins Gerede, man glaube an Geister, zu gerathen, in einen
> Glauben, dem unsere jetzige Gewohnheit und Dressur so sehr entgegen
> ist, darf den Naturforscher nicht bestimmen, wie es wenigstens bis jetzt
> geschah, solche Erscheinungen unerforscht nur gerade ins Reich des
> Betruges und des Aberglaubens zu verweisen, sie *de facto* damit zu
> unterdrücken und der Wissenschaft zu entziehen."[28]

Man kann es mit diesen wenigen Stichproben aus der Geschichte der
Rezeption von Kerners parapsychologischen Schriften zunächst
bewenden lassen. Sie zeigen, wie sehr Auswahl und Akzentuierung des
Materials von der jeweiligen Lieblingshypothese und Einstellung späte-
rer Interpreten und derem fachlichen Hintergrund abhängig ist, besonders auffallend bei Richard Baerwald, der dazu neigte, zur Rettung eines
„naturwissenschaftlichen Weltbilds" die mannigfaltigen parapsychischen Erscheinungen der Seherin lediglich mit Hilfe einer „telepathisti-
schen" Hypothese zu verstehen. Eine weitere Schwierigkeit ergibt sich
beim Versuch einer „objektiven Bewertung" der von Kerner ausführlich
beschriebenen Spukerscheinungen, die völlig aus dem Raster der Wissenschaft herauszufallen scheinen. Woher dann aber die Bewertungs-
maßstäbe nehmen? Gewiß, Kerner ist als „Geisterforscher" in die
Annalen der Parapsychologie eingegangen, aber damit ist die Frage
nach einem intellektuell reflektierten und akzeptierten Bezugsrahmen
zur Beurteilung solcher „Anomalien" nicht beantwortet.

3. Der zeitgenössische Rahmen von Kerners Parapsychologie: Mesmerismus und die Entstehung des Spiritismus

Kerners Fallbeschreibungen seiner verschiedenen Somnambulen können vom zeitgeschichtlichen Hintergrund des Mesmerismus und seinen spezifischen naturphilosophischen Annahmen nicht abgelöst werden. Insbesondere seine Darstellungen des „inneren Schauens", der „Gedankenübertragung", des „Hellsehens" (Clairvoyance), der „Geistererscheinungen" oder des „Sichselbstsehens" machen wesentliche Teile der von ihm herausgegebenen Zeitschriften aus, der „Blätter von Prevorst" (1831–1839) und des „Magikon, Archiv für Beobachtungen aus dem Gebiete der Geisterkunde" (1840–1853), die für den Medizinhistoriker Ellenberger die ersten Zeitschriften sind, „die hauptsächlich der Parapsychologie gewidmet sind."[29]

Es sind vor allem die „höheren Phänomene" des Mesmerismus, die uns in diesem Zusammenhang interessieren und deren Untersuchung wie *frühe Prototypen parapsychologischer Experimente* anmuten. Das beste Sammelwerk in dieser Hinsicht, das Hunderte von Quellen aus Frankreich, England, Deutschland, Italien, den Vereinigten Staaten, Polen und Rußland sorgfältig aufbereitet, hat der Parapsychologiehistoriker Eric Dingwall unter dem Titel „Abnormal Hypnotic Phenomena" in vier Bänden herausgegeben.[30]

Wie ich an anderer Stelle beschrieben habe[31], lassen sich die ungezählten Berichte über die „höheren Phänomene" zu folgenden Gruppen zusammenfassen:

1. Berichte über die „Sinnesversetzung" („transpositions des sens") unter Einschluß des „Sehens mit den Fingerspitzen", der Magengrube („Sonnengeflecht"), der Ohren usw. (erfolgreiche Experimente dieser Art mit Jugendlichen werden in jüngster Zeit wieder aus Rotchina beschrieben);

2. Berichte über „Gemeinsamkeiten der Sinnesempfindungen" („communité des sens"), denen zufolge Somnambule im „magnetischen Schlaf" (heute würde man sagen: hypnotisierte Versuchspersonen) auf sensorische Reize adäquat reagiert haben sollen, die dem räumlich entfernten Operator präsentiert worden waren (zum Beispiel Stechen mit einer Nadel an einer bestimmten Stelle, die der Somnambule dann bezeichnen mußte);

3. Berichte über Mentalsuggestionen auf Distanz („Fernhypnosen"), bei denen der Operator der im „somnambulen Zustand" befindlichen Versuchsperson bestimmte Verhaltensweisen (zum Beispiel Aufwachen oder Einschlafen zu zufällig bestimmten Zeitpunkten) „suggerieren" sollte;

4. Berichte über „Hellsehen" (Clairvoyance) ohne die bereits oben erläuterte Trennung zwischen Telepathie und Hellsehen; diese weit verbreitete paranormale Erscheinung umfaßte insbesondere die „travelling clairvoyance" (etwa als „reisendes Hellsehen" wiederzugeben) und bezog sich auf die Versuche, bestimmte Gegenstände in entfernten und verschlossenen Behältern richtig zu beschreiben, auf das „Lesen" versiegelter Briefe, auf das richtige „Erraten" von Spielkarten und anderen Gegenständen, die sorgfältig vor den Augen der Somnambulen abgeschirmt worden waren, aber auch auf die Beschreibung von „Geistererscheinungen" und somnambulen „Seelenreisen" auf Mond, Sonne, Planeten und andere Welten.

Natürlich kann man die Fülle einschlägiger Berichte nicht mit den heutigen Maßstäben der experimentellen Kontrolle beurteilen; zu Kerners Zeiten wußte man noch wenig über die überaus schwierig zu kontrollierenden nonverbalen oder unterschwelligen Komponenten des „magnetischen Schlafs" (Hypnose) oder von der Tatsache, daß Versuchspersonen nicht nur auf verbal geäußerte Suggestion des Operators reagieren, sondern auch auf unbewußte Erwartungen, die dieser in bezug auf den Ausgang des Experiments hegt („Versuchsleitereffekt").

Aber es gibt im Material Kerners eine Reihe von Beispielen, die eine paranormale Interpretation sehr wahrscheinlich machen, etwa der als „erste Thatsache" im zweiten Band der „Seherin von Prevorst" geschilderte Vorfall, in dessen Verlauf Frau Hauffe sehr spezifische Angaben über den Verbleib eines Dokuments machte, das für die Gestalt eines Verstorbenen, die ihr im „magnetischen Schlaf" zu erscheinen pflegte, von großer Bedeutung war. Dieser Fall, der bei Kerner viel zu ausführlich dokumentiert ist[32], um auch nur annähernd wiedergegeben zu werden, legt die Vermutung eines hellseherischen Informationserwerbs seitens der Seherin überaus nahe, wobei freilich über Motivation und Selektivität der Informationen – warum erscheint ihr ausgerechnet *dieser* „Geist", und warum nimmt Frau Hauffe *gerade diese* Details an dem gesuchten Dokument wahr und keine anderen? – nichts gesagt werden kann.

Der Mesmerismus hat seit der Mitte des 19. Jahrhunderts zwei

Metamorphosen durchgemacht, die eine zum *Hypnotismus*, die andere zum *Spiritismus* (oder Spiritualismus) hin. Über dessen Geburtsstunde 1848 im Hause des Methodistenpredigers John Fox in Hydesville (Wayne County, Staat New York) hat Kerner in seinem „Magikon" eine ausführliche „Mittheilung aus Amerika" abgedruckt.[33]

Dort wird beschrieben, wie sich in Gegenwart der beiden Töchter Margaretta (14jährig) und Catherine (12jährig) ein sonderbares Klopfen einstellte. Es war an einem Märzabend des Jahres 1848,

> „als man sich eben zur Ruhe begeben wollte, und die Familie suchte lange nach der Ursache des störenden Geräusches umher, jedoch ohne Erfolg. Die Mädchen, die schon im Bette waren, fingen an aus Spaß mit den Fingern zu schnippen, und siehe der Geist machte es ihnen nach. Hierauf rief die eine: ‚Nun zähle mit mir: eins, zwei, drei etc.' und indem sie bei jeder Zahl in die Hände schlug, that der Geist es gleichfalls. Dieß erschreckte sie und sie wurde still.
> Frau Fox forderte den Geist jetzt auf, zehn zu zählen, und zehn Töne erschollen. Sie fragte dann nach dem Alter ihrer Tochter Catherine, und die richtige Anzahl Schläge erfolgte; ebenso bei den übrigen Kindern. Frau Fox fragte nun, ob es ein menschliches Wesen sei, das dieses Geräusch mache, und keine Antwort erfolgte; sie fragte ferner, ob es ein Geist sei, und wenn dem so, so solle er dieß durch zwei starke Schläge bestätigen. Die Schläge erfolgten."

Als „Urheber" der Klopfgeräusche gab sich schließlich der „Geist" eines in diesem Haus ermordeten Krämers aus. Damit war der *moderne Spiritismus* geboren. Die Neuigkeiten von dieser wunderbaren „Verbindung mit Verstorbenen" waren im Nu in aller Munde: Bald waren verschiedene Techniken ersonnen, um mittels eines „Geistertelegraphs" mit der „jenseitigen Welt" in Verbindung treten zu können, insbesondere durch die „klopfenden Tische" (siehe weiter unten). Die rasche Ausbreitung des Spiritismus in den Vereinigten Staaten und in Europa und sein Erstarken zu einer mächtigen sozialen und religiösen Bewegung[34] wären ohne den „geistigen Nährboden" des Mesmerismus nicht denkbar gewesen.

Die „höheren Phänomene" des magnetischen Schlafes wurden nun in einen neuen Deutungszusammenhang gebracht: Der „somnambule Zustand" kehrte als „Trance" wieder; „Geistersehen", „Clairvoyance", „Jenseitsreisen" und die anderen „höheren Phänomene" wurden als besondere Fähigkeiten einer „sensitiv begabten" Person, des Mediums, angesehen, das zum Mittler zwischen der sichtbaren und unsichtbaren Welt geworden ist; das Séance-Ritual und seine besonderen Bedingungen bildeten sich heraus, zum Beispiel Dunkelheit und „Kettenbildung" der Sitzungsteilnehmer, damit die „fluidale Kraft" durch sie hindurchströmen konnte und dem Medium bei der „jenseitigen" Kontaktaufnahme behilflich war; das Medium gab „Botschaften" durch, die von angeblichen „Kontrollgeistern" stammten und die sich in automatischer Schrift oder Trancereden äußern konnten. Schließlich bildete sich das *Repertoire von Phänomenen* heraus, das zum festen Bestandteil einer spiritistischen Sitzung zählen sollte: Klopfgeräusche, Bewegung von Tischen und anderen Gegenständen, das Spielen von Musikinstrumenten durch „Geisterhand", seltsame Lichterscheinungen im dunklen Séanceraum und am Ende gar das Erscheinen „materialisierter" Geistwesen.

Schon wenige Jahre nach dem Beginn des modernen Spiritismus zeichneten sich jene *Gruppen von Erklärungen* für seine Phänomene ab, die – wenn auch vielfach modifiziert und verfeinert – auch heute noch im Rahmen der Parapsychologie diskutiert werden:

1. Die Phänomene können auf natürliche und wissenschaftlich erklärbare Ursachen zurückgeführt werden; sie sind entweder Produkte von Einbildung, Selbsttäuschung oder Betrug seitens des Mediums oder der Halluzinationen, Sinnes- bzw. Erinnerungstäuschungen der Zeugen (Beobachter). Dieser Art waren zum Beispiel manche Argumente, mit denen sich Kerner angesichts seiner Schilderungen der Seherin und seiner Spukuntersuchungen auseinandersetzen mußte.[35]

2. Die Phänomene können zwar noch nicht „normal" erklärt werden, aber sie werden auch nicht durch „Geister" oder „jenseitige Wesenheiten" bewirkt; es ist vielmehr zu erwarten, daß sie mit Hilfe psychologischer oder physiologischer Gesetzmäßigkeiten, die gegenwärtig noch unbekannt sein mögen, eines Tages erklärt werden können. Möglicherweise muß auch eine besondere „psychische Kraft" postuliert werden.

3. Die Phänomene müssen so aufgefaßt werden, wie sie sich darbieten: Sie sind Manifestationen von Geistwesen Verstorbener.

4. Die Phänomene sind existent, aber teuflischen oder dämonischen Ursprungs; jeder, der sich mit ihnen einläßt, wird eine Beute des Satans. Deshalb ist vor ihnen zu warnen.

Kerners eigene Position oszilliert wohl zwischen den Erklärungsversuchen 2 und 3, zwischen „Nervengeist" und „Geisterwelt". Um die „objektive Realität" der Erscheinungen zu retten, beruft er „sich abwechselnd auf den persönlichen und unpersönlichen Nervengeist, oder auf außer- und überpersönliche Wesen (Geister)."[36] Freilich nimmt er damit nur ein Dilemma vorweg, in dem auch noch die Parapsychologie hundertfünfzig Jahre später steckt: Paranormale Phänomene lassen sich im Grunde immer *reduktionistisch* oder *transzendentalistisch* deuten. Für die reduktionistische Auffassung gibt es strenggenommen nur paranormale Phänomene „auf Widerruf" – sie alle lassen sich eines Tages „normal" erklären, zum Beispiel als Äußerungsformen eines noch zu erforschenden psycho-physischen Vermögens des Menschen. In der transzendentalistischen Auffassung dokumentieren paranormale Phänomene dagegen die Grenzen der jeweils herrschenden wissenschaftlichen Weltauffassung, sie verweisen auf eine Selbsttranszendenz des Menschen, auf seinen spirituellen Wesenskern, der sich für immer dem „materialistischen" Zugriff der Wissenschaft entzieht. Es scheint mir ein nicht geringes Verdienst von Kerner zu sein, daß er dieser Grundproblematik nicht ausgewichen ist.

4. „Psi" in der Praxis – oder: Wie „hell" kann man sehen?

Der Briefwechsel, der 1850 zwischen dem 22jährigen bayerischen Prinzen Adalbert und dem bald 64jährigen Kerner beginnt, dreht sich im Grunde nur um *ein* Thema: Läßt sich die persönliche und politische Zukunft des Prinzen mittels medialer Aussagen präzise und zuverlässig vorhersagen? Adalbert bittet den „verehrtesten Herrn Doktor" immer wieder, seinem Medium, der „Ellhofer Wasserschauerin" Frau Rupp, die gleichen Fragen vorzulegen: Was wird aus mir? Wie sieht meine zukünftige Frau aus? Werde ich König von Spanien oder Griechenland? Was denkt der- oder diejenige wirklich über mich? Das sind Fragen, die ein selbstunsicherer, in seiner persönlichen Identität noch nicht gereifter Mensch sich zu stellen pflegt.

Bei Kerners Seherin handelte es sich um eine alte Bäuerin aus dem Dorf Ellhofen bei Weinsberg, die offenbar die *Technik der Hydromantie* zu praktizieren pflegte: Ein gefülltes Wasserglas (oder ein anderer glänzender Gegenstand) wird intensiv angestarrt, wobei plötzlich oder allmählich in einer Art Vision eine bestimmte Szene oder Gestalt auf der Wasseroberfläche auftaucht und ausgedeutet wird. Solche Wahrsagepraktiken – zum Beispiel *Kristallvisionen* – sind seit Jahrtausenden in den unterschiedlichsten Formen verbreitet; sie sind alle in dem Punkte vergleichbar, daß sie zur Provokation „unterbewußter" Vorstellungen oder „halluzinatorischer Bilder" (bei besonders Begabten) führen können.

Die heutige Psychologie sieht in solchen Produktionen *visualisierte Denkvorgänge*, denen keine wachbewußten, sondern unterbewußte, von der Ichfunktion vorübergehend abgespaltene („dissoziierte") und ihr unzugängliche psychische Prozesse zugrunde liegen.[37] In seltenen Fällen können solche Visionen auch paranormalen Informationen zum Durchbruch verhelfen. Diese Vermutung legt der Brief der Gräfin von Beroldingen an Kerner nahe, in dem sie sich dafür bedankt, daß ihr die Aussagen der „Wasserschauerin" offenbar beim Finden eines wertvollen Schmuckes geholfen hatten, von dem sie zuerst vermutet hatte, ein Diener habe ihn ihr gestohlen[38] – wiewohl Zufallstreffer bei solchen anekdotischen Schilderungen nie auszuschließen sind.

Solche sporadischen Erfolge mögen Adalbert ermutigt haben, die Seherin als Dauerorakel in Anspruch zu nehmen. Bei aufmerksamer Lektüre seiner Briefe kann man sich kaum dem Eindruck entziehen, daß Adalbert eine große Ähnlichkeit mit dem Typus des *Okkultgläubigen* aufweist.

Um die einzelnen Symptome dafür einmal aufzuzählen: Seit seiner frühen Jugend hat er „eine brennende Wißbegier für alles Wunderbare und Mystische"; er möchte der Zukunft Dunkel durchschauen, weil er „ein quälendes Schwanken in der Wahl des Richtigen" verspürt; nur ein einziges Mal noch will er das Orakel befragen, dann wird er seine „Lieblingsneigung" bekämpfen; er sucht einen Kristall, fragt nach einem umfassenden Buch über „Geheimwissenschaften", will magische Mittel kennenlernen, um seine Pläne auf unfehlbare Weise durchzusetzen; er konsultiert laufend seinen „Hofastrologen" und hofft, daß dessen Aussagen mit denjenigen der Seherin – ohne Wissen voneinander – übereinstimmen mögen; er träumt von einem „sechsten Sinn", der „über alle anderen weit hinüberragt"; er will Einzelheiten über die „Sehergabe" erfahren (Wie erklärt sich Kerner den „Stechblick" der Seherin? Kann man diese Gabe erlernen, vielleicht auch er?); er liest – zu Kerners gelindem Mißbehagen – in der „Seherin von Prevorst" und interessiert sich für die Kraft der Wünschelrute und für Zauberamulette; er lernt eine „schottische Dame" kennen, die sich für Swedenborg und Cagliostro begeistert (Wie ist des Doktors Meinung darüber?); er seufzt ständig „nach höherer Erleuchtung über seinen Beruf" und fragt, welche

Bewandtnis es mit jenem „glänzenden Stern" habe, den die Seherin über seinem Haupte sah; er und Kerner werden durch „die große Sympathie" ihres Nervengeistes aufs engste miteinander verbunden, er beginnt schon selbst mit magnetischen Strichen zu therapieren; er setzt große Hoffnungen auf die angeblichen Sehergaben einer angeblichen „Marquise von San Milan", die er wie eine Pythia verehrt und die ihn dann „namenlos unglücklich" macht, d.h. sich als Schwindlerin entpuppt; er vermutet in dem Blätterrascheln von Zimmerbäumchen ein Zeichen seiner jüngst verstorbenen Mutter („als ob Geisterhände sie berührt"); Widersprüche zu früheren Aussagen der Seherin nimmt er zwar zur Kenntnis (ebenso wie bei seinem Astrologen), aber sie machen ihn in seinem Glauben nicht wankend; die Seherin hilft bei der Genesung des Königs, er selbst konsultiert eine Kartenschlägerin. Soweit diese Aufzählung.

Adalberts Mentalität weist erstaunliche Parallelen zu den Persönlichkeitszügen auf, die wir aus einschlägigen psychodiagnostischen Untersuchungen kennen: Verunsicherung und Störbarkeit; Strukturlabilität; Gefühle des Ausgeliefertseins an „überpersönliche" Mächte; Projektionsbereitschaft; Ich-Schwäche, Schutzbedürfnis und Haltsuche; Unzufriedenheit mit der Realität; Tendenz zu „magischem Bewußtsein"; Gefühl der Verbindung mit „höheren Sphären".[39]

Kerner versucht in seinen Briefen dagegen immer wieder Adalberts illusionäre Erwartungen an die Qualität und Reichweite medialer Aussagen zu dämpfen: Die wirkliche Zukunft sei verborgen und das „magnetische Schauen" auch nicht immer unfehlbar; zwar zweifelt Kerner nicht an der Aufrichtigkeit seiner Seherin, aber man dürfe sie nicht überfordern, sonst laufe man Gefahr, sich selbst zu betrügen; man könne auf ihre Angaben nicht mit Zuversicht – „wie auf ein Evangelium" – bauen; diese seien interpretierbar, vieldeutig und als Richtschnur für wichtige Entscheidungen unbrauchbar; Adalbert solle sich lieber auf den Rat rechtschaffener, verständiger, „mit Welt und Zeit bekannter Männer" verlassen; es würde doch genügen, wenn er, Adalbert, solche Erscheinungen „als Naturphänomene näher kennenlernen" wollte; er bleibe bestimmt gesünder und fröhlicher, wenn er tanzen ginge, anstatt zuviel in der „Seherin" und im „Swedenborg" zu lesen. Im übrigen – und dieser Rat kehrt stereotyp wieder – solle Adalbert doch keine Zukunftsangst haben, sondern „im kindlichen Glauben" auf Gott vertrauen, fürs praktische Leben nützten alle Seher nichts.

Kerners damalige Einschätzung seiner Somnambulen trifft sich im

Grunde mit der Problemlage der modernen Parapsychologie: „Paragno-
stische" Aussagen sind notorisch unzuverlässig, sie sind nicht beliebig
und jederzeit verfügbar; selbst „sensitiv" Begabte schildern aktuelle
oder vergangene Lebenssituationen ihrer Klienten meist in fragmentari-
scher Anspielung und ohne präzise zeitliche Zuordnung. Die Stufe
sachlicher Vergegenständlichung fehlt häufig, es dominieren Atmo-
sphärisches, Stimmungshaftes und affektive Bezüge. Kein „Hellseher"
hat ein sicheres inneres Kriterium dafür, ob seine Eindrücke auf bloßem
Raten, praktischer Menschenkenntnis, Intuition und parapsychischen
Informationen („Gedankenabzapfen") beruhen. Aus diesem Grunde
müssen mediale Aussagen immer mit dem „normalen Erkenntnisver-
mögen" nachgeprüft werden. Präkognitive Aussagen, das „Hellsehen in
die Zukunft", können immer nur hinterher, also *nach* dem Eintreffen
des Vorausgesagten, als solche erkannt werden. Es ist prinzipiell
unmöglich, *im voraus* spezifische Merkmale für eine paranormale Vor-
schau zukünftiger Ereignisse anzugeben. Aus diesem Grunde kann man
Präkognition nicht ausnützen, indem man sich nach einer Voraussage
richten will.[40]

Im Falle Adalberts kommt hinzu, daß die Antworten der Frau Rupp
(zumindest sofern sie im Briefwechsel mit Kerner enthalten sind) auf
seine Fragen von ausgesuchter Vagheit sind; es gibt in den hier mitge-
teilten Briefen nichts, was den Verdacht auf „Paranormales" aufkom-
men ließe. Da der Frau Rupp die wahre Identität Adalberts bei dessen
persönlichen Konsultationen nicht verborgen bleiben konnte, ist
zusätzlich mit „Gefälligkeitsreaktionen" dem „hohen Gast" gegenüber
und dem ganzen Komplex des „cold reading"[41] zu rechnen, das jedem
versierten Hellseher – damals wie heute – bewußt oder unbewußt
geläufig war und ist.

Adalberts „okkulte Beunruhigung" läßt im übrigen drastisch nach,
sobald er verheiratet ist und sich mit seiner sozialen Rolle abgefunden
hat. Theobald Kerners Bemerkung trifft vermutlich den Nagel auf den
Kopf: „Er hatte sich eingezwängt in das harmlose Dasein eines Prinzen
zweiter Ordnung."[42]

5. Das Tischrücken und die psychischen Automatismen

1853 erschien als ein letzter wichtiger Beitrag zur Parapsychologie Kerners Schrift „Die somnambülen Tische"[43] – eine Stellungnahme zur *psychischen Epidemie des Tischrückens*, das im Gefolge der spiritistischen Bewegung zuerst die Vereinigten Staaten und 1852 auch Europa erreicht hatte.[44] Die übliche Technik bestand darin, daß sich die Teilnehmer, der „Zirkel", rund um einen kleinen Tisch setzten und die Hände auf ihn legten. Nach einer gewissen Wartezeit pflegten in „erfolgreichen" Sitzungen Klopfgeräusche („Raps") aufzutreten, oder ein Tischbein begann „wie von selbst" auf den Boden aufzustoßen. Daraus wurde ein „Klopfalphabet" entwickelt: Die Anzahl der Klopftöne gab die Antwort auf die Frage, wieviele Teilnehmer zum Beispiel um den Tisch säßen oder wie alt einer von diesen sei.

In Deutschland begann die Tischrückwelle durch einen oft zitierten und nachgedruckten Aufsatz von K. Andrée über „Geisterklopfen und Tischrücken in den Hansestädten" vom 30. März 1853[45], in dem erfolgreiche Versuche so geschildert werden: „Erst fängt die Platte des Tisches an sich langsam hin und her zu neigen, auf und ab; dann beginnt der Tisch sich selbst zu rücken. Wir Umstehenden ziehen von den Sieben von der Kette, welche diese geschlossen halten mußten, rasch die Stühle weg, und nun läuft der Tisch, welchen 14 Hände lose berühren halten, sich nach Norden fortrückend und zugleich um sich selbst kreisend, reichlich vier Minuten so rasch, daß die Kette kaum folgen kann." Der Artikel endet mit der Empfehlung: „Die Naturforscher vom Fach mögen nun untersuchen, von welcher Art die Kraft ist, welche aus den Händen einer Anzahl von Menschen strömt und die so mächtig ist und eigenthümlich wirkt daß (…) einem Mahagonytisch eine Fähigkeit der Fortbewegung (…) mitgetheilt werden kann. Die Hände, welche die Kette bilden, fühlen sich von der Holzplatte gleichsam nachgezogen."

Kerner, der in einem Brief an Adalbert vom 28. Mai 1853 vom Tischklopfen als „einer hohen Wahrheit" sprach, die kein Gelehrter mehr bestreiten dürfe, ohne sich lächerlich zu machen, hatte sich in einem Artikel vom 8. April 1853 zu dieser Kraft geäußert und sie als „elektromagnetisches Fluidum", als „Nervengeist" bezeichnet, wobei er die ironischen Sätze anfügte: „Man wird mir, trotz des Geruches eines Starkgläubigen, in dem ich stehe, wohl zutrauen, daß ich den Glauben amerikanischer Spiritualisten nicht habe, an Geister, die sich vom Jenseits um Bezahlung an ihre Zitierer in der Sprache des Klopfens kund geben und daß ich das Phänomen des Tischrückens auch nicht für ihr Werk halte."[46]

Eine andere Antwort darauf gab wenig später einer der bekanntesten Physiker der damaligen Zeit, Michael Faraday (1791–1867), der in einer am 2. Juli 1853 veröffentlichten experimentellen Untersuchung des Tischrückens nachwies, daß weder Elektrizität noch Magnetismus oder „Anziehungskraft" und auch nicht die „Od-Kraft" des Baron von Reichenbach als physikalische Ursache für die Tischbewegungen in Frage kämen, sondern unwillkürliche und unbemerkte Muskelbewegungen und Gewichtsverlagerungen der Hände der erwartungsvollen Sitzungsteilnehmer.[47]

Damit war aber noch nicht die Frage beantwortet, warum der Tisch auf Fragen quasi-intelligente Klopfantworten gab – wiederum ein weit verbreitetes Phänomen, das Kerner zu seiner „Erklärung der Prophetie (der Klopfgeister in) magnetisirten Tischen"[48] veranlaßte; auch darin lehnte er „den amerikanischen Glauben an Klopfgeister in den Tischen" ab. Für ihn war es wiederum der „Nervengeist", der aus der menschlichen Hand sich entbunden hatte und in den Tisch übergeströmt war und der als „seelisches Agens", als „versteckter Prophet", im magnetisierten Tisch verantwortlich war.

Es sollte noch ein halbes Jahrhundert dauern, bis man die psychologische Seite des Tischrückens als *psycho-motorischen Automatismus* und die *Tendenz zur Personifikation* in diesen Klopfbotschaften als verselbständigte, unterbewußte Denkleistungen verstehen gelernt hatte.[49]

Freilich blieb damit ein Problem ungelöst, das schon zu Kerners Zeit heiß umstritten war: Ob sich nämlich die „Nervenkraft", das „magnetische Fluidum" der Umsitzenden, auch *ohne direkte Berührung* dem Tisch mitteilen und diesen in Bewegung, gar zum Schweben („levitieren") bringen konnte? Ganz von der Hand war dieses Phänomen jedenfalls nicht zu weisen, wenn der französische Graf Agénor Gasparin in seinem zweibändigen Werk „Des Tables Tournantes" 1855 schrieb:

„Dieses Heben des Tisches ohne Berührung wurde ungefähr 30mal wiederholt. Wir ließen es nacheinander von jedem der drei Tischfüße ausführen. Wir überwachten außerdem die Hände mit skrupulöser Genauigkeit. Wenn man bedenkt, daß man bei dieser Überwachung in 30 Experimenten nicht den geringsten Kontakt nachzuweisen vermochte, so wird man daraus schließen müssen, daß die Realität der

Phänomene künftighin vernünftigerweise nicht mehr bestritten werden kann."[50]

Natürlich ist die Realität solcher Phänomene auch heute noch umstritten. Die Parapsychologie unserer Tage nennt diese vermutete „direkte" seelische Einwirkung des Menschen auf Gegenstände „Psychokinese". Diese neue Bezeichnung ändert allerdings nichts daran, daß unser Verständnis für die dabei beteiligten Prozesse immer noch so rudimentär geblieben ist wie die Vorstellung vom „Nervengeist" vor hundertfünfzig Jahren. Auch daran sollte uns das 200jährige Jubiläum des frühen „Parapsychologen" Justinus Kerner erinnern.

Eberhard Bauer

Abb. 24: Titelblatt der „Kleksographien", um 1857

Bilder aus Klecksen
Zu den Klecksographien von Justinus Kerner

1844 veröffentlichte der in New York lebende Mediziner und Phrenologe Michael Castle eine „Phrenologische Analyse des Charakters des Herrn Dr. Justinus Kerner"[1]. Er hob darin einen für Kerner „eigenthümlichen Gemüths-Zustand" hervor und meinte damit „eine gewisse unwillkührliche Fähigkeit" Kerners, „in seinem geistigen Auge jedes Gefühl und jeden Gedanken zu versinnlichen". Die „außerordentliche Elastizität seiner Einbildungskraft" gäben seinen Phantasiegebilden „gleichsam eine materielle Gestalt", bis „endlich sich die Luft mit Phantomen belebt".

Die Klecksbilder Kerners, die „Kleksographien", wie er sie selber nannte[2], sein Geisterreich aus Tinte, in dem ihm „magische Urbilder" erschienen, paßten gut in das Bild des „Geistersehers" in Weinsberg. Sie wurden einem breiteren Publikum erst 1890, fast dreißig Jahre nach Kerners Tod, zugänglich. Für seine engeren Freunde jedoch waren sie willkommene und dankbar kommentierte Beigaben in seinen Briefen.

Wir wollen hier zunächst zusammenstellen, was Kerner selbst über die Entstehung und Bedeutung seiner Klecksbilder berichtet, wobei das von ihm angelegte „Hadesbuch" im Mittelpunkt steht, das sich heute ebenso wie viele weitere Klecksographien aus dem Nachlaß Kerners im Marbacher Literaturarchiv befindet.

Kerner ist nicht der erste überhaupt und nicht der einzige in seiner Zeit, der seine Phantasie von Klecksen oder anderen zufällig entstandenen Formen anregen ließ. In einem zweiten Schritt verweisen wir deshalb auf einige wichtige Stationen in der langen Tradition dieser Zufallsbilder.

Die notwendig kurzen Hinweise in erster Linie auf Leonardo da Vinci, Alexander Cozens, Victor Hugo und die Surrealisten zeigen, daß Zufallsbilder und das ihnen zugrundeliegende Wahrnehmungsphänomen nicht nur in der alltäglichen Wahrnehmung, in Gesellschaftsspielen und spiritistischen Praktiken wirksam waren, sondern auch in der Kunst im Laufe der Jahrhunderte eine zunehmend wichtigere Rolle spielten.

„Es geben diese Bilder der Phantasie ungeheuren Spielraum"

Mit diesen Worten charakterisiert Justinus Kerner 1844 in einem Brief an die Schriftstellerin Emma Niendorf[3] seine Tintenkleckse, die er auch auf schwäbisch „Tintensäue" nannte. Er erwähnt, daß er ein ganzes Buch mit solchen Klecksbildern gefüllt habe.

Kerner war überzeugt, daß in den nicht sichtbaren Bereichen der Natur auch Geisterwesen existieren. Er glaubte, durch das „Herausarbeiten" dieser „magischen Urbilder" Ungewußtes und Ungesehenes sichtbar machen zu können: „Die Bilder sind merkwürdig, weil sie Darstellungen wie aus der Kindheit der Urvölker geben, namentlich Ägypter, Libyer, Indier, Amerikaner. Meistens kommen Urnen, Schmetterlinge, Skarabäen (Käfer), phantastische Tiergestalten, Hieroglyphen etc. zutage. Diese Bilder scheinen in der Natur zu liegen, und daher scheinen sie jene Urvölker genommen zu haben." Darin drückt sich Kerners hohe Wertschätzung seiner Bildersammlung aus. Er trennte sich nur ungern von seinen Klecksen und ermahnte die Adressatin des Briefes, sie möge doch unbedingt das Buch nach acht Tagen wieder zurücksenden.

In dem Brief erzählt Kerner, daß er zufällig auf die Klecksbilder gestoßen sei: Durch das Nachlassen seiner Sehkraft habe er beim Briefschreiben öfter versehentlich „Tintensäue" aufs Papier gemacht, und beim Zusammenfalten des Briefs seien dann die „merkwürdigen Bilder" entstanden. Mindestens seit 1844 also beschäftigte sich Justinus Kerner mit Klecksbildern und stellte eine Vielzahl als Briefbeilagen oder als Gabe für „Albums für Freundinnen" her.

„Das schrecklich schwarze Buch"

Im Deutschen Literaturarchiv in Marbach befindet sich eine Sammlung von Klecksbildern Kerners, die er angelegt und als gebundenes Buch aufbewahrt hat. Dieser Zusammenstellung gab er den Titel „Kleksographien von Justinus Kerner". Dem Vorwort folgen ein „Memento mori!" und drei „Todesboten", denen sich 25 „Hadesbilder" und elf „Höllenbilder" anschließen; insgesamt jedoch enthält das Buch 49 kleinformatige Klecksographien, da auf dem letzten Blatt 10 ausgeschnittene Klecks-Schmetterlinge kombiniert sind. Zu jedem der Bilder schrieb Kerner ein Gedicht. In der Sammlung werden Geister, Dämonen und Spukgestalten des „Schatten- und Zwischenreiches" vorgestellt. Eine Klecksographie am Anfang der „Hadesbilder" stellt ein Tintenfaß dar (Abbildung 25). Das zugehörige Gedicht lautet:

> Diese Bilder aus dem Hades
> Alle schwarz und schauerlich,
> Haben selbst gebildet sich
> Ohn' mein Zutun, mir zum Schrecken,
> Einzig nur – aus Tintenflecken.
> Habe stets dabei gedacht,
> Überall, wo's schwarz und Nacht,
> Spuket die gespenst'ge Rasse,
> Darum auch im Tintenfasse.
> Die ihr schreibt, nehmt euch in acht!
> Weil ich Kleksograph entdecket,
> Daß im Tintenfaß oft stecket
> Eines gift'gen Dämons Macht.
> Hier das Tintenfaß mit stummer Feder,
> Wenn man's umdreht, sieht mit Staunen jeder:
> Wie in einen Dämon tierisch kraß
> Sich umwandelt oft das Tintenfaß.

Die Gedichte über die nicht menschlichen Wesen sind schaurig und humorvoll, oft in einem christlich-moralischen Appell endend. Ebenso wie in den Briefen und in der Lyrik Kerners klingen die Themen Tod und Vergänglichkeit immer wieder an. Obwohl Kerner die Drucklegung dieser „Hades- und Höllenbilder" beabsichtigte (s. u.), wurde die Publikation erst 1890 (Abbildung 24) durch seinen Sohn Theobald veranlaßt.[4]

Im 1857 datierten Vorwort zu dem Album macht Kerner klar, daß er sich nicht für den Erfinder solcher Klecksbilder hält und daß auch nicht – wie oben erwähnt – ausschließlich seine Erblindung die Ursache dafür war, daß er es in diesem „jugendlichen Spiel weiterbrachte". Kerner verweist ausdrücklich auf eine populäre Tradition. Gerade aus seiner eigenen Jugend wisse wohl mancher Leser, daß er „durch Zerdrücken von kleinen, gefärbten Beeren, ja gar Fliegenköpfen usw. auf zusammengelegtem Papier, ohne Kunst, ohne Hülfe von Bleistift und Pinsel, Zeichnungen hervorgehen sah".

Nach Kerners Angaben verbreitete sich das „Spiel mit den dicken

Abb. 25: Tintenfaß. Klecksographie Justinus Kerners, um 1857

Klecksen" um 1850. So seien einige seiner Klecksographien als Lotterie-preise in Dresden und Stuttgart bei Wohltätigkeitsveranstaltungen verwendet worden; auch sei das Klecksographieren „fast zum Modespiel von Alten und Jungen, selbst in Schulen, oft zum Jammer der Lehrer" geworden. In seinem Vorwort beschreibt Kerner auch, wie er seine Klecksographien herstellte:

> Tintenkleckse (schwäbisch Tintensäue), die auf der Seite des Falzes (auf dessen rechter oder linker Seite, aber nie auf beiden) eines zusammengelegten Papiers gemacht werden, geben (nachdem man das Papier über dieselben legte und sie dann mit dem Ballen oder dem Finger der Hand bestreicht), kraft ihrer Doppelbildung, die sie durch ihr Zerfließen und Abdruck auf dem reinen Raume der anderen Seite der Linie erhalten, der Phantasie Spielraum lassende Gebilde der verschiedensten Art. Bemerkenswert ist, daß solche sehr oft den Typus längst vergangener Zeiten aus der Kindheit alter Völker tragen, wie zum Beispiel Götzenbilder, Urnen, Mumien usw. Das Menschenbild wie das Tierbild tritt da in den verschiedensten Gestalten aus diesen Klecksen hervor, besonders sehr häufig das Gerippe des Menschen. Wo die Phantasie nicht ausreicht, kann manchmal mit ein paar Federzügen nachgeholfen werden, da der Haupttypus meistens gegeben ist.

Am Schluß seines Vorworts hebt Kerner hervor, daß er die Texte nach den Bildern gemacht habe und nicht umgekehrt, da er ja „der Zeichenkunst ganz unfähig" sei.

Kerner hatte seine Fähigkeit, aus zufälligen Gebilden und Formationen durch seine Phantasie Gestalten und Gegenstände herauslesen zu können, bereits vorher geübt, wie wir durch seinen Sohn Theobald erfahren:

> Wie schon früher niemand besser als mein Vater aus den Wolkenbildern allerlei phantastische Gestalten herauszufinden wußte, so suchte sein Auge, bei fortschreitender Erblindung einzig auf das Nächstliegende beschränkt, aus Tintenflecken, die oft unfreiwillig beim Briefschreiben entstanden, Gesichter und Bilder zu erforschen.[5]

Graf Pocci als Klecksograph

„Ein geistreicher Freund der Kunst und des Humors" – so Kerner in seinem Vorwort – habe überhaupt erst den Klecksbildern den Namen „Kleksographien" gegeben. Falls Kerner damit nicht auf sich selbst anspielte, könnte er auch Franz von Pocci, den Münchner Maler und Illustrator gemeint haben, zu dem er in freundschaftlicher Beziehung stand und mit dem er einen regen Briefwechsel führte. Am 22. März 1852 schrieb Kerner an Pocci[6], daß er auf „Tintenbilder" warte. Pocci sandte an den „Geisterseher" in Weinsberg umgehend die gewünschten Bilder:

> Hier schicke ich Ihnen ein paar Kleksographien; in meinem Buche habe ich schon sehr schöne Kerls eingeklebt, die ich wirklich beinahe selbst fürchte. Wenn das, was der Zufall aufs Papier kleckst, irgendwo wirklich lebt und webt, so müßte ich mich vor der Gesellschaft bedanken. Was aber da ist – das ist da! Was soll's mit den Bildern? Machen Sie mir einen Reim darauf – Geisterseher![7]

Pocci hatte ebenso wie Kerner versucht, aus Wolken Bilder herauszusehen, um „vom Wind durchjagten Himmel groteske Wolkengebilde auf das Papier zu bannen, die er mit phantasiereichen Worten begleitete. Auch die Klecksographien beschäftigten ihn und regten seine Erfindungen an. In einem großen Buche sammelte er diese Tintenbilder."[8] Eine Klecksogaphie Franz von Poccis befindet sich heute in Marbach (Abbildung 26). Deutlich ist hier zu sehen, daß der Künstler mit sicheren Strichen den Klecks regelrecht uminterpretiert in die Büste eines Hohepriesters oder eines Königs.

Der oben zitierte Bericht über das Wolkenbilder-Sehen stammt von dem Enkel Poccis, der 1928 Briefe Justinus Kerners und seiner Münchner Freunde herausgab und damit auch die Übereinstimmung des Dichters und des Malers in diesem Bereich ihrer Phantasien dokumentierte. Beim regen Austausch dieser beiden ist es nicht verwunderlich, wenn Pocci mehrmals um Zusendung des „kleksographischen Hadesbuches" bittet: „Nun aber bitt' ich Dich dringend, schicke mir doch ja bald Dein kleksographisches Hadesbuch. In meinen Händen ist es gewiß sicher und wird Dir unversehrt wieder zukommen. Vielleicht ließe sich doch etwas mit der Herausgabe machen."[9] Kerner schickte nach nochmaliger Anfrage das „schrecklich schwarze Buch" vermutlich im Februar 1857 nach München. In diesem Zusammenhang entstand das Vorwort zu Kerners „Hadesbildern". Pocci fand das Buch zwar „allerliebst", riet aber von einer Veröffentlichung ab:

> Hier rücksende ich Dir das allerliebste „Fegfeuer- und Höllenbuch", in welchem sich Bilder und Text zu einem trefflichen Ganzen gestalten. In einer gewissen Hinsicht ließe sich das Buch wohl veröffentlichen, würde aber von den wenigsten verstanden. Wer begreift oder faßt dergleichen

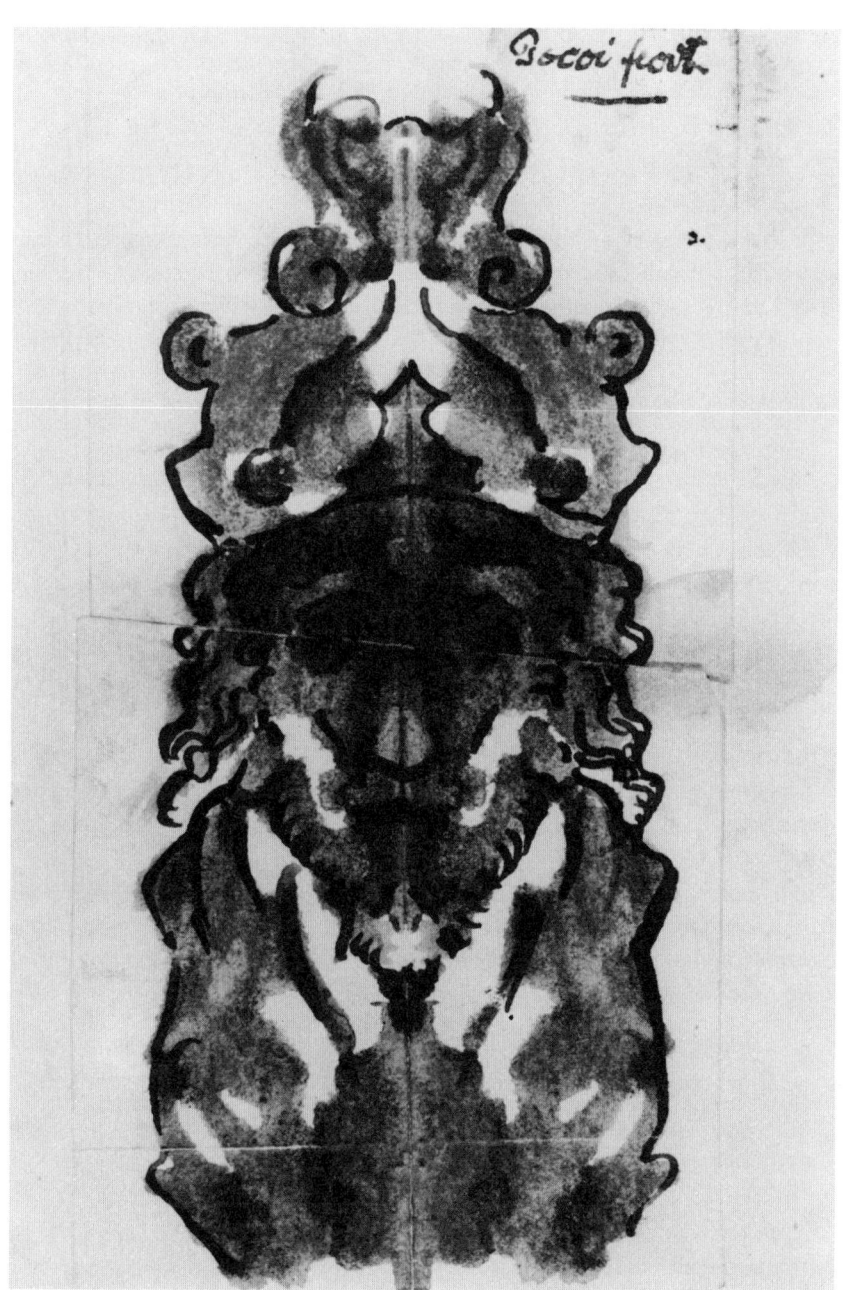

Abb. 26: Klecksographie Franz von Poccis

auch von den superklugen Jetzigen? Der Teufel hat jetzt die sogenannten größten Notabilitäten beim Schopf, und sie merken es nicht, eben darum, weil die superkluge Hoffahrtsweisheit sie blendet.[10]

Es scheint, daß Kerner den Gedanken an die Veröffentlichung nicht sofort aufgab, denn der Pocci-Enkel erwähnt Probedrucke von einigen gesondert gedruckten Versen aus dem Buch, die Kerner an Pocci geschickt habe; den Angaben des Enkels zufolge waren diese Probedrucke nicht mit Illustrationen versehen. Nach dem Erhalt des Buches gab Kerner dann in einem Antwortschreiben an Pocci diesem recht, wenn er schreibt:

Das schrecklich schwarze Buch kam wieder glücklich an. Bei unserm hochgelehrten, gebildeten Publikum würde es allerdings unbegreiflich sein und es würde noch mehr über mich schimpfen als es tat, als ich ihm die Seherin v. Prevorst unter die Nase hielt. Es kann als ein Kuriosum für Freunde in der schwarzen Mappe ruhn.[11]

Im Vorwort zu den „Kleksographien" erwähnt Kerner sogar eine Veröffentlichung von Klecksbildern: „Ein Liebhaber dieser Kunst in Stuttgart hat sogar, wie ich höre, derlei Tintenbilder durch Lithographie vervielfältigen lassen." Diese Drucke konnten bis jetzt nicht nachgewiesen werden. Möglicherweise gab es sie auch gar nicht, und Kerner beabsichtigte lediglich, sich durch diesen Verweis in eine wenn auch neue Tradition zu stellen, damit es nicht den Anschein habe, daß er als einziger solche verrückten Dinge unternähme; schließlich liegt ja in der Formel „wie ich höre" auch eine gewisse Einschränkung der Behauptung.

An Franz von Pocci schickte Kerner des öfteren Klecksographien. Einige versah er auch mit einem Kommentar, den er im folgenden Beispiel (Abbildung 27) aus dem Jahr 1852 dazu nutzte, über den Chemiker Justus von Liebig zu spotten:

Ein durch Chemikus Ichlieb in Stuttgart nachts zwölf Uhr aus konzentriertem Mondschein durch Jodinauflösung präcipitierter Nachtgeist einer umgehenden Prinzessin von Württemberg. NB Das Gesicht stellte sich deswegen so rot dar, weil der Zinnober, mit dem sich die Prinzessin bei Lebzeiten anzutünchen pflegte, durch den chemischen Prozeß wieder erschien.[12]

Liebig hatte sich in seiner Antrittsrede als Universitätsprofessor 1852 in München gegen den Geisterglauben ausgesprochen, was Kerner zur folgenden Bemerkung in einem Brief an den bayerischen Prinzen Adalbert veranlaßte: „An dem Herrn v. Liebig hat München einen

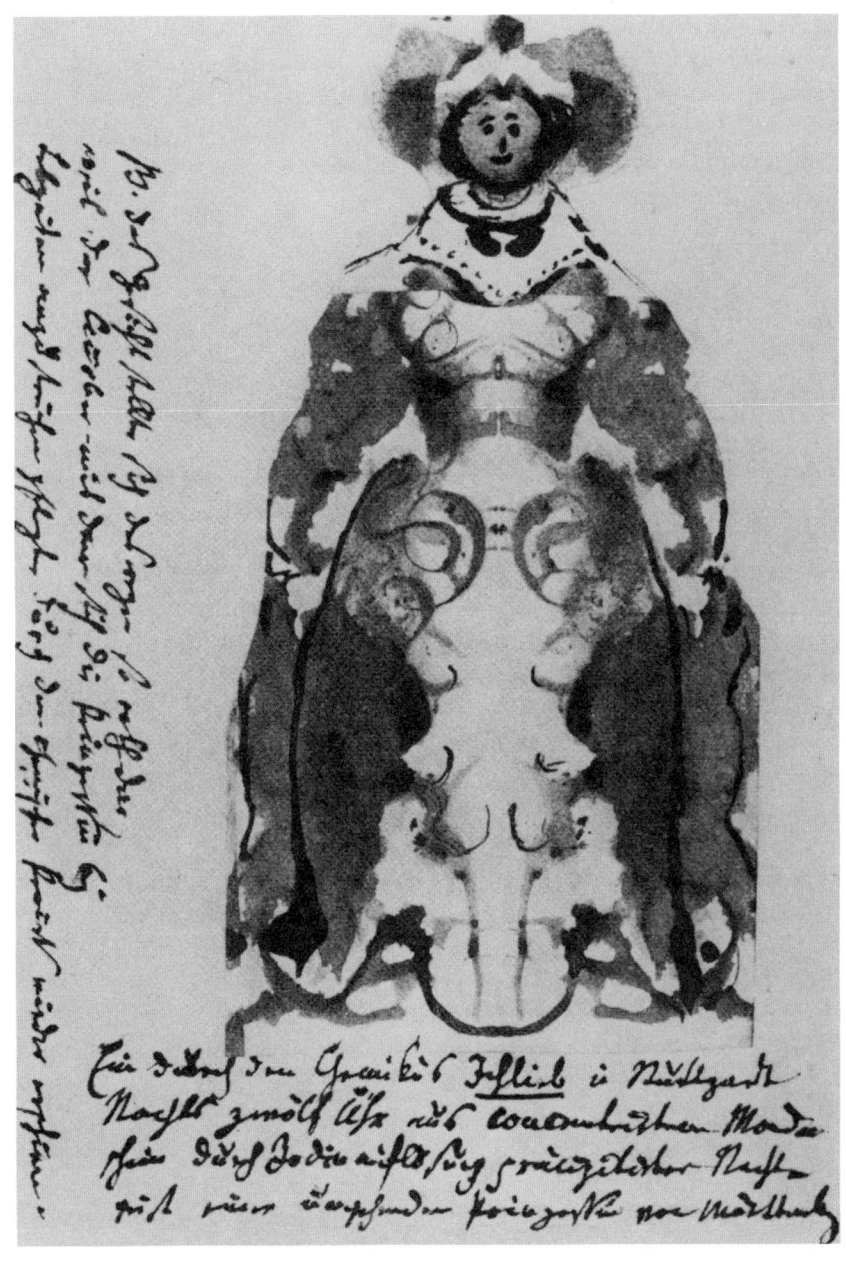

Abb. 27: „Nachtgeist einer umgehenden Prinzessin von Württemberg".
Klecksographie Justinus Kerners, 1852

großen Chemiker-, aber sehr kleinen Naturphilosophen gewonnen. Von dem Nachtgebiete der Natur hat ein Chemiker allerdings keinen Begriff." (Br. 49) Daß Kerner auch Prinz Adalbert gelegentlich mit seinen Klecksbildern bedachte, geht aus einem Brief vom 17. Mai 1852 hervor, in dem er fragt: „K. Hoheit werden sich noch unserer Dintenfleckkünste erinnern?" (Br. 41)

Vom Klecks zum Bild

In seiner Einführung zu den „Kleksographien" spricht Kerner zwar nur von „unerheblicher Nachhilfe durch einige Federstriche" bei der Entstehung der Tintenbilder, doch setzte er auch noch andere Mittel ein, um die in der zufälligen Form gesehenen Bilder zu verdeutlichen und festzuhalten. Nach dem von Kerner beschriebenen Verfahren bleibt zwar immer das Prinzip der Zufälligkeit der Klecksform gewahrt, aber es ist doch möglich, beim Klecksen und beim anschließenden Verreiben der Tinte darauf Einfluß zu nehmen, ob die zukünftige symmetrische Form vertikal oder horizontal orientiert ist, ob also eher ein Kandelaber oder ein Schmetterling „herauskommt". Des öfteren schnitt Kerner Teile der Kleckse ab, bei einigen seiner Klecksographien verzichtete er auch auf strikte Anwendung der Symmetrie. Es bleibt zu erwähnen, daß Kerner in einigen Fällen verschieden gefärbte Tinten oder auch Kaffee und Druckerschwärze zur Herstellung der Klecksbilder verwendete.

Die Klecksereien waren für Kerner nicht nur Scherz, auch wenn er deren Bedeutung in seinen Äußerungen gelegentlich herunterspielte, er nahm sie durchaus ernst. Er glaubte, daß diese Bilder und Gebilde in der Natur vorhanden seien und daß er sie durch sein Klecksen und Sehen aus dem unsichtbaren Teil der Natur, dem Geisterreich der Zwischenwelt, in den für alle Menschen sichtbaren Bereich der Welt „herüberlokken" könne. Zwar sah er die Anfänge seiner „Seherkunst" im Alltag des jugendlichen Spiels liegen, aber dies widersprach nicht seiner das Universum erklärenden, umfassenden Naturphilosophie. Kerner ging davon aus, daß einem forschenden und phantasievollen Geist die Bereiche des Unbekannten nicht verschlossen blieben:

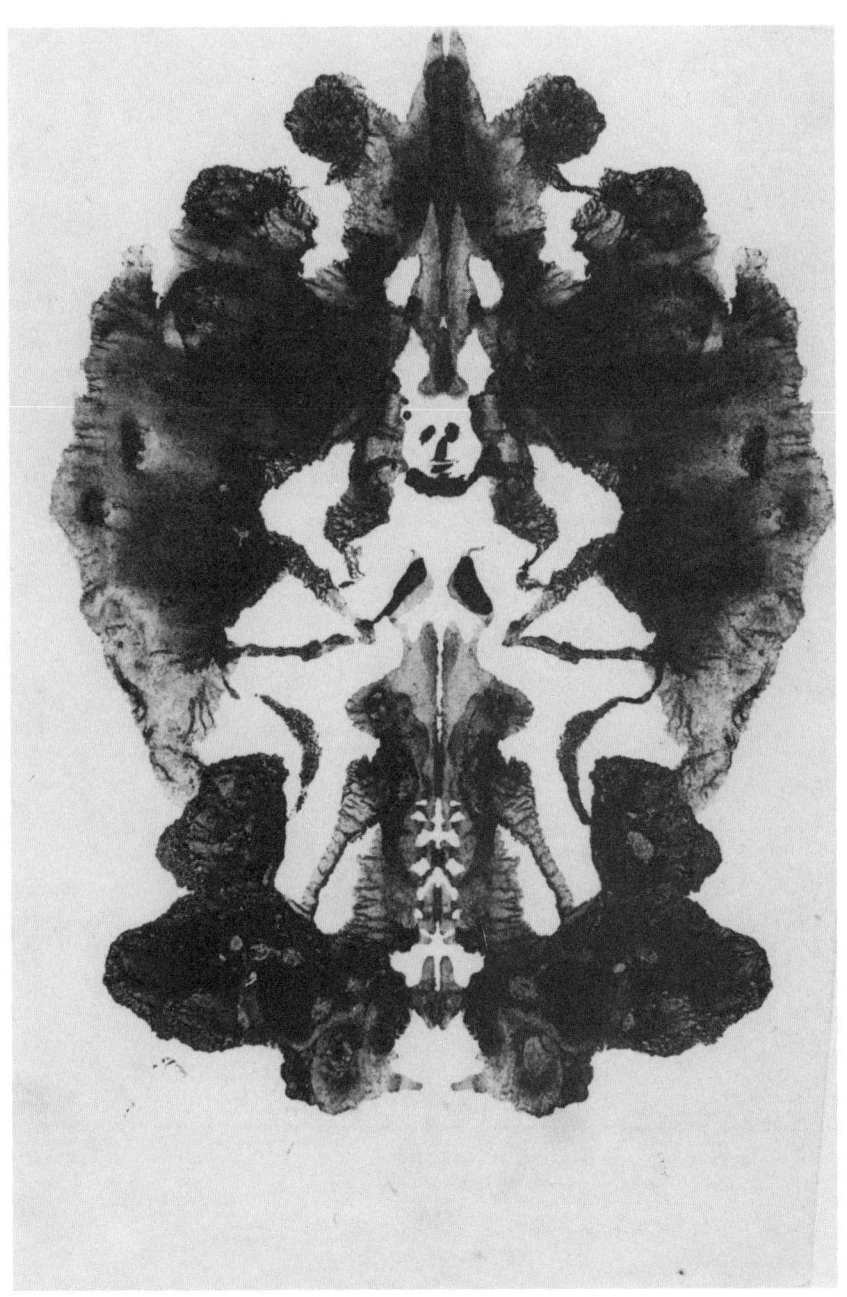

Abb. 28: Klecksographie Justinus Kerners

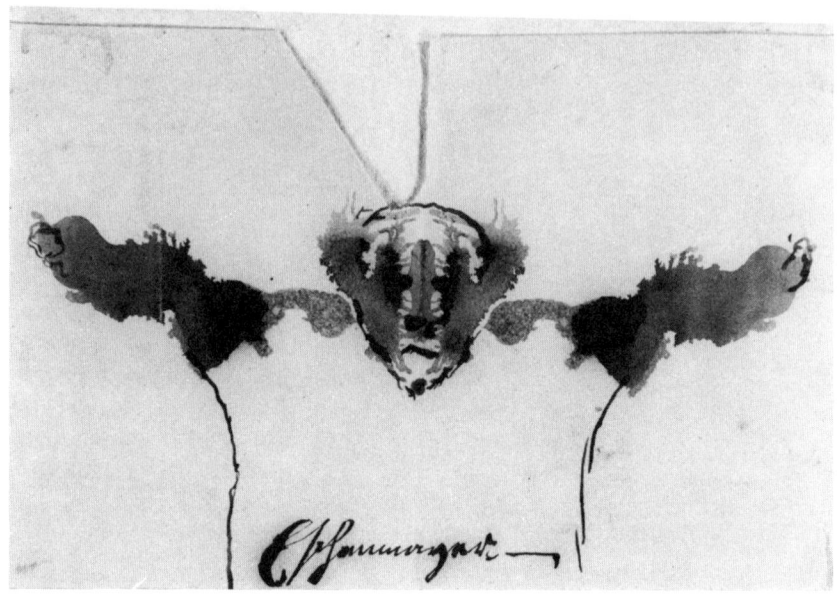

Abb. 29: Carl August Eschenmayer, Professor für Medizin und Philosophie.
Klecksographie Justinus Kerners

Abb. 30: Franz Anton Mesmer. Klecksographie Justinus Kerners

Ein erstaunliches Bild ist jenes auf dem schwarzen Papier, wie das mystische Bild eines Alchimisten oder Theosophen. Es kam frei hervor, und ich durfte ihm nur noch wenige Striche geben. Das Bild des japanischen Pagoden und des mexikanischen Götzen ist merkwürdig, sowie das des türkischen Religiösen. Es geben diese Bilder der Phantasie ungeheuren Spielraum.[13]

Beim „Herauslocken" der Geister und Gegenstände aus der gestaltlosen Unfigürlichkeit der Kleckse verfuhr Kerner tatsächlich relativ behutsam, wenn auch Unterschiede in der Intensität ihrer Bearbeitung zu beobachten sind.

Neben den von Kerner besonders geschätzten „Hadesbildern" befinden sich im Deutschen Literaturarchiv in Marbach zahlreiche Klecksographien, die den „Hadesbildern" in formaler Hinsicht nicht nachstehen (Abbildung 28). Die meisten versah Kerner mit schriftlichen Erläuterungen; so zeigt die eine ein Porträt des Mitstreiters Eschenmayer[14] (Abbildung 29), eine andere stellt den von Kerner verehrten Arzt Franz Anton Mesmer[15] dar (Abbildung 30), über dessen Leben und Werk Kerner 1856 ein Buch veröffentlichte. Im Städtischen Museum in Ludwigsburg, der Geburtsstadt Justinus Kerners, befinden sich ebenfalls einige Klecksographien, von denen einige, großflächig und kaum behandelt, den Eindruck von Probestücken erwecken. In der Beschriftung einer Ludwigsburger Klecksographie (Abbildung 31) bezeichnet Kerner sich als „Kleksograph" – mit diesem „Titel" unterschrieb er zuweilen Briefe – und seinen Weinsberger Wohnsitz als „kleksographische Anstalt".

Berliner „Kaffee-Klexbilder"

Das Interpretieren von ungegenständlichen Formationen mit dem Ziel, sie „lesbar" zu machen, mit Bedeutung zu versehen, betrieb Justinus Kerner – mit entsprechender Zurückhaltung – immer als künstlerischer Amateur. Er wollte Unsichtbares sichtbar machen, wobei die Form des Kleckses immer dominierend blieb. Der Künstler Franz von Pocci interpretierte die symmetrischen Klecksographien wesentlich stärker, gewissermaßen überzog er den Klecks mit der Zeichnung des Bildes seiner Vorstellung.

Eine dritte Möglichkeit, zufällige Formen als Anlaß neuer Bildfindungen zu nehmen, wandte etwa zur gleichen Zeit Wilhelm von Kaulbach in Berlin an. Er hatte vom preußischen König den Auftrag zur Ausmalung des Treppenhauses des Neuen Museums in Berlin erhalten. Gemeinsam mit seinen Schülern Michael Echter und Julius Muhr führte er den Auftrag von 1847 bis 1865 etappenweise aus. In den ersten Jahren ihrer Arbeit an den Wandmalereien entstanden in den Arbeitspausen Zeichnungen, die der damalige Museumsdirektor von Olfers veranlaßt hatte:

„Director v. Olfers erfreute sich eines besonderen Rufes in der Zubereitung von Kaffee, und hatte das Vergnügen, die genannten drei Künstler fast täglich mit ihrem Lieblingsgetränk zu bewirthen. – Zum Dank dafür hatten diese sich verpflichtet, das Skizzenbuch des gefälligen Wirthes mit humoristischen Einfällen ihres Griffels zu bereichern. Da aber das Zeichen-Material nicht immer von guter Beschaffenheit war, schlug Meister Kaulbach eines Tages vor, statt der Bleifeder Schwefelhölzer, und statt der Tusche den natürlichen Umbraton des Kaffees zu benutzen. Nachdem die Künstler so eine Anzahl Blätter hergestellt (...), kamen sie in heiterer Laune auf die Idee, dem bloßen Zufall die Anregung zu der Zeichnung zu überlassen. Ein oder einige auf ein Blatt Papier geschüttete Tropfen Kaffee gaben der Phantasie der Künstler eine Silhouette, aus der er dann in genialer Weise mit zum Theil köstlichem Humor durchwehte Zeichnungen schuf...[16]

Unter dem Titel „Kaffee-Klexbilder. Humoristische Handzeichnungen von Wilh. v. Kaulbach, Echter und Muhr" erschien 1881 in Leipzig eine Mappe mit Reproduktionen solcher Zeichnungen; dem Vorwort zu dieser 24 Blätter umfassenden Mappe ist das oben stehende Zitat entnommen. In der Mappe sind auch symmetrische Klecksographien enthalten; die überwiegende Anzahl der Zeichnungen zeigt die kunstfertige Art der professionellen Künstler, in der sie mit technischer Raffinesse eine einfallsreiche und zum Teil sehr detaillierte Ausdeutung der Kaffeekleckse lieferten. Aus den asymmetrischen Formen des Zufalls arbeiteten die Künstler in viel freierer Variation ihre Bilder heraus, als dies Kerner überhaupt möglich war, da bei seinen symmetrischen Klecksographien „der Haupttypus meistens gegeben" war, wie Kerner in seinem Vorwort zu den „Hadesbildern" eingeräumt hat. Bei den „Kaffee-Klexbildern" tauchen beispielsweise ein „Nasenkönig", der Geige spielende „Olebull bei den Kabylen" oder aber auch ein sich nicht sehr konventionell liebendes Paar auf.

Für den berühmten Künstler Wilhelm von Kaulbach, der besonders

Abb. 31: „Aus Justinus Kerners klekesographischer Anstalt zu Weinsberg"

seiner Historienbilder wegen von den Zeitgenossen geschätzt wurde, aber nicht weniger für seine beiden Helfer Michael Echter und Julius Muhr blieben die „Kaffee-Klexbilder" nur Spielereien, die in „heiterer Laune" während der Arbeitspausen an ihrem künstlerisch anspruchsvollen Werk entstanden.

Justinus Kerner nahm seine Klecksographien – trotz der bereits erwähnten spielerischen Note, die auch ein wenig der Rechtfertigung dienen mochte – doch um einige Grade ernster. Klecksen konnte für ihn nicht nur ein harmloses Gesellschafts- und Kinderspiel sein, wenn er die Ergebnisse als „Bilder der Natur" betrachtete und an die Existenz der beschworenen Wesen glaubte. Mit dieser Haltung steht Kerner Victor Hugo nahe, der ebenfalls um die Mitte des Jahrhunderts die heute sicher bekanntesten Klecksographien schuf. In Hugos zeichnerischem Werk bahnt sich die Anerkennung halbautomatischer Verfahrensweisen, in die das Klecksographieren eingereiht werden kann, als gültige künstlerische Methode an. Ehe wir auf diesen entscheidenden Umschlagspunkt in der Bewertung der Zufallsbilder eingehen, soll ein Rückblick auf die Geschichte die Etappen auf dem langen Weg bis dahin markieren.

Zufallsbilder

„Chance images" (Zufallsbilder) nannte H. W. Janson die in Teile der Natur, wie Wolken und Felsen, oder vom Menschen unabsichtlich produzierte Strukturen hineingesehenen Bilder.[17] Dieses wahrnehmungspsychologische Phänomen, das Kerners und Poccis Klecksographien ebenso wie die „Kaffee-Klexbilder" Kaulbachs ermöglichte, hat jeder kennengelernt: Bäume werden in der Dämmerung zu lebendigen Wesen, Holzmaserungen beleben sich, alte Türschlösser werden zu Gesichtern. Die in Sternkonfigurationen am Himmel gesehenen Tierkreiszeichen und die uralten Praktiken der Wahrsagerei sind frühe Zeugnisse der Fähigkeit des Menschen zur Projektion sinnvoller, lesbarer Bilder auf unstrukturierte Zusammenhänge.

Die Zufallsbilder haben ihre Spuren jedoch auch in der Geschichte der Kunst und in der Kunsttheorie hinterlassen. Es wurde vorgeschlagen, die Entstehung der altsteinzeitlichen Höhlenmalerei mit dem Ausdeuten von vorgegebenen Höhlenwandstrukturen zu erklären. In schriftlichen Quellen dokumentiert sind Zufallsbilder seit der griechischen Antike. So soll sich – wie Plinius berichtet – der Maler Protogenes lange vergeblich bemüht haben, den Schaum vor dem Maul eines Hundes darzustellen; wütend warf er deshalb einen mit Farbe gefüllten Schwamm gegen sein Bild und erzielte den gewünschten Effekt. Häufig finden sich auch Schilderungen vom Fund eindeutiger, detailreicher Bilder in reich geäderten Edelsteinen wie den Achaten. Im Mittelalter, in dem die antiken Überlieferungen weitergegeben wurden, finden sich dann in der Buchmalerei, wenn auch ganz vereinzelt, durch ausdeutende Darstellung für den Betrachter fixierte Zufallsbilder.

Leonardo da Vincis Mauer

Die italienische Renaissance bildet auch in der Geschichte der Zufallsbilder einen wichtigen Einschnitt. Bis dahin hatte man das Vorhandensein solcher Bilder mit dem Wirken außermenschlicher Instanzen begründet, die vollständige Bilder hervorriefen. Leonardo da Vinci verlegt ihre Entstehung in seinem Traktat von der Malerei am Ende des 15. Jahrhunderts in die menschliche Einbildungskraft, die „durch verworrene und unbestimmte Dinge" zu „neuen Erfindungen wach wird".[18] Seine Schilderung der suggestiven Kraft einer Mauer wird bis zu den Surrealisten immer wieder aufgegriffen werden:

Ich werde nicht ermangeln unter diese Vorschriften eine neu erfundene Art des Schauens herzusetzen, die sich zwar klein und fast lächerlich ausnehmen mag, nichtsdestoweniger aber doch sehr brauchbar ist, den Geist zu verschiedenerlei Erfindungen zu wecken. Sie besteht darin, dass du auf manche Mauern hinsiehst, die mit allerlei Flecken bekleckst sind, oder auf Gestein von verschiedenem Gemisch. Hast du irgend eine Situation zu erfinden, so kannst du da Dinge erblicken, die diversen Landschaften gleichsehen, geschmückt mit Gebirgen, Flüssen, Felsen, Bäumen, grossen Ebenen, Thal und Hügeln in mancherlei Art. Auch kannst du da allerlei Schlachten sehen, lebhafte Stellungen sonderbar fremdartiger Figuren, Gesichtsminen, Trachten und unzählige Dinge, die du in vollkommene und gute Form bringen magst.[19]

141

Leonardo beschließt diesen Abschnitt mit der Forderung an den Künstler, dafür zu sorgen, „dass du alle die Gliedmaassen der Dinge, die du vorstellen willst, gut zu machen verstehst".[20] In einem weiteren Abschnitt seines Traktats unterstreicht er in einer Kritik an Botticelli noch einmal deutlich, daß die Zufallsbilder nur eine allererste Phase im künstlerischen Schaffensprozeß sein können:

> So sagte unser Botticelli, dies Studium sei eitel, denn wenn man nur einen Schwamm voll verschiedenerlei Farben gegen die Wand werfe, so hinterlasse dieser einen Fleck auf der Mauer, in dem man eine schöne Landschaft erblicke. Es ist wohl wahr, dass man in einem solchen Fleck mancherlei Erfindungen sieht – d.h. ich sage, wenn sie Einer darin suchen will – nämlich menschliche Köpfe, verschiedene Thiere, Schlachten, Klippen, Meer, Wolken oder Wälder und andere derlei Dinge, und es ist gerade, wie beim Klang der Glocken, in den kannst du auch Worte hineinlegen, wie es dir gefällt. Aber obschon dir solche Flecken Erfindungen geben, so lehren sie dich doch nicht irgend einen besonderen Theil zu vollenden. Und jener Maler malte sehr traurige Landschaften.[21]

Erst das Studium kann die „vollkommene und gute Form" hervorbringen, die ein gültiges Kunstwerk fordert; in diesem darf es keine Verworrenheit und keine Unbestimmtheit mehr geben.

Möglicherweise auf selbst gesehene oder auf literarisch überlieferte Zufallsbilder zurückgehende Figuren oder Szenen lassen sich auch in der Renaissancekunst nur selten nachweisen. Janson nennt einen Mailänder Schüler Leonardos, der auf einer zerfallenden Mauer einen bärtigen Mann erscheinen läßt, und Beispiele bei Mantegna, Raffael und Correggio. Er verweist weiter auf Piero di Cosimo, in dessen Bildern einige Male Bäume vorkommen, in denen man menschliche Gesichter oder Umrisse erkennen kann. Dazu passend erzählt Vasari von diesem florentinischen Maler in seinen „Viten":

> Bisweilen blieb er vor einer Mauer stehen, gegen welche kranke Leute lange gespuckt hatten, und schuf sich daraus Reiter und Schlachten, die seltsamsten Städte und die größten Landschaften, welche je gesehen worden sind. Dasselbe that er mit den Luftgebilden der Wolken.[22]

Ebenfalls in Florenz blühte jahrhundertelang die Malerei auf der polierten Oberfläche geschnittener Achate oder anderer reich geäderter Halbedelsteine. Dabei wurde, anknüpfend an die zitierte antike Tradition, die Musterung kunstvoll zum natürlichen Rahmen für die dargestellten Szenen uminterpretiert.

Alexander Cozens „blotting method"

1759 publizierte der englische Zeichenmeister und Landschaftsmaler Alexander Cozens (1717–1786) einen „Essay to facilitate the inventing of landskips", in dem er erstmals die von ihm entwickelte Methode des „blotting", des Klecksens, beschrieb.[23] Bekannter als diese Schrift, die erst vor wenigen Jahren wiedergefunden wurde, blieb ihre beträchtlich erweiterte Fassung, die Cozens kurz vor seinem Tode unter dem Titel „A new method of assisting the invention in drawing original compositions of landscape" 1785 publizieren konnte. Darin stellt er ausführlich dar, wie er die Methode des Klecksens entdeckte, wie sie anzuwenden ist und welche Vorteile sie für den Anfänger und den künstlerischen Dilettanten besitzt.

> Als ich eines Tages in Gesellschaft eines Schülers von großer natürlicher Begabung Überlegungen über die schöpferische Komposition einer Landschaft, in Unterschied zum bloßen Kopieren, anstellte, bedauerte ich das Nichtvorhandensein einer mechanischen Methode, die zweckmäßig und umfassend genug wäre, um dem Formvermögen eines erfinderischen Geistes zu dienen, der sich der Kunst des zeichnerischen Entwurfes widmet. Ich hatte in diesem Augenblick zufällig ein Stück beschmutzten Papiers in der Hand, und indem ich flüchtig darauf niederblickte, skizzierte ich mit einem Bleistift etwas Landschaftsartiges auf das Papier, um eine sich andeutende Form festzuhalten, welche sich vielleicht zu gesetzmäßiger Gestalt verbessern ließ. Beim zweiten Hinschauen schien es, als ob die Flecken, obwohl äußerst schwach sich nur abzeichnend, mich unmerklich beeinflußt hätten, um die allgemeine Erscheinung einer Landschaft auszudrücken. Dieser Umstand war recht überraschend: Ich mischte einen Ton mit Tusche und Wasser, gerade stark genug, um das Papier zu markieren, und nachdem ich schnell einige rohe Formen damit hervorgebracht hatte (…), legte ich das Machwerk mit einigen kurzen Andeutungen meiner Absichten meinem Schüler vor, der den Klecks (blot) (…) sofort zu einer verständlichen Skizze verbesserte und von dieser Zeit an solche Fortschritte in der Komposition machte, daß das Resultat voll meinen lebhaftesten Erwartungen aus diesem Experiment entsprach.[24]

Cozens Methode entstand aus seiner Tätigkeit als Lehrer mehr oder weniger begabter Dilettanten. Er wollte seinen Schülern, die keine Berufskünstler waren und keine langjährige akademische Ausbildung auf sich nehmen wollten, ein Hilfsmittel an die Hand geben, eigenständige Landschaftskompositionen zu schaffen. Es ging ihm um ein mechanisches Verfahren, das möglichst unabhängig von dem begrenzten zeichnerischen Können seiner Schüler war. Die herkömmlichen Vorgehensweisen schienen ihm dazu nicht oder nur mit zu großem Zeitaufwand geeignet:

> Es erscheint mir außer Zweifel, daß man viel zuviel Zeit damit verbringt, die Werke anderer zu kopieren, was leicht dazu führt, die Erfindungskraft zu schwächen. Ja, ich wage sogar zu behaupten, daß man auch viel zuviel Zeit darauf verwenden kann, Landschaften nach der Natur zu zeichnen.[25]

Bestätigt wurde Cozens in seiner neuen Methode von der bereits angeführten Beschreibung, die Leonardo von der phantasieanregenden Kraft einer alten Mauer gab. Er zitiert sie ausführlich in seinen beiden Zeichenlehren, betont jedoch, daß er über Leonardo hinausgehe, indem er die Anregungsquelle für die Erfindung selbst produziere und so nicht mehr auf das zufällige Finden der „verworrenen und unbestimmten Dinge" in der Umwelt angewiesen sei. Auch könne der Schüler auswählen, da er ja beliebig viele Kleckse herstellen könne.

Cozens unterscheidet das Klecksen vom traditionellen Skizzieren:

> Skizzieren... ist die Übertragung von Ideen aus dem Geist aufs Papier... Klecksen ist die Erzeugung verschieden gestalteter Flecken... die Schaffung von Zufallsgebilden... die in unserem Geist Ideen anregen... Skizzieren heißt, Ideen darstellen; Klecksen, ihre Entstehung fördern.[26]

Die suggestive Kraft der Kleckse fördere die Originalität, wecke die „powers of invention"; auch könnten sie zu großzügigem, schnellem Arbeiten beitragen, das verhindere, daß die Gesamtidee der Komposition in Details untergehe; schließlich könne sie den Schüler von seiner unfreiwilligen Bindung an überkommene anerkannte Landschaftsschemata befreien: all dies Erwartungen, die Cozens an seine Methode heftet.

Es ist sicher richtig, wie P. Oppé und E. H. Gombrich anmerken, daß in Cozens Methode zahlreiche bewußte Setzungen eingehen, besonders im Zug der allmählichen Ausarbeitung des Kleckses über mehrere Stufen. Cozens selbst schreibt, daß der künstliche Klecks zwar ein Zufallsprodukt sei, aber ein geringes Maß an „design", Entwurf, also bewußter Planung enthalte. Die übergeordnete Gesamtstruktur der Landschaftskomposition müsse der Schüler beim Klecksen beständig im Auge behalten, nur die untergeordneten Teile könne er ganz der zufälligen Bewegung der Hand überlassen. Die seinen Publikationen beigegebenen Radierungen, die den ursprünglichen Klecks der ausgearbeiteten Komposition gegenüberstellen, belegen, daß Cozens Kleckse bereits deutlich nach den von ihm selbst systematisierten Landschaftstypen aufgebaut sind. Dennoch bleibt, daß in Cozens Klecksmethode zahlreiche Aspekte enthalten sind, die auf Entwicklungen im 19. Jahrhundert vorausweisen.

Victor Hugo

> Wer an der Küste entlang geht, erlebt eine Reihe von Trugbildern, in jedem Augenblick versucht der Felsen dich zu täuschen. Wo haben die Wahnvorstellungen sich eingenistet? Im Granit. Es gibt nichts Seltsameres. Enorme steinerne Kröten sitzen da, augenscheinlich aus dem Wasser gekrochen, um zu atmen; riesige Nonnen hasten vorbei, über den Horizont gebeugt; die versteinerten Falten ihrer Schleier haben die Form des Windes; Könige mit vulkanischen Kronen sitzen sinnend auf schweren Thronen, die vom Schaum nicht verschont bleiben; irgendwelche Wesen, die sich in die Felsen geflüchtet haben, strecken ihre Arme nach draußen, und man sieht die Finger der geöffneten Hände. Das alles ist ungestaltete Küste. Tritt näher – nichts ist mehr da. Der Stein bewirkt dies Verschwinden. Hier eine Festung, dort ein zerfallener Tempel, hier ein Chaos von Verwerfungen und zerstörten Mauern, eine verlassene Stadt. Aber es gibt keinen Tempel, keine Stadt, keine Festung: da ist der Felsen. Je nachdem, ob man kommt oder sich entfernt oder wohin man sich wendet, löst sich auch der Küstensaum auf – kein Kaleidoskop, das sich schneller verändern könnte.[27]

Diese Schilderung der Kanalküste aus dem 1865 erschienenen Roman „Travailleurs de la mer" ist ein Zeugnis für die Aufmerksamkeit, die Victor Hugo den Zufallsbildern widmete. Sie durchziehen sein gesamtes literarisches Werk. Was er in seinen Romanen und Gedichtzyklen als Wahrgenommenes beschreibt, versucht er in seinen Zeichnungen mit vielfältigen Methoden selbst hervorzurufen.

R. Journet und G. Robert veröffentlichten 1963 aus einem Album von Zeichnungen, das Victor Hugo selbst zusammenstellte und das sich heute aus seinem Nachlaß in der Bibliothèque Nationale in Paris befindet, eine Klecksographie (Abbildung 32).[28] Hugo bespritzte weißes Papier mit brauner Tinte und faltete das Blatt dann um seine Mittel-

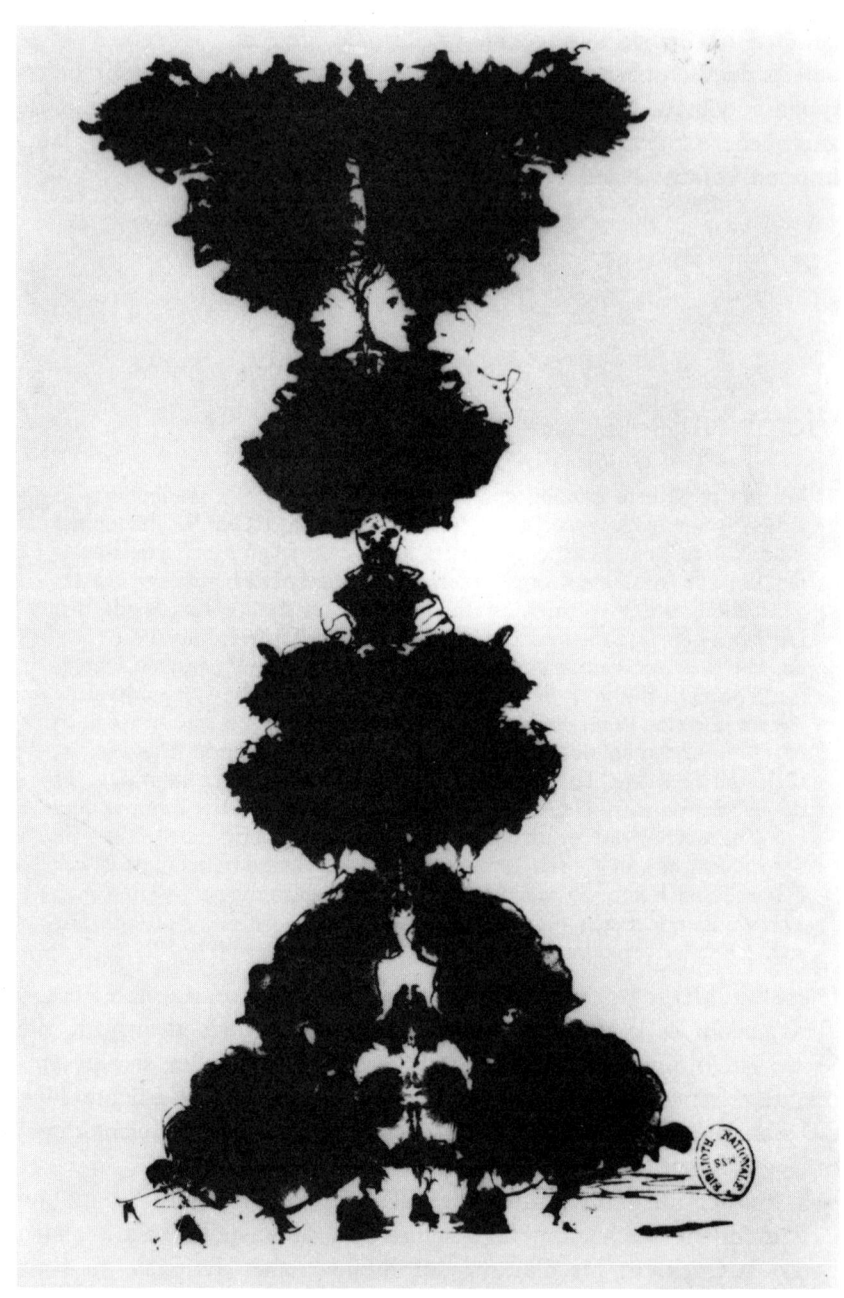

Abb. 32: Klecksographie Victor Hugos

achse. Anschließend interpretierte er die entstandenen Formen mit einigen Strichen zu Gesichtern und im Zentrum zu einer männlichen Halbfigur. Dieses Klecksbild entsprang keineswegs einer einmaligen Laune. Unter Hugos Zeichnungen findet sich eine ganze Reihe von Blättern, die nach dem gleichen Muster entstanden, wobei er gelegentlich durch mehrfache Faltung des Blattes sehr komplexe symmetrische Formen erzeugte.[29]

R. Journet und G. Robert bemerken die Entsprechung zu Kerners Klecksographien, können jedoch keine direkte Verbindung nachweisen. Man kann wohl auch für Hugo Kinder- und Gesellschaftsspiele als Anregung annehmen[30]. Hugo beschränkte sich jedoch nicht auf das symmetrische Abklatschverfahren: Er ließ braune oder schwarze Tusche oder Tinte auf Papier tropfen, fließen, oder schüttete sie darüber; er vermischte die Tinte mit Wasser, manchmal auch mit Kaffee, und erzielte so durch die unterschiedliche Farbdichte und die Trocknungsränder sehr differenzierte und suggestive Flächenformen, die er dann, geleitet durch die ausgelösten Assoziationen, ausformte, indem er Landschaftselemente, Architekturen, Gegenstände oder Personen unterschiedlich deutlich einfügte. Öfters gestaltete er die Blätter durch Deckweißhöhungen und farbige Akzente weiter aus.

Hugo schreckte selbst davor nicht zurück, die zufällig gewonnenen Formen unausgedeutet stehen zu lassen, sich damit ganz auf die Phantasie des Betrachters zu verlassen. Er entdeckte für sich noch weitere, in seiner Zeit ganz ungewöhnliche Methoden, zunächst ein Projektionsfeld für seine inneren Vorstellungsbilder zu schaffen. So drückte er zum Beispiel in Tinte getauchte Spitzengewebe und Farnblätter auf Papier, oder er preßte eine noch feuchte Zeichnung auf ein anderes Blatt.

Die Zeichnungen, die mit Hilfe der beschriebenen halbautomatischen Verfahren entstanden, stellen in seinem sehr umfangreichen zeichnerischen Werk – die Anzahl seiner Zeichnungen wird auf nahezu 3000 geschätzt – nur einen Ausschnitt dar. Sie stammen überwiegend erst aus der Zeit um 1850 und aus dem Exil auf den Kanalinseln Jersey und Guernsey. Hugos zeichnerische Entwicklung entspricht der literarischen. Wie er von der romantischen Mittelalterbegeisterung, der er mit „Notre-Dame de Paris" 1831 einen Markstein setzte, zu den umfassenden spekulativen menschheits- und naturgeschichtlichen Konzeptionen seiner späteren Schriften überging, so treten an die Stelle von in Dämmerung getauchten Burgen, Ruinen, mittelalterlichen Städten und

Kirchen dann im Exil das Meer mit seiner Brandung und seinen Wogen, Booten, Felsen und Küstenlandschaften. Sein gesamtes Werk wird zunehmend bestimmt von der Erfahrung der Allbeseeltheit des Kosmos, des ständigen Übergangs scheinbar getrennter Bereiche ineinander. Charles Baudelaire schrieb 1861, Hugos fragendem Blick offenbarten sich die Abgründe, er sehe das Geheimnis überall, er erkenne die Physiognomie, den Blick, die Traurigkeit, die Freude, den Haß und das Schreckliche des Unbelebten, er spüre das Menschliche in allem.[31]

„Um diese neuen Bilder festzuhalten, zu fixieren, um kraftvoller und schöner auf seine Träume von einst zurückzukommen, erfand Hugo eine Materie und Werkzeuge" – so Henri Focillon 1914 in einem grundlegenden Aufsatz über den Zeichner Hugo.[32] Man sollte hinzusetzen: um die Gegenbilder zu den oberflächlichen, verbrauchten und konventionellen Bildern überhaupt erst zu beschwören.

Baudelaire unterstrich die Angemessenheit von Themen und Ausdrucksmitteln, wenn er betonte, bei Hugo drücke sich mit der unverzichtbaren Dunkelheit aus, was sich ihm dunkel und verwirrt offenbarte.[33] So sind Hugos spätere Zeichnungen selten eindeutig, sie lassen unterschiedliche und wechselnde Leseweisen zu.

Die hier aus einem vielgestaltigen zeichnerischen Werk herausgegriffenen Zeichnungen Hugos mußten für eine noch weitgehend an akademischen Normen orientierte Kunstwelt im besten Fall unverständlich bleiben. Zu neuartig und kühn waren die von Hugo entwickelten künstlerischen Mittel. Die Klecksbilder Hugos gehören dabei zu den von den Zeitgenossen am schwersten als gültige Kunstwerke akzeptierbaren Zeichnungen. Sie wurden in ihrer Radikalität erst von den Surrealisten eingeholt.

Die Surrealisten

Max Ernst nannte 1934 in seiner Antwort auf die Frage „Was ist Surrealismus?" als Ziel die Befreiung aus „dem trügerischen und langweiligen Paradies der fixen Erinnerungen", die Erforschung eines „neuen, ungleich weiteren Erfahrungsgebiets", um einen Beitrag zu leisten „zur Beschleunigung der allgemeinen Gewissens- und Bewußtseinskrise unserer Tage". Um „jede aktive Kontrolle durch Vernunft, Moral oder ästhetische Erwägungen" auszuschließen, „Verstand, Geschmack und bewußten Willen aus dem Entstehungsprozeß des Kunstwerks zu verbannen"[34], suchten die surrealistischen Maler nach geeigneten künstlerischen Strategien. Max Ernst zitiert in seinem Bericht von der Entdeckung der „frottage" im Jahr 1925, der 1936 unter der programmatischen Überschrift „Jenseits der Malerei" erschien, die Anregungen Leonardos und macht sie sich auf seine Art zu eigen:

> Ich (machte) von den Fußbodendielen eine Serie von Zeichnungen, indem ich auf sie ganz zufällig Papierblätter legte und diese mit einem schwarzen Blei rieb. Als ich intensiv auf die so gewonnenen Zeichnungen starrte, auf die „dunklen Stellen" und andere von zartem lichtem Halbdunkel, da war ich überrascht von der plötzlichen Verstärkung meiner visionären Fähigkeiten und der halluzinatorischen Folge von gegensätzlichen und übereinandergeschichteten Bildern.[35]

Andere surrealistische Maler trugen weitere halbautomatische Methoden bei. Als André Breton 1936 in der Zeitschrift „Minotaure" die „décalcomanie sans objet préconçu", das „Abklatschverfahren ohne vorgegebenes Objekt", von Oscar Dominguez propagierte, verwies er in seinem ständigen Bemühen, Vorläufer zu finden, auf die interpretierten Kleckse Victor Hugos, den er den einzigen Künstler nannte, der bereits systematisch in seinem Sinn gearbeitet habe, ein Interpretationsfeld durch zufällige, mechanische Vorgaben zu schaffen, von dem eine „Suggestionskraft ohnegleichen" ausgehe.[36]

Breton und Paul Éluard, der gelegentlich klecksographierte (Abbildung 33), waren eng mit der surrealistischen Malerin Valentine Hugo befreundet, die mit Jean Hugo, einem Nachkommen Victor Hugos, verheiratet war. Durch sie hatten sie bereits Anfang der 30er Jahre Klecksbilder Hugos kennengelernt.

Mit der Anerkennung des Surrealismus und seiner bildnerischen Methoden, die spätestens mit der großen Ausstellung „Phantastic Art, Dada, Surrealism" im Museum of Modern Art in New York 1936

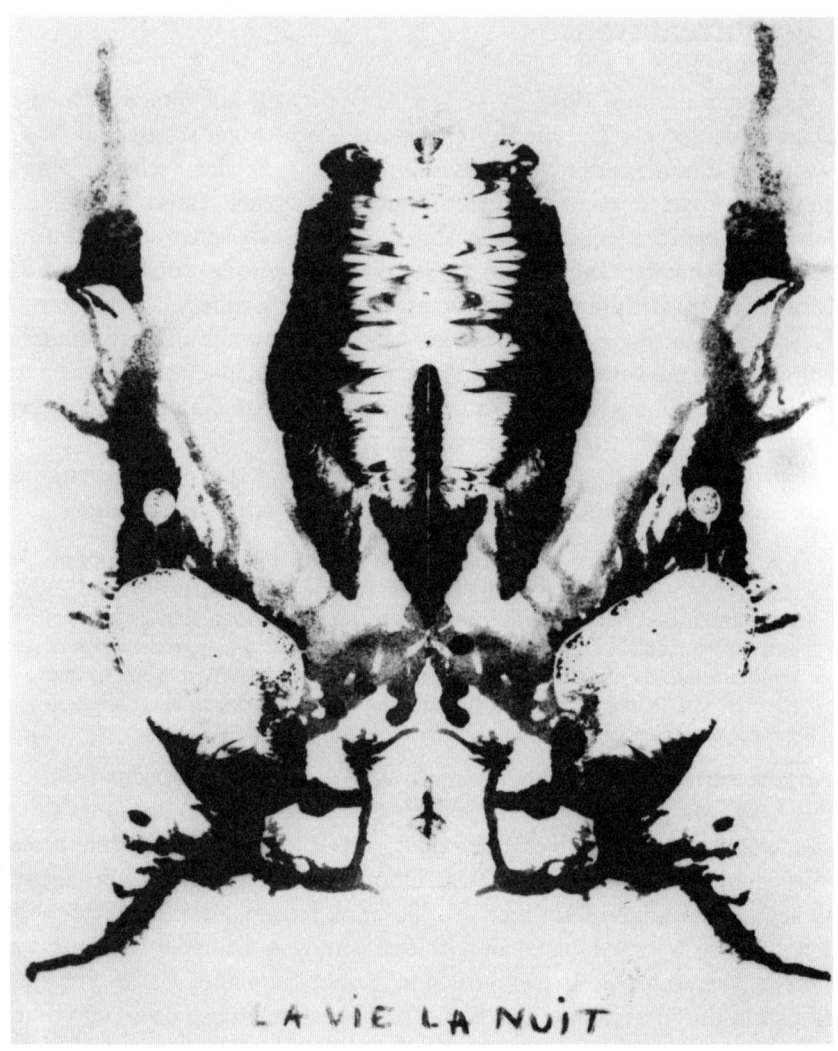

LA VIE LA NUIT

Abb. 33: „Das Leben. Die Nacht". Klecksographie von Paul Éluard, um 1942

eingeleitet wurde, auf der auch eine Klecksographie Hugos zu sehen war, treten Klecksverfahren, als eine Möglichkeit, vorgegebene Form-komplexe zum Ausgangspunkt für bildnerische Prozesse und subjektive Ausdeutungen zu nehmen, in immer größerer Anzahl auf. Nur einige wenige Beispiele seien deshalb hier noch genannt. Der Schriftsteller Sigismund von Radecki, der wie auch Christian Morgenstern (Abbil-

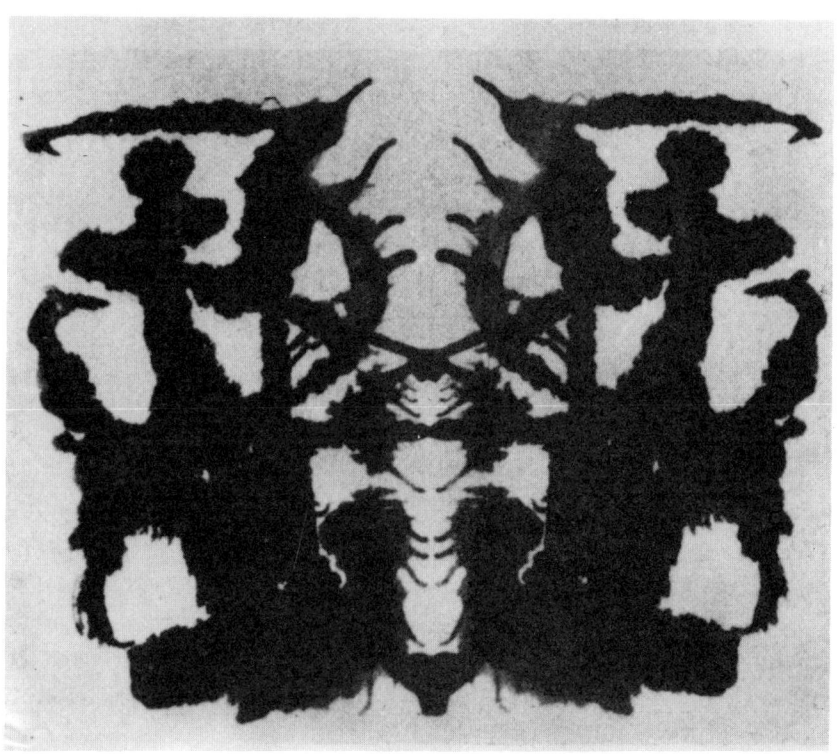

Abb. 34: Klecksographie von Christian Morgenstern

dung 34) selber Klecksbilder schuf, verfaßte in den 30er Jahren einen
Aufsatz, in dem er unter dem Titel „Bekenntnisse eines Klecksographen" die Sucht zeichnerischen Weiterspielens von Andeutungen
beschrieb.[37] Der Maler Hans Hartung erwähnt in seinen Lebenserinne-
rungen „Selbstportrait" eine Serie von Zeichnungen und Bildern, die er
„Tintenkleckse" nannte. Die Hartungschen „Klecksereien" verzichteten
darauf, gegenständlich nicht festgelegte Formen zu erkennbaren und
definierbaren Gebilden zu präzisieren. Dieser grundsätzliche Unterschied zu allen bisher hier zusammengestellten Beispielen bis hin zu
den Surrealisten gilt auch für den Tachismus, den man mit „Klecksis-
mus" übersetzen könnte, in dem die Materialstrukturen selber zum
Bedeutungsträger werden.

Mit einem Beispiel symmetrischer Kleckse, den Testtafeln, die Hermann Rorschach als psychodiagnostisches Hilfsmittel um 1910 entwik-
kelte, schließt sich der Kreis zu Justinus Kerners Klecksographien.[38] Das

151

Reich „magischer Urbilder" Kerners soll Rorschach zu seinem Testver-
fahren angeregt haben, das aber durch bereits vorgegebene Assozia-
tions-Bedeutungen eher der Festlegung und Kontrolle als der Freiset-
zung von Phantasie dient.

Karl-Ludwig Hofmann
Christmut Praeger

Abb. 35: Umschlag eines Briefes von Adalbert von Bayern an Justinus Kerner

Die Briefe

Von den 139 Briefen, die die Korrespondenz Justinus Kerners mit Adalbert von Bayern und dessen Sekretär umfaßt, wurden hier 67 Schreiben ausgewählt und in Auszügen abgedruckt. Bei der Fülle des Materials war eine Begrenzung nötig, die dennoch einen repräsentativen Überblick über den gesamten Briefwechsel ermöglichen sollte. Dokumentiert sind die inhaltsreichsten Briefe, wobei die wichtigsten Ereignisse, Namen, Fragen und Antworten berücksichtigt wurden. Auch einige Briefentwürfe sind mit aufgenommen, da sie für den Verlauf der Korrespondenz besonders aufschlußreich sind. Orthographie und Interpunktion sind ohne Veränderungen von den Originalbriefen übernommen worden.

Kerner unterschreibt die Mehrzahl seiner Briefe an Adalbert mit Justinus von Kerner. Mit der Verleihung des württembergischen Kronenordens 1850 war ihm der persönliche Adel und der Titel eines Ritters verliehen worden. Seit 1854 konnte er sich zudem noch nennen: Ritter des Königlich Bayerischen Maximiliansordens.

153

Erläuterung der Abkürzungen:

SML Städtisches Museum Ludwigsburg
SNM Schiller-Nationalmuseum/Deutsches Literaturarchiv Marbach

1/SML, 1086 V 86
Justinus Kerner an Adalbert von Bayern

Weinsberg, 7. September 1850
Königliche Hoheit!

In freudiger Erinnerung an Königl.Hoheit u. an die mir so gnädig gewesenen, Königl. Eltern u. die liebenswürdige Frau Schwester Königliche Hoheit, kam ich wieder nach hier zurück. Nach dem Willen Königl.Hoheit, befragte ich jene Seherin nur einfach: ob sie mir von jener Person, deren Taufname (sonst wurde ihr von solcher durchaus nichts gesagt) etwas sagen könne? Nachdem auf diese Frage das Hellsehen bey ihr eingetreten war, sagte sie: „ich sehe diese Person (sie bezeichnete Gestalt u. Größe ziemlich genau) jezt noch in einigem Dunkel, aber weiter weg ist ein sehr helles Licht, in das sie später treten wird. Es stehen ihr jezt noch Schatten entgegen, zwey seh ich da, einen, u. einen hinter diesem, aber sie können nicht an sie, ihre Sache steht gut u. später ganz licht. Ich sehe auch, daß diese Person sehr sinnierd (nachdenkend, sinnend) ist." Weiter fragte ich sie nicht u. wollte ich sie auch nicht fragen: denn die Zukunft ist was wohl wirklich verborgen und solches magnetische Schauen ist auch nicht immer durchaus untrügbar.

Ich halte für gut u. wahr was sie sagte, ob ich es gleich nicht weiter auszulegen weiß; hätte sie aber etwas Böses gesagt, so hätte ich es Königl.Hoheit aus guten Gründen nicht geschrieben, aber jenes ist alles was sie sagte u. wirklich so, wie ich K.Hoheit auf meine Ehre versichern kann. –

Durch des geliebten Bruders Königl.Majestät aus Griechenland, wird es Königl.Hoheit recht leicht um's Herz werden.

Sollten je trübe Schatten kommen, kein Mensch darf ohne solche bleiben, so wird der feste Glauben an eine höhere Führung K.Hoheit leicht an ihnen vorüber zum Lichte führen, das die Seherin K.Hoheit (und Gott gebe daß sie wahr geschaut!!) für die Zukunft voraussagte.

Möchten Königl.Hoheit mich für würdig halten, mir hier u. da eine Zeile zukommen zu lassen, würd ich dadurch recht innigst erfreut.

Dieser Brief soll nur für K.Hoheit seyn u. daher kann ich nur im stillen und nur gegen E.Königl.Hoheit noch einmal meinen heißesten Dank für alle Liebe und Gnade die ich im herrlichen Schloß und auf dem beleuchteten Main erfuhr, aussprechen.

In tiefer Verehrung Euer Königl. Hoheit
untertänigster Dr. Justinus Kerner

2/SNM, KN 223
Adalbert von Bayern an Justinus Kerner

Aschaffenburg, 23. September 1850

(. . .) Ich kann Ihnen nie genug mein werthester Herr Doktor wiederholen wie unaussprechlich glücklich mich Ihre persönliche Bekanntschaft gemacht hat! – Denn schon lange war es mein sehnlicher Wunsch den Mann kennen und in nähere Berührung mit ihm zu treten, den Gottes Gnade so sichtbarlich erwählte und zu einem Auserlesenen machte indem er ihm mit geistigem Auge das offenbarte, was den andern stets verborgen bleiben wird. Von früher Jugend an hatte ich stets eine brennende Wißbegierde für alles Wunderbare und Mistische. Es ist ja der Übergang zu einem höheren Seelenleben, und der Vorgeschmack des Jenseits! (. . .)

Wollen Sie doch noch verehrtester Herr Dr. die große Güte haben besagte Seherinn näher über die Auslegung der beyden Schatten und des hellen Lichtes zu fragen, in das ich später treten soll; sowie über folgende Punkte: 1. Was mich gegenwärtig und hauptsächlich im Geiste beschäftigt. 2. Was mein größter Wunsch ist ob und wie derselbe zu erfüllen sey. 3. Über das Schiksal meines Bruders, des Königs Otto, des Königs Max und meiner Schwägerin, der Königin Maria, und 4. Über das von drey jetzt gleichzeitig regierenden Königinnen in Europa und ihrer Länder. Nemlich der Königin Viktoria v. England, der Königin Isabella v. Spanien und der Königin Dona Maria da Gloria v. Portugal. (. . .)

Wir erlebten schöne Tage mit meinem lieben Bruder Otto. Wie kostbar war mir die unvergeßliche Stunde die ich in belehrenden Gesprächen hier mit Ihnen zubrachte. Hier lege ich auch ein paar Verse von meiner Hand an Sie bey, die ich Ihrer Nachsicht empfehle, denn große Dichter sind stets nachsichtig

und bleibe stets Ihr ergebenster Adalbert Prinz v. Bayern

NS. Bitte nach dem Lesen zu verbrennen.

SNM, KN 223
Gedicht von Adalbert von Bayern an Justinus Kerner,
beigelegt dem Brief vom 23. Sept. 1850.
An Justinus Kerner

(. . .)
Erschien von der Olympes Wolkenhöh'n
der Musensohn, der stets willkommen,
Bald rauschend wie der aufgeregte Föhn,
Bald Laute, dem Olymp entnommen,

Entlockt den Saiten süßen Zauberklang; –
Er sang vom mächt'gen Gott der Liebe
Wie er gewaltig in die Herzen drang,
Und weckt zum Licht' die edlen Triebe.

155

In Delos Hain am flammenden Altar',
Bekränzt mit seiner Pristerbinde,
Der Pythische Dein wallend duftig Haar,
Damit des Truges Dunkel schwinde,

Das jedes Menschen Blick mit Nacht umhüllt;
Er schmückt mit seiner Lorbeerkrone
Dich, den Casandras Sehergeist erfüllt
Auf des Parnaßes Götterthrone.

(...)

Zum Mittler zwischen Geist und Körperwelt
Für großes Wirken blos geboren,
Hat schaffend Dich der Gottheit Wink gestellt
Und unter Tausenden erkoren.

So schreitest Du, den Gott in deiner Brust,
Zu uns'res Festes frohen Feier,
Und weckst die Töne Allgewalt mit Lust,
Die schlummernd ruhn' in Deiner Leyer.

(...)

Sowie der Seelen heil'ge Sympathie
Ein geistig Band in Freud' und Schmerzen
Nach göttlichem Gesetz' der Harmonie
In Liebe schwang um uns're Herzen.

Drum weih' ich Dir Erhab'ner dieses Lied
Gedenkend der Verein'gungsstunde;
Mich deucht, daß meiner Seele Hälfte schied,
Als sie verronnen uns'rem Bunde.

Adalbert
geschloßen Aschaffenburg, 20.9.50

3/SML, 1087 V 86
Justinus Kerner an Adalbert von Bayern

Weinsberg, 6. Oktober 1850
Königliche Hoheit!
Innige Freude machten mir Königliche Hoheit durch die Übersendung des so
schönen Gedichtes, dessen ich aber nicht werth und dadurch tief beschämt bin.
Ach! ich bin nicht der hohe, nicht der so begabte Mann, den K.Hoheit in Ihrer
so *großen Güte* in mir vermuthen!! – (...)

Nun komme ich schüchtern an den mir von Königl.Hoheit gegebenen Auftrag in Hinsicht mehrerer Fragen an jene Seherin. Ich muß gestehen: daß ich schon zum voraus vermuthete, es würde sich ihr Schauen nicht so weit erstrecken, das heißt, nicht so tief seyn, um auf solche klare Antworten geben zu können, allein es geschah leider noch mehr, sie schlug mir alle Antworten auf diese Fragen ab. Es ist möglich daß auch die hohen Nahmen sie abhielten. Aber gewisser ist mir, daß derley eben dem Menschen nothwendig verborgen bleiben muß nach Gottes wohlweisem Rathschlusse. Auch über jene zwey Schatten konnte sie keine weitere Erklärung geben. So sprachen sich die Orakel des alten Griechenlands meistens auch nur verschleiert aus.

Königl.Hoheit! Lassen Sie uns auf Gott vertrauen, er wird uns gewiß aus allen Schatten dann zum Lichte führen und Ihnen K.Hoheit! ist ja dieses Licht von der Seherin vorausgesagt, das lassen Sie uns genug seyn! (...)

4/SNM, KN 224
Adalbert von Bayern an Justinus Kerner

München, 16. Oktober 1850

(...) Mit inniger Freude ersah ich aus Ihrem werthen Schreiben, wie nachsichtig Sie jenen Ausdruck meiner poetischen Begeisterung für Sie aufgenommen haben. Nur bedaure ich, daß ich über die gestellten Fragen keine nähere Auskunft erhalten konnte.

Doch habe ich noch einige Hoffnung auf Ihre Aussage hin, daß besonders die hohen Namen, über welche die Seherinn befragt wurde, sie abgeschreckt haben möchten, und es wäre vielleicht Möglichkeit vorhanden, auf einem anderen Wege oder in anderer Frageweise verlässige Antwort zu erhalten. (...)

Doch müßten Sie, lieber Herr Doktor, in selber Weise wie bei mir, dann Rang und Stand gänzlich verschweigen und blos den Taufnamen nennen, wie z.B. die Königin v. England Viktoria, die v. Portugal blos Maria und jene v. Spanien Isabella. Auch bitte ich Sie über den König v. Griechenland und Frankreichs Präsidenten zu fragen, blos unter dem Namen Otto und Louis.

Ferner, ob ich mich vermählen werde, wo, mit wem und wann, und welcher Nation und Range meine zukünftige Gemahlin angehören wird. Zugleich möchte ich die möglichst genaue Beschreibung über ihre Person durch sie erfahren. (...)

Es ist nicht sträfliche Neugier, daß ich der Zukunft Dunkel durchschauen möchte, sondern ein quälendes Schwanken in der Wahl des Richtigen, und ich möchte darum von jemand, der von höherem Geist erfüllt, das Wahre erfahren.

Die Antwort auf diesen Brief bitte ich unter der Aufschrift an Joseph Heiland, meinen Sekretär, zu adressieren, damit, ohne Aufsehen zu erregen, ich ihn sicher erhalte. (...)

5/SML, 1088 V 86
Justinus Kerner an Adalbert von Bayern

Königliche Hoheit!   Weinsberg, 22. Oktober 1850

Ich handelte nun nach dem Willen Königlicher Hoheit, muß aber gestehen daß ich es nur mit dem ausdrücklichen Willen K.Hoheit that; denn ich weiß zum voraus: daß Fragen der Art immer eine den Fragenden nicht genügende Antwort erhalten. Ich will nun die Beantwortung der Fragen ganz wortgetreu hierhersetzen.

Frage: Wird der A. über den lezthin gefragt wurde bald sich verheirathen, wen u. wo?

Antwort: Es wird noch einige Jahre anstehen, aber nicht lange, dann wird er sich verheirathen. Seine Braut ist ganz flott, ich sehe sie neben ihm stehen (in kleinen Bildern im Glas). (flott, soll heißen vornehm, prächtig). Er wird später ganz glücklich seyn, jezt sehe ich noch Unruhe in ihm. Seine Verheirathung ist sehr glücklich. Wer die Braut ist kann ich nicht sagen. Den Ort wo sie ist kann ich nicht sagen, er ist aber weit weg. –

Frage: Wie steht es mit einem dessen Taufname O. ist?

Antwort: Dieser O. hat auf zwey Seiten Glück, ich sehe ihn auf zwey Seiten hell. Er muß aber noch vieles durchmachen: denn ich sehe einen schwarzen Strich an ihm, der aber nur biß zu seiner Mitte geht, daher wird er es durchführen. Er wird lange leben.

Frage: Wie steht es mit dieser, deren Taufname Viktoria ist?

Antwort: Mit dieser sieht es nicht so hell aus, ich sehe sie nur auf einer Seite hell, an der halben Seite hell. Mit dem O. sieht's viel heller aus als mit dieser, doch trifft sie kein eigentliches Unglück. Sie bekommt kein Alter zu 60 Jahren.

Frage: Wie steht es mit der, deren Taufname I. ist?

Antwort: Der meiste Teil für sie ist hell, aber sie hat vielen Verdruß, sie ist nicht gesund, aber überwindet es immer wieder und wird alt.

Frage: Wie steht es mit dieser, deren Taufname M. ist?

Antwort: Es sieht mit ihr gut aus, aber sie hat Leiden, doch sind sie zu überwinden, sie lebt lange und wird im Alter erst recht glücklich. –

Nun fragte ich sie nach dem französischen Präsidenten Ludwig Napoleon, wobey zu bemerken ist, daß ich ihr dessen ganzen Namen u. Stand sagte.

Antwort: Wirklich sieht es gut mit diesem aus, er hat aber von zwei Seiten Verfolgung zu erleiden, aber er macht sie durch und wird alt.

Eine Zeitung liest dieses Weib übrigens nie u. weiß auch nichts von Politik.

Daß diese Frau nicht lügt und nicht betrügt davor stehe ich, aber bezweifeln möchte ich daß man auf ihr Schauen mit Zuversicht bauen könnte; auch sind ihre Aussagen so daß sie manchem Fragenden nicht genügen werden. Zu Weiterem und Näherem konnte ich sie nicht bringen u. wäre vielleicht auch nicht gut gewesen. Wir stehen in Gottes Hand u. er wird es mit uns gut gemacht haben geschehe uns was da wolle. – (...)

158

6/SNM, KN 225
Adalbert von Bayern an Justinus Kerner

München, 25. Oktober 1850
Verehrtester Herr Doctor!

Vielmals muß ich Ihnen für die vielen Bemühungen danken, welche Sie sich meinetwegen im Betreff der bewußten Frage gegeben haben. Wenn auch ich hierdurch nicht die gewünschte Genauigkeit erfahren konnte, so erfreuten mich dieselben doch sehr, und trugen zu meiner Beruhigung wesentlich bey. Jedoch hoffe ich, auf die frühere Aussage der Seherinn über meine Gestalt, obwohl ihr bekannt, mich stützend, auch über Andere noch Näheres erfahren zu können. Z.B. welche Gestalt hat meine zukünftige Frau? War sie nie verheirathet? Ist sie Witwe, oder gar schon vermählt, und wenn, wie sieht ihr jetziger Gemahl aus? Fragen Sie sie auch über die Königinnen v. Bayern und Griechenland unter den Namen Maria und Amélie, dann über die Könige v. Spanien und Portugal unter jenen v. Franz und Ferdinand, über den General Narvaez Herzog v. Valenzia und endlich über eine (Karo)lina W. Ferner bitte ich Sie noch mir den Verlauf ihres Hellsehens nebst deren Lebensbeschreibung ganz kurz mittheilen zu wollen. Könnte ich auch allenfalls erfahren, zu welchem Berufe ich erkohren bin, so würde mich das sehr freuen, z.B. ob mein Vaterland oder ein fremdes in Zukunft das Meinige werden wird, und, wohin mich eine innere mächtige Sehnsucht treibt, und ob dieses Sehnen eine göttliche Inspiration sey. Kann sie vielleicht auch etwas über den Herzog von Bordeaux und Montpensier Namens Anton und Heinrich, sowie über des letzteren Gemahlin Luise sagen? (...)

7/SML, 1089 V 86
Justinus Kerner an Adalbert von Bayern

Weinsberg, 12. November 1850
(...)

Ich stellte die gewünschten Fragen an sie und war gerade im Begriffe dieselben niederzuschreiben u. an K.Hoheit abzusenden als zu meiner großen Freude E.K.Hoheit Vertrauter by mir erschien und die gleichen Fragen an jene Person *allein* stellte – deren Antworten ganz so waren, wie jene Person mir gab. E.Königl. Hoheit werden nun durch den gewiß ganz *wahrheitsliebenden* biederen Diener u. Freund, alles ganz genau erfahren, was jene Person durch ihr Schauen rufen konnte, so daß es von mir keine weitere Ausführung bedarf!! (...)

Seh ich K.Hoheit auch auf dieser Erde nicht mehr, (mein Leben ist bald aus) so gebe Gott daß es in einer andren Welt seyn möge!! (...)

Noch muß ich bemerken: daß Herr Heiland K.Hoheit das Heft eines Freidenkers von mir übergeben wird in welchem Mittheilungen aus *Athen* über

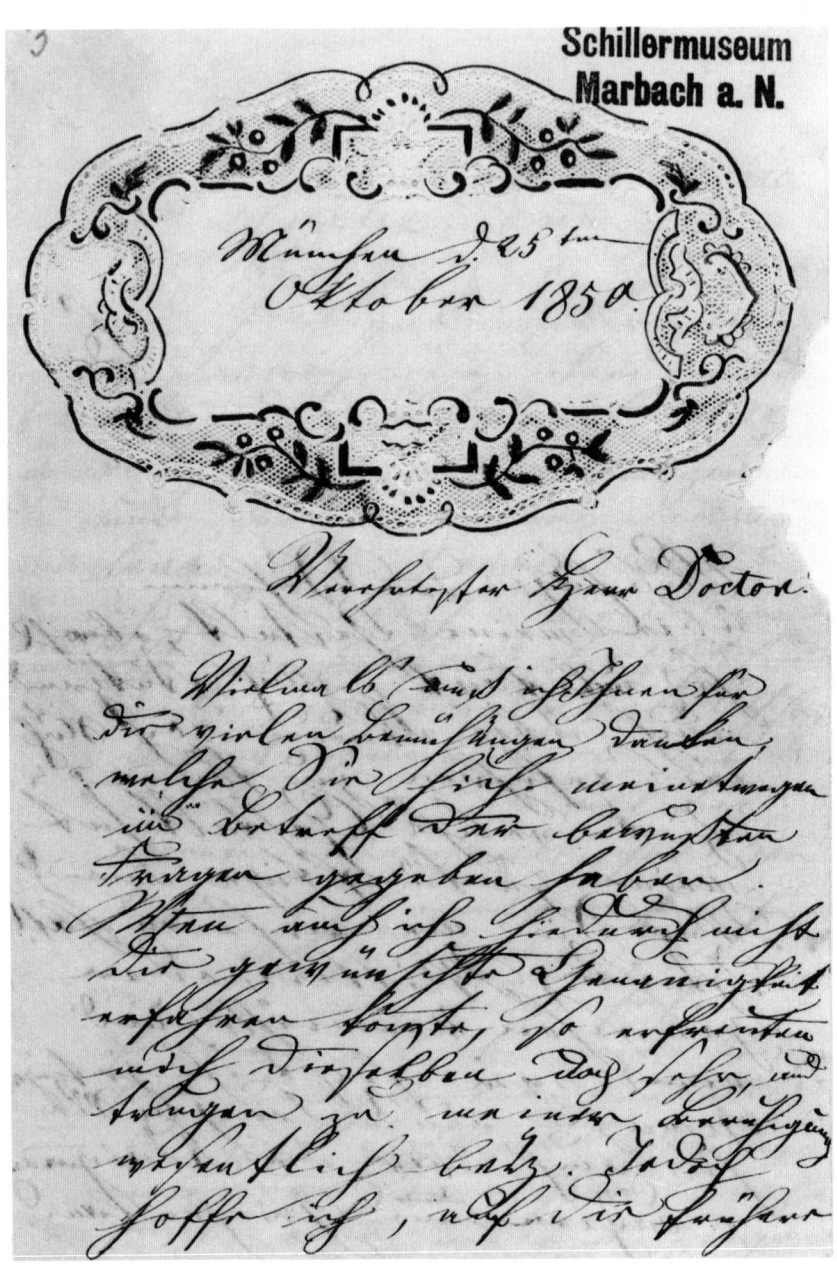

Schillermuseum
Marbach a. N.

Abb. 36: Eigenhändiger Brief Adalberts von Bayern an Justinus Kerner,
25. Oktober 1850 (Br. 6)

Seherinnen und überhaupt das Schauen in Wasser u. andere glänzende Gegenstände, das dort viel intensiver als hier vorzukommen scheint, gemacht werden, wodurch auch K.Hoheit nähern Aufschluß über das Schauen jener Person, das nicht gerade das einer magnetischen, somnambulen Person ist, erhalten können. (...)

8/SNM, KN 226
Adalbert von Bayern an Justinus Kerner

München, 22. November 1850

Verehrtester Herr Doktor!

Empfangen Sie vor Allem für die außerordentlichen Mühen, die Sie sich meinethalben schon gegeben, und nicht minder für die freundliche Aufnahme meines Sekretärs den herzlichsten Dank. Er hat mir viel Angenehmes mitgetheilt, leider aber auch eine abschreckende Warnung vor dem Lande meiner unstillbaren und unbegreiflichen Sehnsucht. Und doch, ungeachtet dieser Schauer erregenden Warnung hängt mein ganzes Wesen an diesem herrlichen Lande und seiner ritterlichen Nation. Ich kann darum unmöglich mit dem Gedanken mich befreunden, dieses Sehnen dorthin sey eine bloße Einbildung, ein leeres Luftgebilde, sondern es müsse eines andern, vielleicht höhern Ursprungs seyn. Ich weiß es nicht. Vielleicht habe ich die Vorliebe meines Vaters zu diesem Lande ererbt, und es hat sich daselbe in mir erst nach und nach zu dieser Sehnsucht gesteigert.

Vielleicht auch hat die göttliche Vorsehung dieß deßhalb so tief in meine Seele gesenkt, um mich zu prüfen; oder sie läßt es zu, daß ein böser Geist damit seine teuflische Wollust stille, um durch Verbitterung meiner Jugendjahre etwa gar mich zu verleiten, zu manchem Bösen zu greifen, um danach, wenn auch auf diese Art, zu meinem ersehnten Ziele zu gelangen. (...)

Darum, lieber, geehrtester Herr Doktor, muß ich Sie noch einmal mit Fragen belästigen, aber auch nur dieses eine Mal noch, und Sie freundlichst bitten um gütige Beantwortung derselben. Sie haben aus meinen und meines Sekretärs Mittheilungen gesehen, wie sehr ich mystischen Wissenschaften zugethan bin, und ich schenke derselben um so volleren Glauben, wenn sie mir zukommen von einem so berühmten, hierin so ausgezeichnet bewanderten und so sehr die Wahrheit liebenden Mann. Ich werde darum sogar meiner Lieblingsneigung mit aller Kraft entgegen treten, und dieß sogleich von jetzt an, wenn ich nur wüßte, daß dieselbe vielleicht, und wenn auch nach Jahren, dennoch in Erfüllung gehen kann. Also zur Sache.

Fragen

1. Wie steht Adalbert mit Isabella? Hat er ihr gefallen, und in welcher Beziehung.
2. Bekommt Isabella noch Kinder, Söhne oder Töchter, von ihrem jetzigen Mann, oder von einem andern, und wenn, wie sieht dieser aus?
3. Verbleibt Isabella immer in ihrer jetzigen Stellung und Würde, oder wird sie dieselbe verlieren, wann, und durch wen? Und wenn sie diesselbe verliert, wird dann ihre Schwester Louise mit ihrem Mann Nachfolgerin werden?
4. Bekommt Louise noch Kinder, etwa Söhne, die dann nachfolgen, oder wird die schon lebende Tochter eintreten, oder einer Namens Montemolin?
5. Wird Adalbert die Isabella, die Louise oder deren jetzt lebende Tochter als Frau bekommen, welche als 1te oder 2te Frau, oder wenn eine, wird er dadurch seine Wünsche erreichen? Wird vielleicht eine Elisabeth seine 1te Frau, und wenn, bekommt sie Kinder, Söhne oder Töchter?
6. Ist Adalbert schon im Lande seiner Sehnsucht gewesen, oder kommt er noch einmal hin? Ist für ihn Gefahr dort, und wenn, gibt es Mittel dieser Gefahr zu entgehen? und welche?
7. Liebt Karolina W. den Adalbert, und wenn, was hofft und wird sie davon erreichen? Warum ist sie öfter betrübt, dann aber gleich wieder heiter? Wird sie später heirathen, und wer wird ihr Gemahl seyn?
8. Soll der Stern, den die Seherin über dem Haupte Adalberts sieht, dessen zukünftige Würde bedeuten, und welche? Wird er im Orient oder Occident dieselbe erlangen?
9. Wird Adalbert im Kriege verwundet, schwer oder leicht, und vielleicht öfter? Erreicht er alles, was seine kühnsten Hoffnungen enthalten, auch wenn er die Isabella, Louise oder deren Tochter nicht zur Frau bekommt? Zu welchem Alter wird er kommen?
10. Wird er es zu einer Berühmtheit bringen, als Soldat, Dichter oder Compositeur?
11. Wird die Frage in Rom mit Ja oder Nein beschieden?

Das sind nun freylich eine Menge Fragen, welche die gute Frau wohl in einem Tage nicht wird beantworten können. (...)

Endlich möchte ich doch auch noch fragen, ob Sie mir vielleicht angeben könnten, wo ein Krystall zu bekommen wäre, wie er im Magikon beschrieben, und zuletzt noch, welches Werk vorhanden ist, das mir genauen Aufschluß geben könnte, über sämtliche geheimen Wissenschaften.(...)

9/SNM, KN 2250
Joseph Heiland an Justinus Kerner
(Nachschrift zum Brief Adalberts von Bayern)

München, 22. November 1850

(...) Endlich bitten S.K.H. noch, die Seherinn fragen zu wollen, was eine gewisse Ursula R. und eine alte Frau, Namens Magdalena oder Margarethe H. eigentlich von höchst derselben erreichen wollten. Beyde sagten nemlich und behaupteten es auch, man könne durch Aussprechen gewisser Formen den Willen andrer Menschen sich unterwerfen, so daß sie thun müßten, was man eben wolle.

S.K.Hoheit haben ein paar solcher Fälle selbst erprobt gefunden. Es soll dies eine Art von Bannung seyn. Die Alte sagte ihm auch unter anderem, S.K.Hoheit werde von 3 Monarchen eingesetzt und dann Herrscher werden über Spanien, Portugal, Calabrien, Sizilien, die Normandie und vielleicht auch über Griechenland, und es am Ende noch zum Kaiser bringen. (...)

10/SNM, KN 2251
Joseph Heiland an Justinus Kerner

München, 23. November 1850

Verehrtester Herr Doktor!

Es thut mir sehr leid, daß mein gnädigster Herr, ungeachtet der ausführlichen Mittheilungen, die ich mitbrachte, sie nun auf's Neue mit so einer Masse Fragen gleichsam bestürmt. Sie wissen bereits, wie sehr ihm dieses, ich möchte beynahe sagen, verhexte Spanien im Kopfe liegt, und können es jetzt noch mehr ersehen aus den gestellten Fragen. Ich habe bisher alles mögliche aufgeboten, ebenso seine nächste Umgebung, seine Herrn Cavaliere, ihm diese, ich möchte fast sagen, bereits zur fixen Idee gewordene Sehnsucht zu schmälern, oder nach und nach ganz zu verbannen, allein vergebens. (...)

Allein, was die Folge war, das ist aus seinem neuen Schreiben ersichtlich. Haben Sie darum Geduld und gütige Nachsicht. Ich hoffe, daß, wenn die Antworten auf diese Fragen erfolgen, er dann doch nachlassen wird, obwohl, ich gestehe es offen, ich dieser Hoffnung nicht viel Raum gebe. Der Hauptfehler war eben, daß im vorigen Jahre, ohne daß seine Umgebung es nur im Geringsten ahnen konnte, nichtswürdige Menschen in dieser Beziehung auf Schleichwegen sein Vertrauen sich zu erlangen wußten, die dann um gute Bezahlung seine Jugend und seine lebhafte Phantasie mißbrauchten dadurch, daß sie ihm Dinge vormachten, welche demselben schmeichelten. Und dieß griff so tief in sein ganzes Wesen ein, daß er auch jetzt noch, obwohl bitter belehrt, nicht selten wieder im Gespräch darauf zurückkommt. Es ist dieß traurig, und man kann sich darum meinen harten Standpunkt denken. Denn ich möchte meinen gnädigsten Herrn glücklich wissen, da ich nichts anderes als threuer Diener vor Augen habe, als eben sein Bestes. Allein, so lange diese Idee ihn nicht verläßt, ist es nicht abzusehen, daß eine Besserung eintrete. (...)

Ihr ganz ergebener J. Heiland

N. S.

Die Ursula R., die Nannette und die H. sind eben jene Personen, welche vor einem Jahr Seine Königliche Hoheit auf Schleichwegen kennen lernten, und, wie ich vollkommen überzeugt seyn zu dürfen glaube, seine Jugend mißbrauchten. J. Heiland

Diese Zeilen schrieb ich, wie leicht zu ersehen, ohne daß S. K. H. sie zu lesen bekommen.

11/SML, 1091 V 86
Justinus Kerner an Adalbert von Bayern

Weinsberg, 30. November 1850
Königliche Hoheit!

Obgleich ich zum voraus befürchte: daß die beygelegten Antworten auf die Fragen K.Hoheit nicht genügen werden, so kann ich sie doch K.Hoheit nicht vorenthalten. Ist das Schauen solcher in magnetischen Zuständen sich befindenden Personen auch nicht Täuschung von ihrer Seite, so ist solches, wie ich schon öfters aussprach, doch nicht immer ein so sicheres, daß auf solches wie auf ein Evangelium zu bauen wäre.

In der Warnung, daß K.Hoheit nicht *das* ausführen möchten, was K.Hoheit schon lange als Lieblingstraum vorschwebt, blieb sich die Seherin übrigens mit solchem Ernste gleich, daß ich um so mehr annehmen möchte, daß sie hier *recht* sah, als auch ohne Sehergabe, hier einem der nüchterne Verstand sagen muß: es sey wohl nicht möglich daß auf solchem Wege ein Glück für K.Hoheit erblühen könnte.

Gewiß, K.Hoheit! man kann sich in solche Träume auch oft im jugendlichen Alter verirren u. sieht im späteren Alter selbst ein, daß es schöne Träume, aber sonst nichts, waren. Bey einer warmen lebendigen Phantasie, können solche Träume am Ende, widerstrebt man ihnen nicht, zu einer Art krankhaften fixen Idee werden.

Befolgen K.Hoheit doch den Rath eines Mannes, dem K.Hoheit so wohlwollend Ihr Vertrauen schenkten u. der dieß mit der ganzen Wärme seines Herzen, das in Liebe zu K.Hoheit schlägt, anerkennt, u. stellen K.Hoheit Ihre ganze Zukunft in Liebe u. Vertrauen nur dem anheim ohne dessen Willen kein Haar von unserem Haupte fällt. Wenn wir je auch alles zum Voraus wissen würden, könnten wir ja doch nicht widerstreben. Vertrauen Sie nie, K.Hoheit! solchen, (besonders sind es Menschen von niederer Bildung) die vorgeben, misteriöse Wissenschaften und Kräfte zu besitzen, wodurch sie die Zukunft anderer voraussagen oder übernatürliche Mittel (Zaubermittel) zur Erreichung gewißer Zwecke abgeben könnten. (...)

Des Herrn Bruders Max K.Majestät, sagte zu mir vor 10 Jahren: „Ich würde die Seherin von Prevorst u. derley andere Schriften gerne lesen, aber ich hüte mich doch davor, gerade weil ich mich für solche Dinge sehr empfänglich fühle, es könnte mir Schaden bringen." Das gleiche befürchte ich jezt für K.Hoheit, in einem späteren Alter vielleicht nicht mehr.

Wollen K.Hoheit Aufschlüsse über das Leben der Seele, über Seelenwanderung usw. so kann E.K.Hoheit kein Mensch der Erde hierüber bessere Erklärung geben u. K.Hoheit Schriften hierüber besser mittheilen, als der vortreffliche Lehrer E.K.Hoheit, der herrliche Hofrath *Schubert.* Dieser sah auch jenes Schauen in Flüssigkeiten und Krystallen im Oriente selbst u. wird auch K.Hoheit die beste Auskunft hierüber erteilen können.

Einen Krystall, der zu jenem Schauen dienlich wäre, wie ihn Görres beschreibt, weiß ich nicht aufzutreiben, allein es ist ein solcher auch nur für den zu gebrauchen der die Fähigkeit eines solchen Schauens in *sich* hat, ein anderes würde in ihm nichts sehen.

In magnetischen Zuständen, wie sie z.B. auch bey solchen die dafür empfänglich sind, durch Schauen auf glänzende Gegenstände hervorgerufen werden, kann allerdings oftmals ein Voraussehen und Voraussagen stattfinden und es kann dann auch von solchen, sind sie als wahrheitsliebende u. gutartige Personen bekannt, wohl auch angenommen werden. Jene Seherin, die K.Hoheit so angelegentlich nahmentl. über die Wünsche K.Hoheit zu befragen verlangten, wollte gewiß weder den Ideen K.Hoheit, noch den meinigen, oder denen des Herrn *Heilands* schmeicheln, sie sagte gewiß alles ehrlich u. redlich wie sie es sah, *heraus,* auch that sie es nicht des Gewinnes wegen: denn sie hätte es sehr gerne ohne alle Belohnung gethan. Jedenfalls sagte sie aber auch ohne Erreichung jener Jugendträume, K.Hoheit, dem ungeachtet immer ein lichtes, reiches, glückliches Leben und eine E.K.Hoheit beglückende, liebenswürdige Gattin voraus. Lassen doch nun K.Hoheit (wie die Seherin auch sagte) alles zu tiefe Sinnen, Grübeln u. Sorgen über die Zukunft seyn, verdüstern K.Hoheit sich nicht ihre schönsten Tage, sondern blicken Sie heiter in der Kraft Ihrer Jugend in die Welt und zum Himmel auf! K.Hoheit besitzen so großes Talent zur Poesie und Tonkunst. Huldigen Sie doch, besonders in jetziger düsterer Zeit, auch diesen heitern Künsten u. lassen K.Hoheit das Feld der dunklen Mystik jezt noch bis zu späteren Jahren unbebaut, dann würden auch dessen Früchte, was jezt wohl nicht wäre, K.Hoheit keinen Schaden bringen.

K.Hoheit fallen Ihnen dereinst Kronen und Glanz der Erde zu, so nehmen Sie solches in Demuth von Gottes Hand an, aber suchen Sie es nicht, *denken Sie nicht daran,* es kommt von selbst, ist es Gottes Wille.

Dann denken Sie aber: daß die Königskrone meistens zur Dornenkrone wird, der weniger glänzende Lorbeer aber selbst einem greisen Haupt noch Jugendfrische und Frohsinn verleiht. (...)

Fragen u. Antworten

F. Ist die Isabella dem A. gut?

A. Sie ist ihm gut.

F. Bekommt sie Kinder?

A. Drey, ob aber von ihrem jetzigen Gemahl, weiß ich nicht.

F. Bleibt sie in ihrer jetzigen Stellung?

A. Sie bleibt immer in derselben.

F. Ist die Luise ihre Nachfolgerin?

A. Luise sehe ich nicht als ihre Nachfolgerin, auch keines von ihren eigenen Kindern, ich sehe ein anderes junges Frauenzimmer das ihr folgt, kann aber keinen Nahmen sagen.

F. Wird A. diese oder andere von ihnen zur Frau bekommen?

A. Nein.

F. Wird die Elisabeth seine Frau?

A. Ich sehe ein schönes, aufrichtiges Frauenzimmer das seine Gattin wird, aber einen Nahmen kann ich nicht sagen.

F. War er schon im Lande seiner Sehnsucht?

A. Ja! er war dort!

F. Kommt er noch einmal dahin?

A. Wenn er durchaus unglückl. werden will, kommt er dahin. Das Mittel, daß er dort nicht unglücklich wird, ist einzig das, daß er nicht dahin geht.

F. Wird Narvaez alt?

A. Nicht sehr aber A. muß auch nach seinem Todte wegbleiben. Ich sehe eben immer auf dieser Reise nichts Gutes für A. u. er muß eben wegbleiben, ich kann es nicht anders sagen.

F. Liebt die C.W. den A.?

A. *Sie liebt ihn,* sie ist abwechselnd betrübt u. bald wieder heiter, – weil sie oft ihrem Schicksale nachdenkt, dieß Suchen darüber macht sie oft düster im Innern. Sie ist ganz gut. Sie wird sich einmal glücklich verheirathen.

F. Was deutet der Stern über A. Haupt?

A. Er deutet, *daß er einmal König wird,* aber wie u. wo? weiß ich nicht. Es wird ihm alles gelingen, nur nicht das was er von jenem Lande denkt u. will. – Damit sage ich auch ob er verwundet wird, – oder nicht. –

(Wahrscheinlich wollte sie mit letzterem sagen: Es geschehe ihm nirgends ein Unfall als in diesem Lande.)

F. Wird er es zu einer Berühmtheit in Dichtkunst oder Tonkunst bringen? u. wird er alt?

A. Ich habe schon oft gesagt, daß ich seine Zukunft licht sehe u. weiter soll er nicht verlangen. – Er wird alt wenn er das viele Nachsinnen und Grübeln seyn läßt, das ist nicht gut für ihn. – Die Frage wird in Rom für ihn gut befunden, – sagte sie auf meine Frage wegen Rom.

F. Wie ist es mit einem der Luitbold heißt?

A. Er ist gut u. hat Glück, er versteht viel.

F. Wie ist es mit einem der Ludwig heißt?

A. Er lebt lange, er hat ein immer fröhliches Gemüth. Es heißt von ihm: „Gott ist mit mir!"

F. Wie ist es mit einer, die Ursula heißt u. einer die Margarete oder Magdalene H. heißt?

A. Diese sehe ich tief unten im Glase. Sie sind ganz schwarz. Sie haben den A. belogen und betrogen, sie wollten Geld u. Gnadenbezeugungen, sie wollten den A. nach ihrem Willen zwingen, es gelang ihnen aber nicht, soll ihnen nicht gelingen.

Als sie dieses gesprochen hatte, leerte sie das Glas schnell in drey Absätzen aus, während sie bey jedem Absatze einen heiligen Nahmen nannte. Über die anderen Nahmen konnte sie nicht mehr so viel sagen daß es der Mühe werth wäre nieder zu schreiben, es war ganz vag u. unbestimmt. –

[Auf der Rückseite des Briefes in der Handschrift von Adalbert von Bayern geschrieben:]

> Den 4ten Dezember 1850 erhalten.
> Gepriesen und beweint ist dieser
> Tag der mich krönt nur nicht
> mit der Krone der Ritter von
> Europa des ritterlichsten Volkes
> der Erde.

12/SNM, KN 2253
Joseph Heiland an Justinus Kerner

München, 6. Dezember 1850
Hochverehrter Herr Doktor!

Ihr wahrhaft väterliches Schreiben sowohl an S.K.Hoheit selbst als auch an mich haben bey höchst demselben einen sehr guten Eindruck gemacht. (...)

Für mich setze ich nun noch hinzu, daß die wiederholte Versicherung von nur unglücksvollem Erfolge seiner nachmaliger Versuche für Spanien einen schmerzlichen Eindruck auf ihn machte. Jedoch er ermannte sich bald, und war besonders zufrieden mit den übrigen Mittheilungen. Gott gebe, daß es von Dauer wäre. Ich zweifle sehr; denn dieses Sehnen hat sich mit seinem ganzen Wesen bereits amalgamirt. Innen kehrt es wieder, und mit gesteigerter Kraft. Der Grund dieses Sehnens dürfte nach meiner Beurtheilung wohl in nichts anderem liegen, als in seinen Prinzipien und in seinem Charakter. Er ist

Absolutist, dabey aber seelengut, liebt das Edle, Ritterliche, aber auch die Pracht, und hat großartige Ideen. Er hat auch sehr vieles Wissen sich angeeignet, ist aber in Betreff auf Erfahrung und Menschenkenntniß, obwohl bereits über 22 Jahre, dennoch etwa erst 15 – 16 alt, so daß ihm bey all seinen Kenntnissen nicht selten die Logik und die richtige praktische Anwendung entgeht. Dazu kommt noch seine ungemeine Lebendigkeit, seine feurige Phantasie und sein Starrsinn, womit er einen Gegenstand verfolgt, wenn er ihn einmal erfaßt, gleichviel ob er nun der Vernunft entspricht, oder nicht, und man muß dann bey Vorstellungen ungeheuer vorsichtig seyn, um nicht sein Mißtrauen zu erregen. Ein großes Unglück für ihn war es, daß er voriges Jahr in die Hände so niederträchtiger Menschen gerieth, die seiner Phantasie schmeichelten. Er mußte es theuer bezahlen, bis es mir gelang, ihn gänzlich aus ihren Fallstricken zu entreißen. An seinem Adjutanten, Herrn Freiherr von Ow hatte er hiebey einen wahren Schutzengel, und auch sein Hofkavalier, Herr Graf la Rosée ist für ihn eine herrliche Stütze. Wir alle, mit einem Worte, helfen ehrlich und redlich zusammen, nur auf sein Bestes bedacht. Auch Sie verehrtester Herr Doktor, haben hiezu schon mächtig mitgewirkt. Namentlich hat der Ausspruch der Seherinn über jene berüchtigten Personen einen erschütternden Eindruck gemacht. (...) Auf ihren Ausspruch baut er unendlich viel. Er liebt und verehrt sie unendlich. Darum bitte ich selbst, ermüden Sie nicht wenn er mit neuen Anliegen kömmt...

13/SNM, KN 227
Adalbert von Bayern an Justinus Kerner

München, 11. Dezember 1850

(...)

Vor Allem danke ich Ihnen vielmals und herzlich für die gütigen Mittheilungen, welche Sie mir in Ihrem letzten Briefe über die Aussagen der Seherinn machten. Wenn auch, wie Sie selbst bemerkten, mich die Antworten teilweise tief niederschlagen mußten, so erkannte ich doch aus denselben, mit welch rührender Sorgfalt Sie dem Laufe meines Geschickes folgen, Sie, den ich als einen wahrhaft väterlichen Freund verehre und liebe.

Ein hohes Ziel der Erlösung des edelsten und einst mächtigsten Volkes der Welt, *der ritterlichen Spanier,* deren Verfall ich mit schwerem Kummer sah, und welche ich an der Hand seiner jugendlichen und liebenswürdigen Königin Isabella, würdig der Geschichte ihrer Vergangenheit auf die Bahn neuen Ruhmes und Glanzes zu führen hoffte, eine Nation, die schon im Alterthum, wie der neuen Zeit das Joch tyrannischer Eroberer mit der heldenmüthigsten Aufopferung zerbrach, ein solch erhabenes Ziel mußte mich begeistern, wenn man überdies bedenkt, daß noch in keinem Lande ich eine so glänzende

Aufnahme fand wie eben da, wo meine ganze Reise von Süden bis zum Norden einem wahren Triumphzuge glich.

Mit der größten Aufmerksamkeit wurde ich empfangen von der Königin, die mich, wie ich hörte, selbst näher kennen zu lernen wünschte, woran jedoch ihre Mutter und ihr Gemahl sie verhindert haben sollen.

Höhere Beamte sagten mir sogar genau Tag und Jahr meiner Geburt, und als ich darüber mein Erstaunen zu erkennen gab, antworteten sie, ehe die Königin vermählt, hätten sie alle für sie zum Gemahl geeigneten Prinzen gewußt, und dergleichen mehr. In einem Dorfe z.B. nöthigten sie mich, der schlechten Kost ungeachtet, die sie mir vorsetzen konnten, auf einen eigens dazu hergerichteten Thron mich niederzulassen und das Essen einzunehmen. So tief ist dort die Verehrung vor dem monarchischen Prinzen eingeprägt.

Was nun die griechische Nation betrifft, so steht sie, wenn auch nicht an Muth, doch an Adel der Seele der spanischen weit zurück. Denn nach all den Opfern, die Bayern und meine Familie in hohem Schwunge der Begeisterung diesem Volke brachten, sind die Griechen, wie ich aus dem Munde ihres eigenen Königs, meines vortrefflichen Bruders Otto, hörte, so undankbar, zu sagen, daß alle Leiden und alles Unglück, was über sie gekommen, von den Bayern herrühre. (...)

Ja, in ihrer Verblendung und in ihrem Fanatismus gingen sie, hauptsächlich von der russischen Partei verleitet, sogar so weit, bey der letzten Revolution den Artikel 40 in die neue Konstitution durch Finessen einzuschalten, daß ihr zukünftiger Beherrscher der griechischen Kirche angehören müsse, damit nur *kein Wittelsbacher mehr hinkommen könne*. Ein schwerer Kampf wogt in meinem Innern, wo Pflichten gegen Pflichten, das Festhalten an dem Glauben meiner Väter und die Liebe zu meinem armen Bruder, der, wie ein Grieche sich selbst äußerte, binnen wenig Jahren verloren wäre, wenn kein Thronfolger bestimmt würde, sich fortwährend scharf entgegentreten. Welch gräßliche Zukunft liegt vor mir! (...) Wenn ich daher mit einer so hochwichtigen Sache, ja ich darf sagen, in dieser Lebensfrage für mich, auf jede nur möglich erlaubte Weise wenn auch nicht Gewißheit, doch wenigstens Winke bekommen kann für meine Zukunft, so glaube ich vor Ihnen entschuldigt zu seyn. Ich muß daher noch einmal mit einigen Fragen Ihnen lästig fallen.

In Betreff Roms scheint mit der Ausdruck der Seherinn dem Orakel von Delphi ähnlich, wo die Antworten häufig für jeden Erfolg paßten. Ich verlangte nemlich, man solle beim Papst nachfragen, ob ich in Anbetracht der kritischen Verhältnisse Griechenlands meine Kinder in der schismatischen Kirche, ohne mein Gewissen zu verletzen, erziehen lassen dürfe. (...) Daher ersuche ich Sie, in jedem Falle die Seherinn über diese Sache zu einer bestimmten Antwort bewegen zu wollen und dies so schleunig wie möglich. (...)

Dann auch darüber, ob ich Söhne bekommen werde, ob ich wirklich König von Griechenland werde, weil sie bereits bestimmt äußerte, ich werde König, und zu meinem Sekretär sagte, daß ich nach Griechenland komme. Ferner über eine gewisse C.P. und über eine Elisabeth, namentlich ob letztere mich liebt, dann ob eine C.W. meinen Wünschen nachkommen würde. Fragen Sie auch, warum denn mit Spanien gar nichts zu machen ist, ob vielleicht die Christine oder der Franz mir feindlich ist. (...)

Kann sie mir kein Mittel angeben, wodurch ich meine Wünsche zu verwirklichen im stande bin? (...)

14/SML, 1092 V 86
Justinus Kerner an Adalbert von Bayern

Weinsberg, 17. Dezember 1850
Königliche Hoheit!

So sehr es mich freut, daß K.Hoheit, unerachtet ich Höchstderselben so wenig zu befriedigen imstande bin, mir dennoch ferner Vertrauen schenken, so ist es mir herzlich leid, K.Hoheit in einem quälenden Zwiespalte zu wissen von dem ich keine Heilung weiß als festes Gottvertrauen.

K.Hoheit vertraute mir an: daß nach Spanien die Sehnsucht K.Hoheit gehe, aber bey Erfüllung dieses Wunsches K.Hoheit, sieht schon der wache, gesunde Verstand so viele Gefahren u. Hindernisse für K.Hoheit, daß man selbst der wiederholten Auskünfte jener Seherin, die nun einmal K.Hoheit darüber befragt wissen wollten nicht bedarf, um K.Hoheit darauf aufmerksam zu machen, daß jene Sehnsucht vielleicht ein bloses Spiel der lebendigen Phantasie E.K.Hoheit ist die in diesem Lande alter Romantik u. Ritterlichkeit, wie natürlich war, sehr aufgeregt wurde und anziehende, unauslöschliche Bilder dem Gemüthe K.Hoheit einprägten.

Ich befragte nach dem Willen K.Hoheit diese Seherin nun abermals über diese Sehnsucht K.Hoheit u. wie sie in Erfüllung zu setzen sei, – aber ihre Antwort war immer, es seye diese Sehnsucht eine unglückliche. Sie sagte sogar: „Er soll hineingehen, aber es ist für Ihn dort alles Nacht."

Die einzelnen Fragen: ob der oder jener dort dem A. gut seye usw? ließ sie ganz unbeantwortet, sie sagte: „Es möge ihm dort der oder jener, oder die oder jene gut oder nicht gut seyn, er findet eben dort baldigen Todt."

Dagegen will sie fest in jenem andern Lande Glück für K.Hoheit sehen.

Auf die Frage, ob eine Namens *Elisabeth* Gemahlin des A. werde? sagte sie, ich sehe zwey, eine steht ihm zur Rechten, eine entfernter links, ich glaube, daß die rechte die Elisabeth ist. Mehr äußerte sie sich nicht, auch auf die Frage den Papst u. seine Erlaubnis betreffend, sagte sie: „ich sehe ihn freundlich u. er wird es wohl genehmigen." auf die Frage: ob K.Hoheit der Nachfolger K.O.'s werde, sagte sie: „ich sehe ihn dazu bestimmt."

Daß diese Antworten unbestimmt sind, – sehe ich wohl ein, aber ich konnte keine andere von ihr erzwingen u. versuchte dies auch nicht; denn sonst hätte sie leicht gedrungen Unwahrheiten sagen können. Auf die Frage: wird A. Knaben erhalten, sagte sie: – zwey. –

Aber auf all diese Aussagen mögen sich K.Hoheit doch gar nicht verlassen! Bedenklich kann einem nur das so bestimmte Abrathen von Spanien machen, allem anderen würde ich nicht so fest vertrauen. (...) Aber eine Königskrone (ich wage das noch einmal zu wiederholen) ist immer eine Dornenkrone, besonders in jetziger Zeit. (...)

Stenogramm von Adalbert von Bayern zu Brief vom 17. Dezember 1850 (SML, 1092 V 86)

1.) Was für Bedingungen ich machen soll, um König zu werden.
2.) Ob ich darauf bestehen soll, daß ich selbst König werde oder ob sich dies von selbst macht.
3.) Ob ich der direkte Nachfolger von König Otto werde in Griechenland als König und ob die Griechen sich damit befriedigen werden und was da zu thun wäre, um dies zu erreichen.

15/SNM, KN 2253
Joseph Heiland an Justinus Kerner

München, 27. Dezember 1850

(...)

In Betreff Ihrer Aufrichtigkeit u. Offenheit meinem gnädigsten Herrn gegenüber dürfen Sie ohne alle Sorge seyn. Gerade das ist es, was sein edles Herz nur will, so sehr es auch dasselbe tiefschmerzlich berührt, wenn Dinge kommen, die gerade das Gegentheil von dem kund geben, was er so sehr wünscht, und wonach all seyn Sehnen, Sinnen und Trachten geht. Was nützte es auch, blos Dinge mitzutheilen, die nicht aus dem Munde der Seherinn kommen, etwa blos, um seinem lebhaften Geiste zu schmeicheln? das wäre wahrlich kein kleines Vergehen. Gerade Ihre so aufrichtige und herzliche Theilnahme an seinem Geschicke ist es, wie er Ihnen ja selbst schrieb, was ihn so sehr an sie fesselt. Und daß die Seherinn nicht trügt, davon habe ich mich ja selbst überzeugt, als sie nemlich äußerte: Der Josef ist er selbst, wie er vor mir dasitzt, nemlich. Ich muß gestehen, es wurde mir bei dieser Äußerung selbst etwas unheimlich. Doch, wie sie bemerkt haben werden, ich verlor meine Fassung nicht. (...)

171

16/SNM, KN 2254
Joseph Heiland an Justinus Kerner

München, 28. Dezember 1850
Verehrtester Herr Doktor!

Zur Ergänzung muß ich nachträglich noch hinzufügen, daß die letzten Namen, nach denen S.K.Hoheit fragen, Privatpersonen bezeichnen, ohne daß jedoch von Ihm aus irgend eine schlimme Absicht dabei zu Grunde läge. Ich glaube das nemlich ebenso von der anderen Seite, obwohl ich, und auch nur vom Sehen, blos die Karoline W. kenne. Es werden der, scheint mir, namentlich auf Bällen, verschiedene gegenseitige Aufmerksamkeiten geschenkt, ohne, wie gesagt, alle schlimme Nebenabsicht. Ich meine vielmehr, daß Er aus einem anderen Grunde diese Fragen gethan hat. Der Astrologe sagte ihm nemlich, sein Gestirn stehe gegenwärtig der Art, daß er vor nichts mehr sich zu hüten habe, als vor irgend einem unerlaubten Zusammentreffen mit Damen, sonst entstehe ganz sicher Schimpf und Schande für Ihn, und wären es auch noch so vornehme Damen. Er möchte also, so scheint es mir, erfahren, ob die mit den angegebenen Namen bezeichneten Damen etwa unedle Absichten auf ihn haben. Denn Herr Vogt bemerkte noch hinzu, daß, wenn auch S.K.Hoheit selbst durchaus keine unedle Absicht habe, so werden Damen alles aufbieten, Ihn in ihre Schlingen zu locken und zu verführen. Seine feurige jugendliche Natur mag nun wohl manchmal unerlaubte Regungen empfinden, allein zur Vollbringung der That halte ich sein edles Gemüth nicht fähig. Es ist dies ein äußerst delikater Punkt. Jedoch ich halte es für meine Pflicht, Sie davon in Kenntniß zu setzen, um die Antworten darnach einzurichten. Am besten, glaube ich, ist es, geradezu zu sagen, daß keine an etwas Arges denkt; dann bleibt die Achtung und Ehrfurcht für Ihn, weil er dann weder in Rede noch in Handlung sich irgend eine Blöße geben wird, was sonst vielleicht doch geschehen könnte, wenn er eine vorgefaßte Meinung hätte. Für ein so junges vortreffliches Gemüth muß man alles aufbieten, um es auf der Bahn des Guten zu erhalten. Mit aller Verehrung Ihr ganz ergebener

J. Heiland, Sekretär

17/SNM, KN 278
Adalbert von Bayern an Justinus Kerner

[o.O., o.D.; 28. oder 29. Dezember 1850]
Verehrtester Herr Doktor!

Vor allem danke ich Ihnen für Ihren freundschaftlichen, wahrhaft väterlichen Brief. Ich weiß die Offenheit zu schätzen, die Sie zu jeder Zeit noch gegen mich bewiesen. Blos schwache Seelen können die Wahrheit nicht ertragen. Daß Sie mir von Ihrem Gesichtspunkte aus eine Krone, die besonders in jetziger Zeit nur eine dornenvolle ist, nicht wünschen, freut mich eben so sehr, als es mich *unglücklich machte würde das Schicksal sie mir versagen.*

Der Mensch muß immer sein Geschick willig aus der Hand Gottes nehmen. Mancher ist bestimmt, in der Hitze des Mittags in dem Weinberge des Herrn zu arbeiten. Solche sind die Könige, auf deren Schultern in diesem Leben die ganze Last des Reiches ruht, wofür dann im jenseitigen die ungeheure Verantwortung sie erwartet. Daher können auch nur die Bande der Natur oder eine innere mächtige Stimme zu einer so gewaltigen Aufgabe begeistern. Suchen soll man so etwas in unserer Zeit freylich nicht. *Jedoch, bin ich dazu berufen, ich schrecke vor Nichts zurück.*

Was nun die griechische Angelegenheit betrifft, so scheint es mir wahrhaftig Gottes Fügung zu seyn, zumal alles, was in das Reich der Geister und Körperwelt gehört, darauf hindeutet. (...)

Ferner sagte mir ein Astrolog, der mir ein sehr würdiger Mann zu seyn scheint, voraus, daß ich es höchst wahrscheinlicher Weise bis zum König und Kaiser bringen werde, daß ich aber nur durch das Schwert und durch Gerechtigkeit dazu gelangen könnte. Ich müßte dann in Zeiten der Gefahr besonders an die Geistlichkeit mich anschließen und stets für des Volkes Bestes besorgt seyn, während durch falsche Politik Alles gegentheilig ausfallen würde. (...)

Dann über den griechischen Gesandten Skinos, der nach seinen Ausdrücken und verschiedenartigen Reden gegen König Otto und gegen mich falsch zu seyn scheint, wie er also namentlich gegen mich gesinnt ist, so auch die Königin Amalie. – Wiederholen Sie doch auch die Fragen, die die Seherinn letzthin unbeantwortet ließ, noch einmal, da mir sehr viel daran liegt, besonders über eine gewisse Gräfin Nini Bray, wie sie gegen mich gestimmt ist, und ob die Karoline W. meinen Wünschen entsprechen würde; auch über eine Karoline P. und deren Familie. Eine andere Seherinn, deren Schauen noch intensiver wäre, ist Ihnen wohl zur Zeit nicht bekannt? (...)

Mit der Bitte, noch folgende Frage stellen zu wollen, ob nämlich die Gräfin Sprur, daß beym Papste zu meinen Gunsten durchsetzen wird, was sie mir zulieb unternehmen will, bin und bleibe ich Ihr Sie innigst verehrender Adalbert.

18/SML, 1093 V 86
Justinus Kerner an Adalbert von Bayern

Weinsberg, 11. Januar 1851
Königliche Hoheit!
Jeder Auftrag von Königl.Hoheit ist mir eine wahre Freude, besonders wenn ich ihn nach den Wünschen K.Hoheit ausrichten kann. Zu diesem Zwecke wünschte ich allerdings daß das magnetische Schauen jener Seherin größer seyn möchte als es wohl ist, – doch ich gebe K.Hoheit in gewissenhafter Zensur alle ihre Antworten auf die an sie abermals gestellten Fragen. Zu jener g. Angelegenheit sagte sie: Sie wird gut ausgehen obgleich noch einige Anstände

da sind. Sie wird nach seinem Wunsche werden. Auf die Frage nach jenem Gesandten sagte sie: Er ist dem A. gut nicht falsch, ihm noch mehr als dem O. Auf die Frage nach der K.A. sagte sie: Sie ist dem A. ganz gut. Die Frage nach der Gr.N.B. beantwortete sie: sie ist ihm gut gesinnt. Von der C.W. sagte sie: sie ist ihm gut u. wird nicht gegen seine Wünsche seyn. Über die C.P. sagte sie: sie meint es auch gut, doch ist die W. noch besser. Es denkt keine von diesen an etwas Arges, doch hat er sich vor Frauenzimmern in acht zu nehmen, weil sie ihn leicht gefangen nehmen u. sein Wesen mißbrauchen könnten. –

Auf die Frage nach der Gräfin Spr. sagte sie: ich sehe sie mit einem schwarzen Streifen, er geht aber nicht durch sie hindurch. Ich fragte: Wird sie in ihrer Angelegenheit für A. durchdringen? Sie antwortete: das ist der schwarze Strich der andeutet, daß sie besorgt deswegen ist, da aber der Strich nicht durch sie durchgeht, – wird es ihr glücken. –

Das ist nun alles! Wie viel an solchem Wahres, Halbwahres, oder Täuschung ist, vermag ich nicht zu sagen und ich, der ich so innigst nur das Wohl K.Hoheit wünsche und ja auch besonders aus Dankbarkeit u. Pietät für des edlen Herrn Vaters Majestät, wünschen muß, bitte K.Majestät, sich auf solche Aussagen in so hochwichtigen Dingen, nicht völlig zu verlassen, sondern in ihren Handlungen bey solchen, hauptsächlich auch den Rath rechtschaffener, verständiger Männer, des Herrn Vaters Majestät und der K.Brüder Majestäten zu befragen und gelten zu lassen. – (...)

19/SNM, KN 228
Adalbert von Bayern an Justinus Kerner

München, 22. Januar 1851
Verehrtester Herr Doktor!
Ich danke Ihnen vielmal für Ihre letzten Nachrichten von der Seherinn, die mir in meiner jetzigen so bangen erwartungsvollen Lage zu wahrem Troste gereichten. Jeden Tag kann die Anfrage beym Papste geschehen, zu deren glücklichen Entscheidung Gott seinen Seegen geben möge; denn diese wichtige Stunde der oberst richterlichen Erklärung wirft das Loos nicht blos über *meine* Zukunft, sondern über das Wohl und Wehe einer ganzen Nation. Erwartungsvoll sind darum Aller Augen auf mich gerichtet. Sie begreifen, wie es mir dabey zu Muthe seyn muß, wenn ich Ihnen sage, daß ich sogar hörte, daß ein Bund unter den Griechen bestehen soll, der sich verschworen habe, jeden nicht griechischen König meuchlings aus dem Wege zu schaffen. Ja selbst dem edlen König Otto, so geht das Gerücht, soll man ein schleichendes Gift beygebracht haben, damit er allmählich abzehre, in welcher schrecklichen Befürchtung man leider nur allzusehr bestärkt wird, wenn man ihn sieht, in einem Alter, wo sonst That und Körperkraft in der Regel in der höchsten Blüthe sind, gänzlich ermattet und

niedergeschlagen. Da sich der König Otto theils durch seine politische Gebun-
denheit, theils durch seine Skrupolosität zu keinem Versprechen, das mir eine
ehrenvolle Sicherheit böte, herbeylassen will, so bin ich gezwungen, falls die
Nachricht von Rom einen günstigen Bescheid enthielte, mich mit Vertrauen auf
Gott in den Strom des Schicksals zu werfen und das Weitere zu erwarten. Ein
großer Trost wurde mir daher durch den hellen Blick jener Seherinn, deren
aufgeschlossener Sinn in eine höhere geistige Sphäre hinüberragt. Stellen Sie
daher gütigst noch folgende Fragen an dieselbe: Bleibt der O. noch lange am
Leben, hat er kein Gift bekommen, und wird er keines erhalten? Droht ihm
sonst keine Lebensgefahr, und wie lange wird er noch seine Stellung behalten?
Gibt es in seinem Lande keine Revolution, und wenn, wird der A. ohne seinen
Glauben zu wechseln, blos mit dem Versprechen, daß seine Kinder die Religion
seines zukünftigen Reiches annehmen, König und Nachfolger des O., – Ist er
derjenige, auf welchen die griechische Verheisung lautet, gemäß welcher er das
Reich der Türken zerstören und Kaiser von Konstantinopel wird? Bleibt er dann
in dieser Würde bis an sein Lebensende, und werden auch seine Kinder ihm
darin nachfolgen? – Wird Frankreich ihn in seinen Kriegszügen, oder welch
anderes Land ihn mit Erfolg unterstützen? – Wird die Witwe, die er bereits
gesehen und gesprochen hat, nemlich die E. seine Gemahlin? Wie lange wird
sie leben? Wird er von seiner ersten Gemahlin Söhne bekommen, und werden
sie am Leben bleiben? – Was ist der A. jetzt, und welche Feinde hat er im
Militär und unter Fürsten? – Wird er bald sein Vaterland verlassen? Soll er erst
als König in sein neues Reich gehen, oder früher, und wird er als solcher gesalbt,
auch wenn er bey seiner jetzigen Religion verbleibt. –

Die Königin Amalie war bey ihrem Hierseyn so moquante gegen mich, und
doch soll sie nach dem Ausspruch der Seherinn jetzt so freundlich gegen mich
gestimmt seyn, warum? Wird der A. ferner selbst keine Gefahr laufen, wenn er
bey seiner Religion verbleibt, aus dem Wege geschafft zu werden? – Wird der
O. den A. selbst zu seinem Nachfolger erklären, durch welche Veranlassung
und wann? – Ist die Prophezeyung der Griechen eine wahre? – Wird der A.
selbst in den Krieg ziehen und wird er siegen? Warum wird gegen die Witwe E.,
welche meine Frau werden soll, so viel angestritten? Werde ich sie lieben, und
sie auch mich, und ist sie tugendhaft?

Daß sind nun wieder eine Menge Fragen. Allein in meinem Innern stürmt es
oft fürchterlich, und da ich den Zeitpunkt noch nicht geeignet erachte, meine
Empfindungen meiner Umgebung merken zu lassen, so wende ich mich eben
wieder vertrauensvoll an Sie, verehrtester Freund, und harre sehnsuchtsvoll auf
Antwort. Ihr Sie innigst verehrender
Adalbert

[Kommentar in der Schrift von Justinus Kerner:] „Über all diese Fragen konnte
wie vorauszusehen war, die Seherin keine Antwort ertheilen."

175

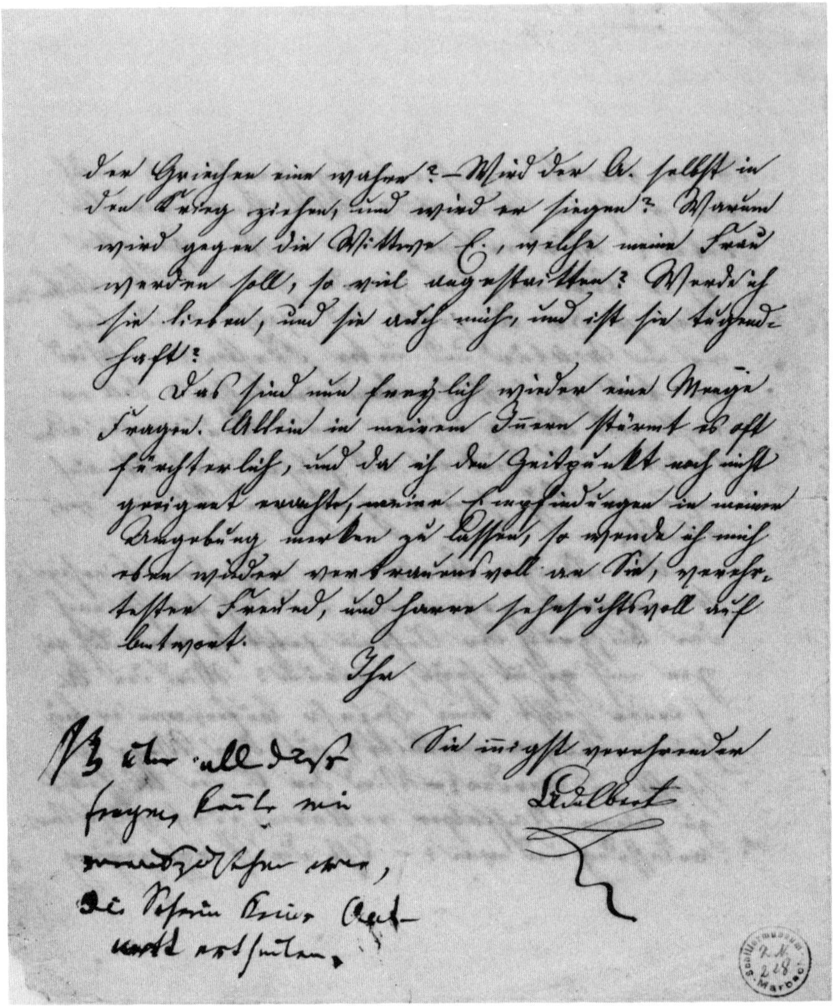

Abb. 37: Brief von Adalbert von Bayern an Justinus Kerner vom 22. Januar 1851, geschrieben vom Sekretär des Prinzen, Joseph Heiland, mit der Unterschrift Adalberts von Bayern und einer Randbemerkung von Justinus Kerner (Br. 19)

20/SML, 1094 V 86
Justinus Kerner an Adalbert von Bayern

Weinsberg, 28. Januar 1851

Königl. Hoheit!

Weil es der Wille K.Hoheit noch einmal so verlangten, so suchte ich diesen so bald als möglich zu erfüllen, ob aber mit Erfolg, daran zweifle ich sehr und mußte das schon zum voraus befürchten bey Durchlesung der so vielen u. so schweren Fragen an die Seherin, deren meiste so sind, daß solche nur Gott beantworten kann. (...)

Es waren aber ihre Antworten auf all die Fragen (ausgenommen die die ich hier weiter anführe), so unbedeutend und schwach, daß ich nicht für die Mühe werth hielt, sie niederzuschreiben. Bey den meisten gestand sie auch gerade zu daß sie über ihr Sehen hinausgingen.

Ich legte daher auch mehr ein Gewicht auf die Beantwortung von Hauptfragen, *der* wegen Vergiftung, Meuchelmord. Da gab sie feste Versicherung: nach ihrem Schauen finden die weder an A. noch an O. statt. Es seye bey O. eben eine natürliche Kränklichkeit. Den A. sagte sie, sehe ich immer in Spanien finster, in Griechenland sehe ich ihn licht, aber auf ebenem Wege kann er dort auch *nicht immer* gehen. Über das: daß sie die A. gegen A. freundlich gesehen, wo *dieser* diese nicht gesehen, sagte sie: ich sah es eben so u. kann es nicht anders sagen.

Über die ins Einzelne gehenden Fragen über Familienverhältnisse, über Weltereignisse, der Sage der Eroberung der Türkey durch die Griechen, versicherte sie nichts sehen zu können, das gehe über ihr Schauen und dieses glaube ich ihr auch herzlich gerne.

Es ist gewiß (wie ich auch in allen Briefen an K.Hoheit sagte) das Schauen solcher Menschen kein Evangelium, dessen stärkere oder schwächere Kraft, richtet sich auch nach der augenblikl. Gemüthsbeschaffenheit, nach den jeweiligen körperl. Zuständen usw., variiert dann u. wird dann unklar u. oft täuschend. Ich habe dieses in vielen meiner Schriften besprochen. Die Meinung die K.Hoheit von solchem Schauen haben u. daß es die Zukunft in *allen Dingen* aufschließen könne, ist gar zu groß. Bauen doch K.Hoheit (um das ich schon oft K.Hoheit bat) Ihr Tun und Lassen nicht mit solcher Zuversicht auf diese Aussagen von Sehern und Seherinnen. (...)

21/SNM, KN 2255
Joseph Heiland an Justinus Kerner

München, 31. Januar 1851

(...)

Sie sahen aus dem letzten Schreiben, mit welcher Masse von Fragen Er Sie neuerdings bestürmt. Ich sagte es Ihm beym Niederschreiben derselben mehrmals, daß es eine Unmöglichkeit wäre, dergleichen so speziell zu schauen. Es half Nichts; ich mußte sie schreiben. Wie unendlich leid thut es mir, Sie so sehr geplagt zu haben. (...)

Als Antwort auf die jetzt geschickten Fragen hielt ich wohl am geeignetsten die Erwiederung, auf so viele und so umfassende Fragen könnten Sie nur mündlich Antwort geben, schreiben aber um so weniger, als leider Ihr gegenwärtiger Zustand und Ihr Augenlicht überhaupt so viel als möglich Schonung vor schriftlichen Arbeiten nothwendig erfordern. (...)

Den Brief, den ich gestern für S.K.Hoheit erhielt, übergab ich nicht, sondern ich verschweige ihn. Schützen Sie nur Ihr Unwohlseyn vor; vielleicht schickt er mich dann selbst wieder hin, was auf jeden Fall besser wäre. Machen Sie nur Anspielung darauf in der Antwort an mich. Ich glaube übrigens, daß, so lange er Sie nicht selbst sprechen kann, die Sache nicht zu Ende geht. Denn ist er mit dem Einen zufrieden, so verfällt er auf etwas Anderes, oder stellt die alten Fragen blos in anderer Form. Verbrennen Sie diesen Brief und auch alle jene von den Seinen, wo von politischen Personen die Rede ist. (...)

So eben erhielt ich Ihre beyden letzten Schreiben. Sie sind der Art, daß ich sie übergeben kann, was Sie weiter auf das beygelegte thun wollen, bleibt Ihnen freylich überlassen. Allein die Einleitung ist gut; fahren Sie ganz nach Ihrem Ermessen darin fort. Das Endresultat wird nach meiner Meinung seyn: entweder muß ich noch einmal zu Ihnen, oder Sie werden am Ende zu Ihrer Hieherreise dringendst ersucht. (...)

22/SNM, KN 229
Adalbert von Bayern an Justinus Kerner

[o.O.o.D.; wohl 4. Februar 1851;
mit einer Nachschrift von Joseph Heiland vom 4. Februar 1851]
Verehrtester Freund!

Sie werden erstaunen, und, ich fürchte, es fast unbescheiden finden, daß ich Sie kaum nach Empfang meines eben erst abgegangenen Briefes schon wieder mit einem Heere von Fragen überschütte. Doch haben die meisten derselben nur Bezug auf Ihr unsterbliches Werk, die Seherinn von Prevorst.

Wenn meine Achtung vor Ihrem großen Namen durch Ihre so werthe persönliche Bekanntschaft noch bedeutend gesteigert wurde, so hat sie doch den Höhepunkt erreicht, seitdem ich mich ganz dem Studium dieser Werke im

Bereiche der Mystik gewidmet habe. Es ist für mich ein tröstliches Gefühl, die Gewißheit einer nahen Seelenverschwisterung mit höhern geistigen Wesen darin zu finden. (...)

Doch kann man ohne tieferes Eindringen in die geheimen Wissenschaften den Schlüssel zu diesen Mysterien nicht finden. Darum muß ich Sie, verehrtester Freund, da ich in diesem Studium eben erst Anfänger bin, um manche nähere Aufklärung bitten. Z.B. durch was erklären Sie sich den Stechblick jener Seherinn? In wie weit halten sie ihn zur richtigen Angabe der Wahrheit kompetent? In welcher Weise und Gestalt stellen sich bey ihr die Bilder, aus denen sie die Zukunft vorhersagt, dar, und wie unterscheidet sie den günstigen oder ungünstigen Erfolg? (...)

Ich legte nemlich, um gleich beym Betreten der geheimnißvollen Schwelle Beweise von Wahrheit zu erlangen, öfters dieselben Fragen sowohl dem Astrologen, Herrn Vogt, als auch der Seherinn vor, und im Wesentlichen stimmten sie jedesmal genau überein. Auch trifft Schlag auf Schlag das von der Seherinn Vorhergesagte oder Angesprochene zu. So eben erhalte ich die Nachricht von General Narvaez Sturz, den sie immer ganz schwarz sah. (...)

Überaus glücklich würde ich mich fühlen, könnte ich Sie im herannahenden Frühjahr auf einige Zeit hier sehen, um jetzt persönlich Ihnen mein ganzes Herz ausschütten zu können. Sehr lieb wäre es mir auch, könnten Sie die Seherinn ebenfalls mitbringen, da es mir im jetzigen Augenblick, so innig es mich auch freuen würde, Sie in Ihrem lieblichen Weinsberg selbst zu besuchen, unmöglich ist, ohne Aufsehen zu machen. (...)

Fragen Sie sie auch, sowohl im Hellsehenden, während dem sie in das Glas blickt, als auch im gewöhnlichen Zustande, ob und wie man ihre Sehergabe erlernen, und ob sie dieselbe auch auf Andere übertragen könne; und wenn, ob ich dazu disponirt sey, entweder durch sympathetischen Rapport, durch Ausströmung ihres Nervengeistes auf meinen, oder durch persönliche gegenseitige Berührung. (...)

Herr Vogt war sehr erfreut über den seine Person und seine Wissenschaft betreffenden Ausspruch der Seherinn. Und als man ihm sagte von einem Sterne, den sie über meinem Haupt sehe, rief er überrascht und entzückt aus: „Das ist der Fomahand!" Es ist dies nemlich ein Fixstern, der bey meiner Constellation in den Angelpunkt fällt, und Könige und Kaiser oder ebenso gut deren Stellvertreter andeutet.

Schreiben Sie mir auch gütigst über die Kraft der Wünschelruthe, deren so oft in der Seherinn von Prevorst erwähnt ist, ob sie der Schwarzkunst oder der himmlischen Magie angehört; wie dieselbe zu bereiten ist, und was man durch sie erlangen kann. (...)

Worin besteht ferner die Magie der Ägypter und Chinesen, und deren Weisheit? Die Seherinn von Prevorst hatte die Zahl 7; was habe ich für eine, und was bedeutet sie? Welche Zahlen überhaupt sind mir günstig?

Von mir hinzugefügt am 4. Februar 1851. [Joseph Heiland]
Bis hieher gehen nun die unendlichen Fragen meines gnädigsten Herrn. Ich
mußte sie nolens volens niederschreiben, und ich sende sie ihnen hiemit, wie
schon gesagt, um auch jeden Schein von irgend einer Unterschlagung von mir
zu wälzen. Die Beantwortung derselben bleibt natürlich Ihnen, verehrter Herr
Doktor überlassen. Ich schweige, und kann nur bedauern. (...)

So eben erhalte ich Ihr neues Schreiben. Ich erwidere Ihnen darauf, verehrtester Herr Doktor, werden Sie an mir *nie* irre, mag auch kommen was da wolle.
Ich bin und bleibe Ihnen Ihr ganzes Leben in Liebe und Verehrung ergeben.

Ihr ganz ergebener J. Heiland

23/SML, 1095 V 86
Justinus Kerner an Adalbert von Bayern

Weinsberg, 7. Februar 1851

Königliche Hoheit!

Kann ich nicht genug versichern, wie groß meine Sehnsucht ist, Königl.Hoheit
recht bald selbst meine Aufwartung in München zu machen, um dann über all
die Dinge für die K.Hoheit so großes Interesse haben, zu sprechen und
Königl.Hoheit soviel ich mit meinen schwachen Kräften vermag, über alles
aufzuklären, was K.Hoheit im Felde der magnetischen Erscheinungen noch
näher zu wissen wünschen. (...)

Wiederholen muß ich aber noch einmal, was K.H.Bruders Majestät vor zehn
Jahren (wie ich K.Hoheit schrieb) über das Studium der Seherin von Prevorst
sagte: daß Er dieses Buch wohl lesen möchte, aber aus Furcht für seine
Gesundheit, gerade weil er zu solchen Dingen große Neigung in sich fühle,
nicht unternehme, und so geht meine vielleicht übergroße Sorge für K.H.
nochmal dahin, es könnte besonders im gegenwärtigen Augenblicke, K.H.
dieses Studium bey der so lebendigen Phantasie, K.H., für die Gesundheit
schädlich werden.

Ich hätte diese Befürchtung nicht so, würde K.H. *nicht Alles so fest und feurig
auffassen, gleich an sich selbst erproben und ins praktische Leben hereinziehen und
selbst Thun und Lassen darnach richten wollen.*

Die Beantwortung der Fragen, die K.H. in Hinsicht des Stechblickes der
Seher, ihrer Begabung zum richtigen Schauen u. der Erkennung dieses und über
das Wesen des Erscheinens u. Einstellens der Bilder aus denen eine Seherin die
Zukunft erschaut usw. kann ich, in Wahrheit! K.H. nicht geben, weil, ich
gestehe es, auch mein Wissenssinn sich noch nicht so fest gestaltet hat als daß
ich K.H. eine befriedigende Auskunft hierüber geben könnte. Ich fühle mich
überhaupt immer sehr beschämt, wenn K.H. mich für einen so hochwissenden
Mann halten, der ich nicht bin.

K.Hoheit haben in Ihrer Nähe einen Mann, der der *erste* Begründer des

Abb. 38: Lithographie aus „Die Seherin von Prevorst" von Justinus Kerner, 1829: „Ferner lege ich die Abbildung eines weiblichen Geistes bey, der ihr immer in einer Kirche zu erscheinen pflegte. Das Bild selbst hat sie gezeichnet, die Kirche ist eine Zugabe der Lythographen." (Br. 23)

Erkennens der Nachtseite der Natur ist. Zu vieler Aufklärung könnte K.H. auch das Wissen dieses Mannes des herrlichen Schuberts, dienen.

Die Seherin von Prevorst war eine Seherin ganz anderer Art als jene Befragte. Sie kam zeitweiße in das tiefste innere Leben u. Schauen u. war sie, wie sie sich ausdrückte, in dem Centrum jener Kreise, die sie so merkwürdig in Bildern darstellte, so war ihr Sehen untrüglich.

Ich halte die Erfindung jener Kreise in ihr für das Merkwürdigste im ganzen Buche, sie enthalten eine *wahre* Naturphilosophie. Kam sie in ihrem Schlafwachen aus dem Centrum jener Kreise, so war ihr Schauen weniger tief u. oft von der Außenwelt gestört u. unsicher, dann hatte man aber bestimmte Kennzeichen das zu erkennen, sie wußte dann auch nach dem Erwachen was sie im Schlafe gesehen und gesprochen, was im tiefen Schlafwachen im Centrum nicht war. (...)

Solches geistige Wissen, wie die Seherin von Prevorst in ihrem tiefen magnetischen Leben, besitzt allerdings jene befragte Seherin nicht. Es ist das Schauen lezterer mehr wie ein Instinkt, aber zu bestreiten ist allerdings nicht, daß inzwischen Mehreres von ihrem Schauen eintraf, aber das ist *auch* bestimmt, daß es in unserer Zeit immer weniger intensiv zu seyn scheint u. sich auf dasselbe nicht zu verlassen ist, wie ich überhaupt K.H. immer bitten muß, nicht einzig nach solchen Aussprüchen Schauender, auf ihre Untrüglichkeit bauend, Thun und Lassen einzurichten. Dieß kann ich nicht genug wiederholen.

Die Eigenschaft der schottischen Seher, ihr Sehen durch Berührung auf andere überzutragen, besitzt diese Seherin nicht. Sie kann es einem nicht lehren oder von sich übertragen. (...)

Ein Mitbringen jener Seherin könnte K.H. von keinem Nutzen seyn. (...)

Ferner wäre man sehr *unpolitisch,* wenn man hiebey nicht auch bemerken würde, daß man (nahmentl. der Geistliche des Ortes) den Zweck der Reise dieser Frau (die immer kränklich ist u. viele Kinder hat) bald herausbringen u. davon ein Geschrey in die Welt machen würde, was bösartigen Menschen und hungrigen Zeitungsschreibern, aber *K.Hoheit gewiß nicht,* sehr willkommen wäre. Derley muß *für K.Hoheit* besonders in deren jetzigen Standpunkte, *durchaus* vermieden werden. –

Ich bin so frey K.H. das neueste Stück meines Magikons, hier bey zu legen. K.H. finden in demselben auch einen Aufsatz über die Wünschelruthe. Diese gehört weder der schwarzen, noch der weißen, Magie an, sondern beruht auf natürl. siderischen (elektromagnetischen) Kräften u. fällt ganz in das Gebiet der Physik, wie Galvanismus u. Elektricität. Sie wird hauptsächlich zum Auffinden von Metalladern, auch hauptsächlich zum Auffinden von Wasseradern, Bromquellen rr. angewendet. Es ist kein Zauber in ihr.

Görres schrieb in seiner Mystik (der übrigens überhaupt dem Zauber noch lieber huldigt als Schubert) vieles, immer Liebenswürdiges über sie und ähnliche Gegenstände. Aber ich rathe K.H. das Studium solcher Bücher gar nicht in jetzigem Zeitpunkte an, dagegen wird K.H. das Studium der Schriften Schuberts, z.B. seine Geschichte der Seele, seine Nachtseite der Natur u. so vieles was dieser edle Mann schrieb, zur Belehrung u. angenehmen Arbeit dienen. Diese Schriften führen mehr auch in die Natur als in die immer noch unsichere u. dunkle Übernatur, so verlockend auch die leztere für eine feurige Phantasie ist. Ich lege hier K.H. ein wohlgetroffenes Bild der Seherin von Prevorst bey. Es existiert nur in wenigen Exemplaren, auch setze ich unter dieselbe eine Schrift von ihrer eigenen Hand in der Sprache ihres Innern. Ferner lege ich die Abbildung eines weiblichen Geistes bey, der ihr immer in einer Kirche zu erscheinen pflegte. Das Bild *selbst* hat *sie* gezeichnet, die Kirche ist eine Zugabe des Lythographen. (...)

24/SNM, KN 8921
Justinus Kerner an Joseph Heiland (Briefentwurf)

Weinsberg, 7./9. Februar 1851

An *Sie allein.*
Haben Sie die Güte diesen Brief ganz gewiß K.Hoheit zu übergeben. Es sind in ihm Gefühle und Meinungen meines Herzens, die ich für wahr u. recht halte. Ich kann unmögl. anders sprechen... Es ist mir leid, daß Sie HE.Vogt von jener Seherin sagten, weil es dadurch leicht wieder weiter gesagt wird, was auch K.H. wegen durchaus vermieden werden müßte. – (...) Sie schreiben mir nicht wie es denn eigentl. mit jener griechischen Reise ist. Hat der Prinz so große Abneigung dagegen, so soll er trotz aller Prophezeihungen von Kronen nur seinen Gefühlen und dem Rath vernünftiger Männer nach leben... Nur durch solchen Rath können Sie Ihm ein guter Berather seyn. –

Das letzte Schreiben war nicht v.K.H. unterzeichnet. Sie dürfen versichert seyn, daß ich darüber nichts Böses sehe, aber die Form erfordre by einer Correspondenz besonders mit einer so hochgestellten Pers. doch auch zur Unterzeichnung derselben. Schreiben Sie mir doch recht bald wieder!

25/SNM, KN 2256
Joseph Heiland an Justinus Kerner

München, 13. Februar 1851

(...)
In Betreff Ihres Schreibens an mich *allein,* kann ich nicht unterlassen zu bemerken, daß es mir auffallend war, in dem Ersuchen um ganz gewisse Übergabe des Schreibens an Ihn die Worte: „Ganz gewiß" zweymal unterstrichen zu sehen. Lieber, verehrter Herr Doktor! Ich behalte nichts zurück oder

geheim, was an Ihn adressiert ist, am allerwenigsten von Ihnen, den ich eben so sehr verehre und liebe, wie mein gnädigster Herr. Das Schreiben allerdings, das gerade hier ankam am nemlichen Tage, als Sie das Seinige mit meiner Beygabe erhalten haben müssen, behielt ich zurück, gab aber auch die Gründe an, warum. Es geschah rein nur, um Ihr Augenleiden zu schonen, und in der weitern Absicht, daß er Sie nicht mit gar so vielen Fragen mehr belästigen möchte. Ich habe ihm beym Diktiren beyder Schreiben, und namentlich über seine Idee, die Seherinn selbst sehen und sprechen zu wollen, alles Mögliche vorgestellt; allein es half nichts. Ich mußte alles niederschreiben. Ich zögerte deßhalb um so mehr mit der Übersendung des zweyten, einen ganzen Bogen anfüllenden Schreibens. Auch hatte ich keinen Auftrag, dasselbe zur Unterschrift noch einmal vorzulegen, sondern es sogleich in Reinschrift zu bringen und dann sogleich fortzusenden. Daher der Mangel der Unterschrift. (...)

Was HE. Vogt betrifft, so war nicht *ich* es, der ihm das von der Seherinn mitteilte, sondern Er selbst. Aber auch da dürfen Sie, verehrtester Herr Doktor, vollkommen ruhig seyn, denn HE. Vogt ist ein Mann, den man ehren und achten muß. (...)

Er ist auch der Mann, der schweigt, wie das Grab. (...)

26/SNM, KN 230
Adalbert von Bayern an Justinus Kerner

München, 22. Februar 1851

(...) Immer bin leider auch ich noch in großer innerer Aufregung, da mein Geschick fortwährend unentschieden ist und viel Hindernisse sich mir entgegentürmen. Und da HE. Vogt, dieser gottesfürchtige und vortreffliche Mann, auch krank darniederliegt, so ist mir jeder geistige Trost versagt. Es würde mir daher zu großer Beruhigung gereichen, könnten Sie die Seherinn, deren Schauen ich für kein unrechtes halte, indem sie es angeboren hat und selbst über meinem Haupte einen glänzenden Stern sah, was HE. Vogt große Achtung eingeflößt hat, noch einmal zu sich bescheiden und ihr folgende Fragen vorlegen:

1.) Wann werde ich von hier fortkommen?
2.) Kann ich König werden, ohne meinen Glauben zu verlassen?
3.) Bin ich der Mann, der in einer Prophezeihung der Griechen bezeichnet ist ...
   und worin es heißt, ein blonder König würde ... die Griechen nach
   Konstantinopel führen?
4.) Bis wann werde ich mich vermählen, und wie lange wird König Otto noch
   regieren? (...)

27/SNM, KN 2257
Joseph Heiland an Justinus Kerner

München, 25. Februar 1851

(...) Am meisten jedoch macht mir schon mein gnädigster Herr zu schaffen, so daß ich seinetwegen schon manche schlaflose Nacht hatte. Und diese Besorgnisse steigern sich in dem Grade, als ich immer mehr die Überzeugung gewinne, Er gehe nicht der besten Zukunft entgegen. Es fehlt bey ihm festes Vertrauen auf Gott, und andererseits sehe ich Ihn von solch argem Ehrgeiz hingerissen, daß Er auf gar keine vernünftige Vorstellung mehr hört, sondern blindlings der Verfolgung seiner Pläne sich hingibt, so zwar, daß ich die feste Überzeugung auszusprechen keinen Anstand mache, Er werde, wenn auf keine andere Weise Möglichkeit vorhanden ist, sein Ziel zu erreichen, sogar die Religion seiner Väter in den Hintergrund treten lassen, weil namentlich Rußland erklärt hat, der Thronfolger Griechenlands müsse griechischer Religion seyn. Darum auch seine wiederholten Fragen an die Seherinn, deren Aussage Er immer vollen Glauben beymißt, besonders wenn sie etwas betreffen, das seiner Phantasie schmeichelt. So lange er übrigens in dieser Beziehung mit Männern verkehrt, die nur sein Bestes beabsichtigen, ist es noch gut für Ihn. Ich fürchte aber sehr, daß sein rastloses Sehnen nach Entdeckung seiner Zukunft auf diesem Wege Ihn bald wieder mit Personen bekannt machen wird, die Ihn so arg oder noch ärger mißbrauchen, wie dieß schon zweymal der Fall war, besonders wenn die bisher von Ihnen erhaltenen Mittheilungen nachlassen oder endlich ganz aufhören. Ich versichere Sie, verehrtester Freund, daß mir diese Befürchtung viel Kummer macht, um so mehr, da ich weiß, daß Er bereits mit einer schottischen Dame, die er auf einem Balle kennen lernte, und die Ihm sagte, sie selbst habe dieses Sehvermögen, in dieser Beziehung mehrere Unterredungen hatte, und sogar sie schon veranlaßte, nach London zu schreiben, um durch einen dort sich befindenden Khrystall seine Zukunft zu erfahren. Sie machte Ihm nemlich weiß, in London sey ein solcher, in welchem man untrüglich alles Zukünftige deutlich sehen könne. Die ganze Folge davon wird, wie ich voraussehen muß, nichts anderes für Ihn seyn, als eine ungeheure Blamage.

Was seine Abreise betrifft oder die des Königs Otto, so verlautet darüber immer noch gar nichts Bestimmtes. Ich glaube auch, daß es nicht so schnell gehen wird. Sollte unvermuthet etwas darüber verlauten, so werde ich sogleich schreiben. (...)

28/SNM, KN 8922
Justinus Kerner an Joseph Heiland (Briefentwurf)

[Weinsberg], 28. Februar 1851

Verehrtester Freund!

(...) Es ist mir, so wie auch wohl Ihnen, *entsetzlich traurig,* daß K.H. meine Bitten u. Vorstellungen meiner Briefe, die mir zu schreiben by meiner halben Erblindung doch so schwer fallen, so gar nicht beachtet als hätte sie K.Hoheit gar nicht gelesen; denn K.H. Briefe enthalten nie eine eigentliche Antwort auf die meinigen, sondern immer u. immer nur das alte unselige Begehren, sein kommendes Geschick vorauswissen zu wollen u. Dinge vorauswissen zu wollen, die, wie der gewöhnliche Verstand schon einsieht, auch das schärfste Seherauge eines Menschen nicht voraussehen könnte. (...)

So ist es mir, bedenk ich diß, eine wahre Trauer, wenn K.H. sich auch noch Menschen anvertrauen, die es vielleicht nicht so gut mit Ihm meinen wie ich u. die K.H. dann, Gott weiß, welche Dinge vorschwätzen u. auf völlige Irrungen bringen. Es fehlt an Ruhe u. Gottvertrauen, was sehr kläglich ist. Ohne Gottvertrauen kann man keine Krone tragen u. auch nicht meinen wollen, man könne dazu bestimmt seyn, die Türken aus Europa zu vertreiben. Solche Prophezeihungen auf sich anzuwenden, kann nur irre führen. (...)

29/SNM, KN 2258
Joseph Heiland an Justinus Kerner

[o.O.], 4. März 1851

Hochgeehrter Herr Doktor!

Innigst verehrter Freund! (...) Ich lese die Seherinn von Prevorst mit immer gleich gespannter Aufmerksamkeit, und ich muß gestehen, daß, je weiter ich darin vorwärts komme, ich auch immer ernster und nicht selten sehr niedergeschlagen werde, so daß ich mich dann mächtig in Ihre Nähe sehne, um Ihnen mein ganzes Innere aufzudecken. Wunderbar! Wunderbar! ist oft das Einzige, was hie und da unwillkürlich meinen Lippen entschwebt. Denn durch das Lesen dieses merkwürdigen Buches wurde mir eine Welt kundgegeben, von der ich bisher keine Ahnung hatte. (...)

Nun von meinem gnädigsten Herrn. (...) Sie wissen, in welch ruchlose Hände Er wegen seiner Vorliebe für Spanien im Jahre 1848 gefallen war. *Mir* gelang es, nachdem ich davon Kenntniß erlangte, Ihn aus jenem doppelten teuflischen Netze herauszureißen. *Ihrem* mächtigen Einflusse war es vorbehalten, Ihm jene unselige Idee zu benehmen. Ganz vernichtet ist sie noch nicht, sondern sie ist blos in völligen Hintergrund gedrängt, seitdem Griechenland die Vorderbühne einnimmt. Und selbst dieses Griechenland ist es nicht, wonach all Sein Sinnen und Trachten jetzt geht, sondern die weitere Aussicht, von dort aus und vermittelst seiner erhabenen Stellung in diesem Lande sein eigentliches Ihnen bereits bekanntes Ziel zu erreichen. Das ist es, was Ihn, wie Er mir

186

gestern selbst offen gestand, Tag und Nacht beschäftigt, Ihn in einer fortwährenden fieberhaften Aufregung erhält, dem er Alles zum Opfer zu bringen bereit ist, und das Ihn wenn es mißlingt, oder auch gelingt, in endlose Gefahren und weiß Gott noch in was alles stürzen wird.

Der vortreffliche Schubert kommt zwar seit längerer Zeit schon häufig mit Ihm zusammen. Allein ich glaube immer, daß Er sich nicht getraut, sich Ihm so kundzugeben, wie dieß bei Ihnen der Fall. (...)

Ich kann hierüber nicht weiter fortfahren. Ich kann und muß Ihn nur aus dem Innersten meiner Seele bedauern. Denken Sie sich verehrtester Freund, dabey in meine Lage. Ich bin der Einzige, dem er sich anvertraut, und wie viel ich über Ihn vermag, ist Ihnen bekannt. Welcher Zukunft kann und darf ich vor solchen Verhältnissen entgegen sehen, für mich sowohl, als auch und mehr noch für Ihn! Hier hat HE. Vogt wieder vollkommen recht und wahr gesprochen. Gleich in der ersten halben Stunde unserer ersten Unterredung sagte er: „Der Prinz wird Sein ganzes Leben hindurch mehr oder minder am Geiste leiden. Ich werde es Ihnen jedesmal vorhersagen, wann es ärger wird oder wieder besser." Merkwürdig aber ist es, daß er ihm Unsterblichkeit des Namens wegen Kriegsruhm prophezeyt. Wollen wir es Gott überlassen. Er wird es recht machen. Ich kann nichts als für Ihn beten und nach möglichen Kräften wachen. (...)

bitte ich Sie mich fortan nennen zu dürfen
Ihren Sie innigst verehrenden Freund Heiland

30/SNM, KN 2260
Joseph Heiland an Justinus Kerner

München, 1. Mai und 8. Mai 1851
Hochverehrter Freund!

Immer, wenn ich unbegreiflich lange nicht schreibe, so dürfen Sie es, natürliche Unfälle abgerechnet, als ein sicheres Zeichen betrachten, daß Dinge von solcher Wichtigkeit vorgehen, deren Endresultat ich vorerst abwarten möchte. In höchstem Grade war das dießmal der Fall. (...)

Das Hauptsächliche der endlichen Übereinkunft der königlichen Familie über die Thronfolge in Griechenland wird Ihnen bereits durch die Augsb. Allg. Zeitung bekannt seyn. Die Folge davon ist nun, daß mein gnädigster Herr sich um eine Frau schauen muß. (...)

8. Mai. Die griechische Angelegenheit ist nun so weit bereinigt, daß mein gnädigster Herr die griechische Thronfolge übernommen hat. Es ist wohl auch vorauszusehen, daß die drey Schutzmächte damit einverstanden seyn werden. Und so werden wir denn wahrscheinlich im nächsten September oder Oktober in jenes historisch so berühmte Land wandern. Gott wolle, daß dann das Sehnen meines Herrn gestillt, und seine Gemüthsunruhe für immer entweiche! (...)

31/SML, 1096 V 86
Justinus Kerner an Adalbert von Bayern

Weinsberg, 7. Mai 1851

(...) Dieß verzögerte auch meine Antwort an K.Hoheit, auch wollte ich immer eine Zeit erwarten, wo jene Seherin zu einem *untrüglichen* Schauen vielleicht kommen werde als sie in den leztern Befragungen zeigte. Zu den frühern geistigen Störungen ihres Schauens durch Vorhalt des Geistlichen vor der Gemeinde, kam nun aber inzwischen eine körperliche Störung... In dieser Lage kann ich sie mit gutem Gewissen zu keinem Schauen veranlassen. Erzwingen sollte ich auch durchaus nichts: denn was würde K.Hoheit an Antworten liegen, die, wären sie auch noch so sehr nach den Wünschen K.Hoheit, am Ende in Beeinflussung ausarten würden!!! (...)

Wie ich aber K.Hoheit schon so oft zu bemerken mir die Freyheit nahm, so rathe ich solche Bestrebungen K.Hoheit nicht an, dadurch der Zukunft ihren Schleier zu heben, sondern blos im Fall K.Hoheit diese Erscheinungen als Naturphänomen näher kennen lernen wollten.

Überlassen wir unsere Zukunft mit blindem kindlichem Vertrauen allein unserem Vater im Himmel! – (...)

32/SNM, KN 233
Adalbert von Bayern an Justinus Kerner

München, 8. Mai 1851

Verehrtester Herr Doktor!

Schon lange war es mein Wunsch, mich mit Ihnen wieder einmal schriftlich besprechen zu können. Doch leider war meine Zeit, besonders in den letzten Tagen der Anwesenheit meines Bruders Otto so sehr in Anspruch genommen, daß ich nicht dazu kommen konnte. Wie es nun allen Anschein hat, wird mich nach den letzten Verhandlungen und Stipelationen mit König Otto mein Schicksal, wie es HE. Vogt und die Seherinn voraussagten, bald nach Griechenland führen. (...)

Eigenthümlich stimmen faßt alle Aussagen von Freund und Feind in Betreff meiner kühnsten Hoffnungen überein. als griechischer Herrscher das erlöschende Licht des Halbmondes aus Europa gänzlich zu vertreiben, und den alten Kaiserthron der Byzantiner vom Glanze des Christentums umstrahlt wie einen Phönix aus der Asche erstehen zu sehen. Denn selbst die Türken haben eine Weissagung, die den Sturz des Islams in Europa in den Zeitraum zwischen 1850 und 60 fallen läßt. (...)

Theilweise glaube ich mich dazu berufen, da, als dem Letzten meines Hauses, den griechischen Thron für dasselbe zu retten, einzig und allein auf mir beruhend, mir in der Hand lag. Arg wurde ich am Anfange von meinen beiden königlichen Brüdern, wie Vogt voraussagte, daß ich gleichsam gezwungen wurde zur Annahme höherer Würde, getrieben, bis zuletzt, nachdem ich meine Zustimmung gegeben, König Otto im dunklen Ahnungsgefühle, daß ich vielleicht zu früh sein Nachfolger würde, eine Abneigung gegen mich zu fassen schien. Wie schmerzlich es mir daher fallen muß, meinem eigenen Bruder nachtheilig im Wege zu stehen, braucht kaum einer Erwähnung. Daher mein beständiges Seufzen nach höherer Erleuchtung über meinen Beruf, daher auch meine fortwährende qualvolle Unruhe. Sie würden mich darum auch unendlich verbinden, wollten Sie die Seherinn fragen, ob es Gottes Wille sey, daß ich König oder auch Kaiser der Griechen werde. (...)

33/SNM, KN 8923

Justinus Kerner an Joseph Heiland (Briefentwurf)

[Weinsberg], 13. Mai [1851]

(...) Gott gebe nur daß Sie und K.Hoheit nicht fortreisen und daß aus dieser griechischen Geschichte nichts werde. Nähren Sie doch nur nicht den Glauben in K.H. Er werde ein Kriegsheld, wie HE. Vogt, den da seine Berechnungen verlassen haben müssen, prophezeihte... Dann schrieb ich ja Ihm, wenn Er je eine Krone wolle (ich halte aber jede Krone für Ihn für das höchste Unglück) so wäre die Krone Griechenlands (für die Er ja, wie Sie mir sagten, bestimmt ist) immer noch natürlicher u. erreichbarer als die *Krone Spaniens,* nach der Er so mit Inbrunst strebte. (...) Er solle jedenfalls dabey sich auch des Rathes verständiger Männer, auch Seines K.Vaters u. K.Bruders Majestäten bedienen, aber es scheint nicht zu helfen und ich befürchte daß diese fortdauernde Unruhe und Phantasien mit Unterdrückung alles Verstandes noch zu einer schlimmen Krankheit führen könnte. Ich glaube daß wenn irgend ein Mensch fähig ist, mit Überlegenheit des Geistes u. mit Wärme des Herzens auf K.H. einzuwirken, es nur Schubert seyn kann. (...)

Ich weiß gar nicht wie der Prinz zu dieser projektierten Nachfolge Seines HE. Bruders Majestät kam, ob es der Wille des Bruders, der Wille der Familie ist, – ich weiß gar nichts von dieser Politik. Ich weiß nichts als nur nach dieser langen Correspondenz, daß dem Leben K.Hoheit gewiß der beste Frieden gegeben würde, könnte man K.Hoheit vor allen Kronen bewahren, wenigstens noch jezt – doch die Krone wird auch wohl noch nicht sobald kommen. (...)

34/SNM, KN 2264
Joseph Heiland an Justinus Kerner

München, 5. Juli 1851

(...) In Betreff Ihrer Äußerungen über die Vorfälle in Weinsberg während seiner Anwesenheit theile ich schon nach meinen früheren Mittheilungen ganz und gar Ihre Ansicht. Nur *eine* Hoffnung der nächsten Zukunft belebt mich, nemlich die, daß ein glückliches Familienleben an der Seite einer vortrefflichen Gattin einen nicht geringen Einfluß auf Ihn machen dürfte. (...)

Gestern hatte ich das erste Mal mit meinem gnädigsten Herrn etwas länger und ausführlicher über seinen Aufenthalt bey Ihnen zu sprechen die Gelegenheit. Seine Freude darüber ist ungemein groß. Ich erhielt den Auftrag, ihm sogleich die Bücher zu besorgen, die Sie in Ihrem Schreiben an mich benannten. In den Stein, den Sie schickten, muß ich das magische Amulet graviren lassen. Er wird ihn dann in einem Ringe tragen. Nach Allem, was ich bisher bemerkte, hat seine Vorliebe zur Ergründung geheimer Kräfte eher zu- als abgenommen, und je begieriger er darnach greift, desto mehr fühle ich mich abgestumpft, und ich zweifle, ob ich es in die Länge noch werde über mich gewinnen können, Ihm in seinem unaufhaltsamen Streben auch nur mäßig zu folgen, und dieß lediglich deßhalb, weil ich den Endzweck kenne, den Er dabey zu erreichen sucht; und dieß kann unmöglich zu seinem Besten gereichen, sondern wird, wie es jetzt schon sein so junges und schönes Leben verbittert, früh oder spät sein ganzes Lebensglück zerstören. (...)

35/SML, 1097 V 86
Justinus Kerner an Adalbert von Bayern

Weinsberg, 19. Juli 1851

Königliche Hoheit!

(...) Meine innigsten Wünsche, mein warmes Gebet für K.Hoheit geht besonders dahin: der Himmel möchte K.Hoheit bald eine Lebensgefährtin verleihen, die in Euer K.Hoheit so sehr bewegtes, unsaglich gutes, liebendes Gemüth, die Wonne u. den Frieden eines treuen ehlichen Lebens gießt. Gewiß nur durch solch eine Verbindung werden K.Hoheit erst ein Glück der Erde finden können das über alle Königskronen geht. Dazu verhelfe der alliebende Gott Euer K.Hoheit! –

Den Tag wo mich K.Hoheit in meinem kleinen Häuschen beglückten, kann ich Zeitlebens nicht vergessen und wollte Gott daß K.Hoheit trotz des damaligen trüben Himmels an jenem nur zu kurzen Tage noch ein helles Licht im Gemüthe trügen! (...)

Joseph Heiland an Justinus Kerner

München, 1. September 1851

(...) Sehr oft spricht er [Adalbert] mit besonderer Freude von Seinem Aufenthalte bey Ihnen, und ebenso mit besonderer Achtung von Ihrem Herrn Sohn. –
Von der Reise nach Griechenland verlautet bisher immer noch nichts Bestimmtes. Ich habe Ihm jedoch geradewegs gesagt, daß ich mich unmöglich entschlie-
ßen kann, Ihm zu dieser bey uns gehaßten Nation zu folgen, wenn ich nicht
vor der Abreise durch Ertheilung einer geeigneten Staats-Stelle geborgen bin,
damit, wenn es etwa drinnen schief geht, ich wisse, wohin ich mich in meinem
Vaterlande zu wenden habe. Die häufigen Erfahrungen, daß das so arg undankbare Volk von Griechenland keine Deutschen leiden kann, am allerwenigsten in
der nächsten Umgebung des Königs, führen zur Gewißheit, daß, so bald er
drinnen als Thronfolger auftritt, Seine nächste Umgebung aus Griechen gebil-
det wird. (...)

Ferner möchten Sie die Seherinn wieder kommen lassen, und sie über
Folgendes fragen:

1. Wird der O. sein Land verlassen und wann, freywillig oder gezwungen, und
   wird Er dann dessen Stelle selbst einnehmen oder ein Sohn von Ihm?

2. Wird die von Ihm gewünschte Heirath vor sich gehen und wann? Werden
   daraus Kinder, namentlich ein Sohn, hervorgehen?

3. Darf Er dem griechischen Gesandten Schinas trauen oder nicht?

4. Ebenso dem Staats-Rath Maurer?

5. Was sagt die Seherinn von Dr. Zimbl?

6. Wie stehen die Fräulein Karoline W. und Karoline P. zu Ihm? Wornach
   streben sie bey Ihm?

7. Ist der Kürassier-Lieutenant Graf Senisheim aufrichtig mit Ihm? Will er Ihn
   nicht zu seiner Zeit mißbrauchen?

Nur mit argem Sträuben schreibe ich Ihnen alle diese Fragen, und überlasse es
ganz und gar Ihrem Ermessen, darauf zu antworten. Jedoch muß ich Sie
freundlichst bitten, in Ihrer Antwort an Ihn irgend einen trifftigen Grund
wegen des langen Ausbleibens derselben vorzuschützen. Ich zögerte nemlich
theils aus Krankheit, theils auch und vorzüglich, um Sie nicht neuerdings mit
zum Theil wiederholten Fragen zu belästigen und zu quälen. Allein ich *mußte*.

Ich muß schließen, ich bin ganz erschöpft. Wir grüßen Sie alle herzlichst.

37/SML, 1098 V 86
Justinus Kerner an Adalbert von Bayern

Weinsberg, 11. September 1851

(...) Weil K.Hoheit noch immer ein so großes Gewicht darein legen, das Schiksal durch Seher vorauszuwissen, so thut mir unaussprechlich leid, K.Hoheit schreiben zu müssen, daß jene Seherin seit einiger Zeit krank liegt u. einer völligen Entkräftung nahe ist. K.Hoheit sehen schon hier selbst daß mit dieser Seherin wenig mehr zu machen war u. die ihr jezt wieder gestellten vielen u. schweren Fragen würde sie jezt gar nicht, oder was noch schlimmer wäre falsch oder verwirrt beantworten. (...)

N.S. Das lange Ausbleiben meiner Antwort rührt daher, weil ich immer hoffte, jene Seherin könnte sich doch noch im Laufe der Zeit bessern, allein es ist nicht der Fall, denn was erzwingen mag u. kann ich nicht von ihr. (...)

38/SNM, KN 2266
Joseph Heiland an Justinus Kerner

München, 27. Oktober 1851

Verehrtester Herr Doktor!

Schon längst hätte ich ihnen wieder schreiben sollen, allein gar Vieles hielt mich immer wieder davon zurück, vor Allem verschiedene wiederholte Aufträge, welche Sie längst beantwortet haben, oder welche bestimmt zu beantworten man Gott im Himmel seyn müßte. (...) Wollen Sie also, ich bitte Sie abermals freundlichst darum, irgendeinen Grund vorschützen, daß so lange keine Antwort von Ihnen erfolgte, oder besser noch, schreiben Sie kurz, an welchem Tage Sie selbst in Begleitung Ihrer lieben Frau Gemahlin hier ankommen wollen oder können. (...)

39/SNM, KN 234 u. SML, 1101 V 86
Adalbert von Bayern an Justinus Kerner

München, 30. Januar 1852

(...) Mit Freuden erinnern sich noch alle meine Verwandten mit mir der unvergeßlichen Tage, während welcher Sie in unserer Mitte verweilten. Königinn Maria und Fräulein von Küster, die auch zu Ihren zahlreichen Verehrern gehören, überraschte ich mit Ihrem so vortrefflich gelungenen Photographie-Bilde, welche beide ihre große Freude darüber unverholen aussprachen. Am Sylvester-Abende, wo mich das Los mit der Prinzessin Eduard zusammenführte, lenkte ich das Gespräch auf den Magnetismus, wobey meine Erklärung über agadämonische und kakadämonische Erscheinungen große Heiterkeit verursachte, und ihre Nerven sehr aufgeregt wurden indem ich dergleichen that, sie magnetisieren zu wollen. – (...)

40/SML, 1102 V 86
Justinus Kerner an Adalbert von Bayern

[o.O., o.D.; Weinsberg, Februar 1852]
Königliche Hoheit!

Es freut mich innigst aus den Zeitungen zu ersehen daß K.Hoheit wohl u. bey frohem Muthe sind. Welche Freude wäre mir gewesen, der Oper in der K.Hoheit die Hauptrolle übernahmen bey wohnen zu können. In Gedanken begleite ich K.Hoheit dahin u. auch auf alle die Bälle auf denen K.Hoheit recht vergnügt sein werden. (...)

Jene Seherin betreffend, so soll dieselbe zum Todtengerippe herabgekommen seyn u. das Bett nicht mehr verlassen können, auch sey es mit ihrem Schauen nun gänzlich vorüber. (...)

Seyen K.H. nur so lange noch die Jugend dauert vergnügt und zufrieden mit Gott u. der Welt die trüben Tage kommen gar bald und ich halte dafür daß K.Hoheit gesünder und fröhlicher bleiben, wenn Sie tanzen als wenn Sie zu viel in der Seherin von Prevorst u. in Swedenborg lesen. (...)

Nun! die Isabella! Sie benimmt sich gehörig, aber daß dort Mordversuche zu Hause sind, sahen wir wieder. Meine Frau kommt u. zankt mich: daß ich noch keine Empfehlungen von ihr an K.Hoheit beigesetzt, da sie doch K.H. mit gleicher Verehrung umfinge. Nun schreibe ich K.Hoheit auch ihre herzlichste Verehrung. Einem guten Weibe muß man in allen Stücken sogleich folgen, sie ist der Schutzgeist des Mannes. Ach! wäre K.Hoheit doch auch schon ein solcher Schutzgeist geworden. Biß das Gott so fügt, rathe ich K.Hoheit, die so edle, liebenswürdige Königin Marie als solchen anzunehmen u. ihrem Rath, der gewiß immer nur zum Guten geht, anzunehmen.

Haben K.Hoheit Gelegenheit, mich Höchst Ihr u. des HE.Bruders Majestät ins Gedächtnis zurückzurufen u. meiner Verehrung zu versichern, so bitte ich unterthänigst darum; die größte Herzensangelegenheit aber ist mir, bey den edlen Königl.Eltern in gutem Andenken zu bleiben u. Sie oft wissen lassen zu können, wie groß die Verehrung u. Liebe für Sie in meinem Herzen ist. Die verehrungswürdige Mutter! wie gut meint sie es mit K.Hoheit! So ein mütterliches Herz, welcher Trost, so lang es noch schlägt! Hätte ich nur Vieles mit dem hohen Elternpaar auch sprechen können, aber die Zeit war gar zu kurz!! Wie Vieles hätte ich dem Königl. Vater zu sagen! Aber eine tiefe Kluft der Ferne u. des Standes liegt leider zwischen uns.

Nun noch einmal, Gottes Schutz und Segen mit Ihnen K.Hoheit bis zum Tode E.K.Hoheit

innigster Verehrer
J. Kerner

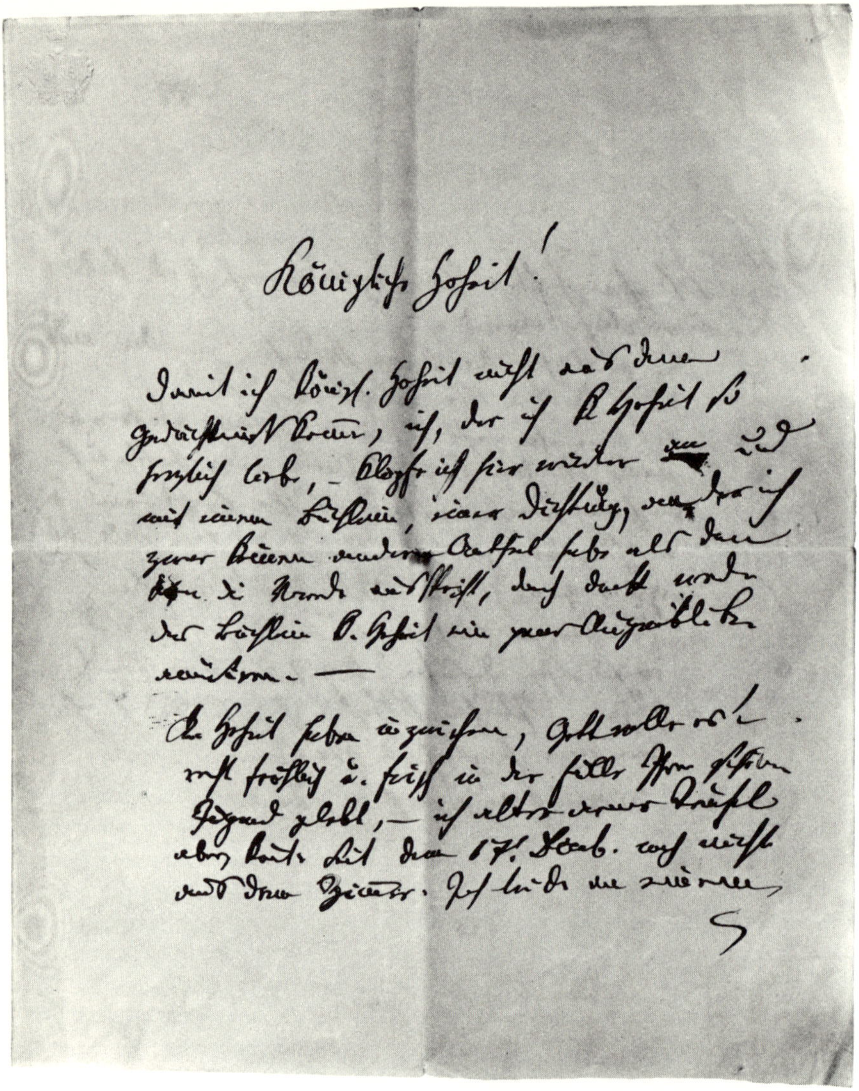

Abb. 39: Justinus Kerner an Adalbert von Bayern, 17. März 1852 (Br. 41)

41/SML, 1103 V 86
Justinus Kerner an Adalbert von Bayern

Weinsberg, 17. März 1852

(...) K.Hoheit haben inzwischen, Gott wolle es! – recht fröhlich u. frisch in der
Fülle Ihrer schönen Jugend gelebt, – ich alter armer Teufel aber konnte seit dem
17. Decemb. noch nicht aus dem Zimmer. (...) Wäre ich nur noch im Stande zu
lesen und zu schreiben, – aber so geht mein Leben sehr langweilig u. trüb dahin.
(...) In dem Reiche der Somnambülen ist es gegenwärtig ganz stille und ich
kann K.H. mit heutigem Briefe gar nichts Neues aus demselben schreiben.

Den Magnetiseur *Ennemoser* in München sollten K.H. doch auch kennenlernen. Da in München jezt so vieles für die Wissenschaften geschehen soll, sollte
man dort eine Professur für den Magnetismus errichten u. den *Ennemoser* zum
Lehrer aufstellen. Er hat unter allen Gelehrten das größte Verdienst für den
Magnetismus. (...)

Hier lege ich einen Schmetterling by welcher durch blose Dintenflecke
entstand. K.Hoheit werden sich noch unserer Dintenfleckkünste erinnern?? –

42/SNM, KN 235
Adalbert von Bayern an Justinus Kerner

München, 3. Mai 1852

(...) Eben durch diese [magnetische] Kraft erklärt sich auch die große Sympathie unseres Nervengeistes, welche uns vom ersten Augenblick unserer
Bekanntschaft an, obwohl wir an Jahren so verschieden sind, auf's innigste
verband, denn im Reiche der Geister altert man nicht. Sie würden mich sehr
glücklich machen, wollten Sie, bester Freund, mir in nuce eine kleine Abhandlung über den thierischen Magnetismus und dessen Rapport zur Psychologie
mittheilen, und welcher Art magnetischer Kraft mir wohl verliehen seyn
möchte, da durch meine magnetischen Striche, von oben nach unten geführt,
z.B. bei einem Mädchen heftige Beklemmungen der Brust entstanden. (...)

43/SNM, KN 2273
Joseph Heiland an Justinus Kerner

Nymphenburg, 3. Juli 1852

(...) Die innige Verehrung meines gnädigsten Herrn für Sie ist noch immer
dieselbe, wie sie es je war. Dieß werden Sie sicherlich aus seinem Briefe
ersehen. Nur theilte er mir einmal mit, HE. Domdechant v. Reindl, sein
Erzieher, hätte ihm gesagt, Sie hätten gegen Jemand hier die Äußerung
gemacht, Sie seyen gekommen, um ihn zu entgeistern.

Ich nahm Sie natürlich kräftigst in Schutz, etwa mit den Worten: „Das möchte ich sehr bezweifeln. Wahrscheinlich hat der Herr von Reindl dieß so aus sich gesagt, weil man weiß, daß er ein Feind aller Mystik ist!" „Mag auch seyn, war Seine Antwort; denn er ist eifersüchtig, wenn er sieht, daß ich einem andern Ehrenmann etwa zu viel Anhänglichkeit bezeuge." Und so war die Sache abgethan, und seitdem nie mehr davon die Rede. (...)

44/SNM, KN 236
Adalbert von Bayern an Justinus Kerner

Nymphenburg, 26. August 1852
Werthester Herr Doctor!
Leider kann ich, da ich im Begriffe bin abzureisen, blos wenig schreiben. Vielen Dank für Ihren lieben Brief, der mich recht freute. Ich bin noch immer in großer Angst wegen meiner Zukunft, auch wurde ich angegangen Sie zu befragen, ob Sie keine Somnambüle kennen, die man wegen einer gemüthsleidenden Person konsultieren könnte. Die Antwort bitte ich Sie gefälligst meinem Sekretär zukommen zu lassen.

Ihr treuer Freund Adalbert

45/SML, 1106 V 86
Justinus Kerner an Adalbert von Bayern

Weinsberg, 14. September 1852
(...) Es freute mich unbeschreiblich wieder K.Hoheit Hand zu sehen – ach! ich glaubte mich von K.Hoheit ganz vergessen. Haben doch K.Hoheit keine Angst wegen Ihrer Zukunft. *Gottvertrauen* ist in solcher Angst die beste Arzney.
Eine Somnambule die ich *selbst* kennen würde u. auf die ich Vertrauen haben könnte, weiß ich nicht. Wollten K.Hoheit mir aber nur ein kleines Fleckchen Leinwand oder sonst etwas das jene Gemüthsleidende an sich trug zusenden, so wollte ich durch dessen Rapport unterstützt doch noch Fragen in der Hinsicht an jene Frau machen die K.Hoheit kennen; denn wie ich höre soll sie sich körperlich wieder mehr erholt haben und wieder mehr im innern Schauen seyn. Man könnte ja eine Probe machen u. dann immer noch thun was man für gut hält. – (...)
[Dem Brief liegt ein „geheimes Zettelchen" bei:] Eine gewiße sehr brave u. anständige Prinzessin, die verheirathet ist u. K.Hoheit schätzt sagte kürzlich zu mir: Schreiben Sie doch dem Herrn Prinzen Adalbert: er solle sich die Prinzessin Helene von Naßau zur Braut erwählen, die zwar nicht schön aber sehr lieb u. verständig ist, im Falle Ihm nicht die Wasa werden kann.

46/SNM, KN 237
Adalbert von Bayern an Justinus Kerner

Nymphenburg, 17. Oktober 1852
Werthester Herr Doktor!

Die Stimme des Herzens und die Pflicht der Dankbarkeit läßt mich nicht länger säumen, (obwohl der Zeiger in wenig Minuten den Tag vollendet hat), da von demselben unter den jetzigen Verhältnissen mir blos die nächtlichen Stunden zu Gebote stehen, Ihnen meinen herzlichsten Dank für die *lieben lieben* Briefe, sowie für die herzlichen Verse auszudrücken. Eine schwere Zeit der Prüfungen lastet Zentner schwer nur auf mir. (...)

Hier beiliegend schicke ich Ihnen auch einen Brief in welchem ein Stückchen Leinwand gewickelt ist, welches eine Dame trug, die geistig sehr leidend ist u. war und zu deren Heilung man wünscht, sie auf diesem Wege, durch dieses Stückchen Leinwand mit der Seherinn in Rapport zu setzen. Wollten Sie daher die Güte haben, die Mittelsperson hierin zu seyen, jedoch so, daß blos die Seherinn die Leinwand berühre. Man hofft dadurch eine Heilung wie die der Gräfin Maldeghem durch die Seherinn von Prevorst und baldige Antwort.

Stets Ihr dankbarer Freund Adalbert

47/SML, 1108 V 86
Justinus Kerner an Adalbert von Bayern

Weinsberg, 21. Oktober 1852
Königliche Hoheit!

Mit dem innigsten Vergnügen empfing ich das gnädige Schreiben E.K.Hoheit mit bewußter Anfrage. – Ich werde diese sobald nur möglich erfüllen, kann aber für dessen Erfolg allerdings nicht stehen: denn meine Seherin von Prevorst ist jene Person nicht u. es wird auch wohl nicht eine zu finden seyn die jener Somnambulen gleichkommt, von deren Wahrheitsliebe und Rechtschaffenheit ich auch versichert seyn könnte. (...)

Ich hatte heute die Freude, mich S.Majestät König Max auf dem Bahnhofe zu Heilbronn vorstellen lassen zu können. Er sprach unendlich lieb mit mir und äußerte sich besonders auch mit innigster brüderlicher Liebe über Eure K.Hoheit. Er sagte: daß es ihn äußerst freue, das K.H. den Plan mit der Nachfolge in Griechenland so freudig aufnahmen, es seye auch eine Sache der Ehre. (...)

Abb. 40: *Gedicht von Justinus Kerner an Adalbert von Bayern, 24. Oktober 1852, auf Briefbogen mit lithographierten Ansichten von Weinsberg (Br. 48)*

48/SML, 1109 V 86
Justinus Kerner an Adalbert von Bayern

Weinsberg, 24. Oktober 1852

(...) Das Gedicht, das ich kürzl. an K.Hoheit zu senden wagte, genügte mir
später nicht mehr u. ich bin so frey, es Königl.Hoheit nun hier *verbeßert* u. wie es
bleiben soll, zu übersenden. (...)

An des Herrn Prinzen
Adalbert K.H.

Als ich in all der Jugendfülle
In Deines Vaters Schloß am Main
Zuerst Dich sah, da dacht ich stille:
O könnt' ich *dem* ein Freund doch seyn!

Wie blickt so lieb wie eine Blüthe
Aus beßrer Welt sein Aug' auf mich!
Da möcht' ich sprechen: Gott behüte
In dieser Welt, o Blüthe, Dich!

Möcht' sprechen: Herz aus bess'rem Sterne!
Daß Dich nicht kränke unsre Zeit,
Wo Treu und Liebe floh'n und gerne
Ein warmes Herz wird kalt beschneit!

O hätt' mein Herz noch Jugendgluthen!
Ich wollt' in Tagen kalt und trüb
Es freudig in Dein Herz verbluten,
So hab' ich Dich von Herzen lieb!

In Sternen hab' ich nie gelesen,
Auch nie auf den Krystall gebaut,
In Deinen Augen doch Dein Wesen:
Natur und Liebe, – klar geschaut.

Du würdest groß schon auf der Erden,
Bliebst Du der *seltne* Mensch allein,
Doch soll's nach Gottes Rathschluß werden
Daß eine Krone Dir muß seyn,

Wirst Du mit Gott sie freudig tragen,
Der Ehre und der Pflicht getreu. –
Dann möge *der* der ohne Klagen
Einst Dornen trug, Dir stehen bey!

49/SML, 1110 V 86
Justinus Kerner an Adalbert von Bayern

Weinsberg, 5. Dezember 1852

(...) Was nun die andern Fragen betrifft, so war vorauszusehen, daß sie weder für K.Hoheit noch mich befriedigend ausfallen würden; denn es sind Fragen die ja schon früher gestellt, aber nie beantwortet werden konnten.

Dies geschah auch nun jezt, ich wurde mit Ausflüchten abgespeist, aber ich sehe wohl, daß solche Fragen – von einem Menschen, wäre er noch so hell sehend, nicht beantwortet werden können u. nie gestellt werden sollten.

Hätte sie Antworten gegeben, so wären es wohl nur trügerische gewesen, die von der schlimmsten Einwirkung auf K.Hoheit Loos hätten seyn können. Solche könnte ich nicht verantworten. *Gottvertrauen,* nicht *Vorausschauen,* macht Könige und Helden und solchem Gottvertrauen empfehle ich K.Hoheit tagtäglich in inbrünstigem Gebete!! (...)

An dem Herrn v. Liebig hat München einen großen Chemiker – aber sehr kleinen Naturphilosophen, gewonnen. Von dem Nachtgebiete der Natur hat ein Chemiker allerdings keinen Begriff, und seine Erklärung, warum er an keine Geister glauben könne (in seiner Antrittsrede) ist durchaus nicht stichhaltig u. zu bedauern. (...)

Würden Baader, Görres u. Eschenmayer noch leben, die würden dem Herrn Chemikus schon antworten. (...)

50/SNM, KN 2279
Joseph Heiland an Justinus Kerner

München, 28. Februar 1853

Verehrtester Freund!

Vieles und Merkwürdiges ging vorüber, seit ich Ihnen nicht mehr geschrieben, und ich will nun versuchen, dießmal, womöglich, Alles nachzuholen. (...)

Meine kitzeligen Arbeiten nehmen nicht ab; kaum ist eine Geschichte vorüber, so beginnt schon wieder eine andere, oder ich habe gleich mehrere auf einmal beisammen, so daß, wenn nicht bald eine Änderung eintritt, ich noch vollends aufgerieben werde. Herr Vogt, der Sie freundlichst grüßen läßt, hat mir dieß auch längst vorausgesagt. Ein Glück für mich ist, daß der Prinz dieß selbst einsieht, Deßhalb hat er auch bereits Schritte gethan, mir einen ruhigen Posten im Staatsdienst zu verschaffen; aber seine geheimen Sachen muß ich fortführen.

Seine Vorliebe für Griechenland hat seit einiger Zeit bedeutend abgenommen. Dafür trat *die* für Spanien neuerdings und mit viel verstärkter Kraft hervor. Erloschen war letztere überhaupt nie, sondern blos unterdrückt, während jene nie eigentlich recht in Ihm Wurzel faßte. Der Religionswechsel, dann der bekannte Charakter des griechischen Volkes und endlich die sichere Gewißheit, daß fremde Mächte, besonders England und Rußland es nie werden empor kommen lassen, sind zu schlimme Auspicien, als daß man da je eine wirklich freundliche Zukunft auch nur sich träumen lassen könnte. Darum trat auch in dem Maße, als das Eine bei Ihm verlor, das Andere wieder um so stärker hervor. Die Folge war, daß Er darauf fest bestand, eine spanische Infantin zu heirathen. Allein ich fürchte nur zu sehr vielleicht, daß es auch da wieder geht, wie in Berlin, und zwar ebenfalls wieder blos wegen Griechenland; denn im Heiraths-vertrag ist der Punkt dabei wegen der griechischen Religion. Und wie kann man denken, daß das erzkatholische Spanien eine Heirath zugeben werde, wobei zur Bedingung gemacht ist, daß die Kinder schismatisch erzogen werden sollen. Ich glaube darum sogar, daß der Prinz eher Griechenland fahren lassen werde, als die spanische Braut. (…)

Der Verkehr mit Herrn Vogt dauert mit gleicher Lebhaftigkeit fort. Doch von Tag zu Tag wird er mißleidiger, weil der Prinz nur auf jene seiner Worte geht, die für ihn passen, die andern aber unbeachtet läßt. (…) Es ist auch gar zu arg. (…)

Was aber alles bisherige weit hinter sich zurückläßt, ist eine Dame von hohem Stande, die Frau Marquise von San Milan aus Mexiko. Als eine geborene Deutsche aus Düsseldorf hat sie selbst am Hofe hier hohe Verwandte, zu deren Besuch sie vor ein paar Monaten hieher kam. Ihr Hellsehen ist merkwürdig und erstaunenswürdig im Angeben von Krankheiten und Aufsu-chen von Mitteln zu deren sichern Heilung. Der Prinz und ich, sowie auch Herr Vogt lernten sie kennen durch Hofrath v. Schubert. Sie sieht aber auch andere Dinge. Der Prinz consultirte sie schon 4 mal, und mit jeder neuen Sitzung kehrte ich mit neuem Staunen zurück. Auch Sie werden staunen, wenn ich Ihnen sage, daß sie gleich das erste Mal dem Prinzen prophezeite, Er bekomme die spanische Braut, wenn er *wolle,* auch eine Krone, nicht aber die griechische, sondern die spanische, und zwar durch den Willen der Nation, und weil es Seine Bestimmung ist, *wenn* Er nemlich sich derselben würdig macht, haupt-sächlich dadurch, daß Er immer fest an Gott hält. Anfangs war ich hierüber ganz niedergeschlagen; aber jetzt muß ich schweigen. Ich hatte nemlich die Befürchtung, die Dame möchte durch den Nervengeist des Prinzen zu sehr infiziert worden seyn und so ihr Hellsehen nicht mehr rein geblieben. (…)

Was sagen nun Sie dazu? Schreiben Sie doch recht bald Ihre Meinung hierüber und aber auch S.K.Hoheit. Er freut sich auf ein Schreiben von Ihnen; denn er verehrt Sie immer gleich tief. (…)

51/SNM, KN 2280
Joseph Heiland an Justinus Kerner

München, 1. April 1853

(...) Die Frau Marquise wurde außer von Ihrem Herrn Sohn auch noch von einem Hofrath Werben in Freyburg auf das Ehrenvollste an Hofrath Schubert empfohlen, und dieser machte in einem Schreiben S.K.Hoheit auf die Dame aufmerksam. Sie können sich da die Überraschung und sogleich Seine ungeheure Freude denken. Bereits 5 mal hat Er sie consultirt, und jedesmal bleibt sie auf den nemlichen Aussagen stehen: „Nach Griechenland kommt Er nicht. Er bekommt die spanische Infantin zur Frau, *wenn* Er *fest will,* und wird durch den Willen der Nation König etc." (...)

Auch mir gab sie einen Beweis, der uns in Erstaunen setzte. Allein dessen ungeachtet stimmen hierin alle mit Ihnen überein, Hofrath Schubert, HE. Vogt und ich, daß man die Aussagen irgend einer Seherinn überhaupt nie für ein Evangelium nehmen darf. Der Seherblick ist und bleibt sich ja nicht immer gleich. (...)

Ihre Wohlbeleibtheit sagte zwar auch mir anfangs gar nicht zu, es ist das eben eine ganz eigene Art. Auch dieß machte mich stutzig, daß sie für jede Consultation 50 fl. verlangte. Allein sie hat ein Vermögen von 500 000 frs. verloren, und ob sie ihre in Mexiko gelegenen Güter je wieder bekommt, das weiß Gott. Sie muß also rein von dem leben, was sie auf diese Weise erwirbt. Betrügerin ist sie nicht im Entferntesten; sie sagt auch im wachen Zustande ohne Rücksicht die Wahrheit. Auch HE. Dr. Ennemooser spricht sehr vortheilhaft von ihr. Feinde sind übrigens auch schon gegen sie aufgetaucht. (...)

52/SNM, KN 240
Adalbert von Bayern an Justinus Kerner

München, 19. April 1853

(...) Wenn die Noth am größten so ist die Hülfe am Nächsten, so sagt ein altes Sprüchwort, und nicht selten haben sie recht. So schickte mir Gott als Zweifel über meinen Beruf meiner Seele Martern mit jedem Tage vergrößerten, mir einen Engel des Trostes und einer beßeren Welt, die mir von unserem wackeren Freunde Schubert so rühmlich empfohlene Seherinn, die Marquise von San Milan. Da ich die Verwirklichung meiner Wünsche nicht mehr zu hoffen wagte, so ist es psychologisch unmöglich, daß ein Einfluß meines Nervengeistes ihre Antworten im schlafwachen Zustande auch nur im Entferntesten bedingt hätte, denn hätte dieß stattgefunden, so würde sie nicht so entschieden schon bey der 1ten Consultation sich gegen meinen Beruf für den Orient ausgesprochen, und von einem anderen Glücke gesprochen haben, das ich bereits für verloren hielt. (...)

53/SNM, KN 2281
Joseph Heiland an Justinus Kerner

München, 21. Mai 1853

Verehrtester Freund!

Heute Mittags erhielt ich von meinem gnädigsten Herrn den angenehmen
Auftrag, Ihnen durch meine Hand den freundlichsten Dank auszudrücken für
die äußerst interessante Mittheilung über das Tischrücken. Mit Nächstem wird
Er Ihnen selbst schreiben. Zugleich ersucht Er Sie dringend, die Seherinn
abermals so viel als möglich speziell über sein gegenwärtiges und zukünftiges
Verhältniß zu Spanien und Griechenland, wobei auch die von früher her
bekannten wichtigsten Fragen mit einfließen sollten, zu befragen, und die
Antworten wenn anders möglich, mit umgehender Post an Ihn senden. So viel
ich aus seinen Äußerungen entnehmen konnte, wünscht Er dieß nemlich
deßhalb so dringend, weil er wahrscheinlich sehr bald wieder die Frau Marquise zu sprechen wünscht, zuvor aber noch Vergleiche anstellen möchte
zwischen den Mittheilungen Ihrer Seherinn und denen der letzten Consultation bei der Frau Marquise.

(...)

54/SML, 1112 V 86
Justinus Kerner an Adalbert von Bayern

Weinsberg, 22. Mai 1853

Königliche Hoheit!

Bin ich so frei, hier meine Ansicht u. Versuch einer Erklärung des sogenannten
Geisterklopfens in den magnetischen Tischen, zu übersenden.

Es hat mit denselben so gut seine Richtigkeit wie mit dem Bewegen der
Tische. Mit einem *Hute* kann das Experiment auch sehr gut gemacht werden.

Frauen u. Kinder gelingt es am besten, besonders solchen mit blonden oder
noch besser, mit roten Haaren. Es ist eine *höchstmerkwürdige* Erscheinung, deren
Mißbrauch aber zu viel Bösem führen kann.

Meine Äußerungen hier sind kurz u. die Warnung ist gut gemeint: denn wie
bey Aussprüchen Somnambuler findet auch hier oft eine Täuschung statt. (...)

55/SML, 1114 V 86
Justinus Kerner an Adalbert von Bayern

Weinsberg, 28. Mai 1853

Königliche Hoheit!

(...) Das Tischklopfen ist allerdings eine hohe *Wahrheit*... Am einfachsten wird das Experiment also gemacht: Man nimmt ein leeres etwas hohes Trinkglas. Auf daßelbe legt man ein blechernes lakirtes Präsentirtellerchen rund oder 4 ekig. Auf solches bringt die Person die jene Kraft besitzt u. auch sonst unpartheiisch u. zuverlässig ist, eine Hand mit den Spitzen der Finger. Das Tellerchen wird sich nun bald bewegen u. ist dieß richtet sie Fragen an daßelbe die mit Zahlen beantwortet werden können u. das Tellerchen wird so oftmal sich auf- u. abneigen als Jahre, Monate, Tage usw. es angeben will. Bey einer Person die diese Gabe in höchstem Maße an sich hat, u. auf die ich mich verlassen kann, die auch nicht weiß daß K.Hoheit leben, machte ich nun einige Versuche nach dem Willen K.Hoheit, Fragen deren Beantwortung nicht schädlich seyn kann. (...)

1. Wann erhält Prinz A. eine Verlobte? In *wie viel Jahren?* Auf diese Frage erfolgte *keine* Antwort, als aber gefragt wurde: In wieviel *Monaten?* antwortete es: In *zehn* Monaten und etwas darüber! –

Das etwas darüber drückt das Tellerchen mit schwächerem Neigen aus. Es ist merkwürdig, daß es nicht antwortete als man nach den Jahren fragte, es war aber natürlich, weil es kein Jahr mehr ausmachte, daher zählte es nach Monaten.

2. Wann kommt P.A. nach Spanien?

Darauf antwortete es gar nicht, woraus ich schließen möchte daß das vielleicht nicht statt hat.

3. Wann kommt P.A. als König nach – – – oder vielmehr: Wann wird er dort König?

Antwort: In 3 Jahren u. darüber (das *darüber* macht immer kein ganzes Jahr aus, sondern nur 10–11 Monate).

Ich glaube aber, daß man sich sehr betrügen kann wenn man solche Antworten als wahre Prophezeihungen annimmt u. ich beschwöre K.H. abermals keine von allen mit Gewißheit zu glauben, so wenig als mit Gewißheit zu glauben was Ihnen die Frau *Milan* im somnambulen Zustande, hat sie einen solchen, sagt. (...)

56/SNM, KN 242
Adalbert von Bayern an Justinus Kerner

Nymphenburg, 13. August 1853

Lieber Herr Doctor!

Empfangen Sie meinen herzlichen Dank für mehrere liebe Briefe und die interessante Abhandlung über das Tischrücken und -klopfen. Zürnen Sie mir nicht, daß ich so lange gezögert zu schreiben, aber mein Geist war nicht gesammelt genug und ich wundere mich nur daß er nicht ganz verwirrt wurde, indem so Vieles über mich kam das meine Fantasie furchtbar aufregte. Dazu mußte ich nur zu traurige Erfahrungen an der Marquise von S.M. machen, die ich wie eine Pythia verehrte und die mich *namenlos* unglücklich machte, indem vieles gelinde gesagt „Selbstbetrug" zu seyn scheint. Wollten Sie, bester Doktor mir wohl ein präparirtes Tischchen schicken mit beiliegender Angabe dasselbe klopfen zu machen. (...)

57/SNM, KN 2282
Joseph Heiland an Justinus Kerner

Würzburg, 21. Juni 1854

Innigst verehrter Freund!

Wenn auch nach langer Zeit, wage ich es dennoch obige Anrede mit der ganzen Wahrheit meiner Seelenempfindungen an Sie, wahrhaft verehrungswürdiger Herr, zu wiederholen. (...)

Schwarze Seelen, oder vielmehr, wie ich erst lange nachher erfuhr, nur eine einzige weibliche, vermochten es, daß hochedle Herz meines erhabenen Prinzen durch schrecklich arge Verdächtigungen meiner Handlungsweise während 7 Jahren meines amtlichen Wirkens zu umstricken und in einem Grade gegen mich zu erbittern, daß er selbst in Verwünschungen gegen mich sich manchmal Luft machte. Dieß mußte ich erfahren aus dem nemlichen Munde..., der, sage ich, dann die ganze Schuld der teuflischen Anschwärzung von sich weg geradezu auf HE. Vogt wälzte. Mehrere Details hievon theilte ich ihm mit, und wieder aus seinen Bemerkungen konnte ich u. mußte ich nur zu deutlich erkennen, daß sie, die Marquise es war, welche ihn dahin brachte, daß auch er manchmal nicht vortheilhaft über mich sich äußerte. Mit einem Worte, ich erfuhr durch gegenseitiges Verrathen dieser Zwey nach meiner Zurückkunft von meinem Urlaub im vorigen Jahre, daß gerade sie, die ich zu jeder Zeit und bei jeder Gelegenheit immer kräftigst in Schutz nahm, es waren, denen ich meine Ungnade zu verdanken hatte, am meisten jedoch, wie ich glaube der Frau Marquise. Beide haben zwar ihre Fehler so viel als möglich wieder gut gemacht. Aber was hat der unschuldige Heiland darunter und so lange Zeit für entsetzliche Qualen auszustehen gehabt! Ich habe aus inniger Liebe vor den Augen der bösen Welt meinem erhabenen Herrn Alles geopfert, Ehre, Gesundheit und über 4000 fl. Vermögen, weil ich wegen der Unregelmäßigkeit des Dienstes bei Tag und Nacht fortwährend ans Gasthausleben gebunden war. Gott Lob u. Tausend Dank! S.K.Hoheit müssen hinter die Wahrheit gekommen seyn; denn höchst dieselben haben bei meinem Eintritte in den Staatsdienst so wahrhaft königlich edel an mir gehandelt, daß mir Freudenthränen in die Augen treten, so oft ich davon zu reden veranlaßt werde. (...)

Überdieß geht es mir hier sehr gut. Durch meinen neuen Dienst fühle ich mich wieder in meinem Elemente, d.h. in einer strengen, regelmäßigen Bahn, was meine Gesundheit bereits vollkommen wieder hergestellt hat. Es geht doch nichts über die liebe Ordnung und eine regelmäßige Lebensweise! (...)

Bey jenem Abschiede fragte ich auch, ob ich Ihnen, innigst verehrter Freund, über meine neue Stellung schreiben sollte. „Unterlassen Sie es vorläufig noch" war die Antwort S.K.Hoheit. Ich habe also diesem höchsten Befehle natürlich gefolgt; daher mein langes Schweigen. Bei meinem letzten Besuche aber befahlen mir Höchstdieselben eigens, Ihnen, sogleich zu schreiben. Nicht leicht erinnere ich mich, irgend einen Auftrag mit gleicher Freude vollzogen zu haben. Empfangen Sie mit diesem Vollzuge die neue vollste Versicherung, daß ich nie aufgehört habe und nie aufhören werde mit aller Innigkeit der Verehrung zu seyn

Ihr ganz und gar ergebener J. Heiland

kgl. Salzamts-Controleur

58/SNM, KN 279
Adalbert von Bayern an Justinus Kerner (Nachtrag zum Brief Adalberts vom 3. November 1854)

[o. O., o. D.]

N. II Allein zu lesen und zu verbrennen.

(...) Die Frau Rupp aus Ellershofen halte ich für eine wirkliche durch Gottes Macht begabte Seherinn, (keine Seherinn à la Madama la Marquise) da sie fromm spricht, viel auf die Religion hält und Glück und Unglück ohne zu schmeicheln rücksichtslos weißsagte. Indem sie mir die Krone verhieß, sagte sie mir auch, daß ich vorher noch so manches Unangenehme durchzumachen haben werde! Und ging dies nicht auf eine furchtbare Art in Erfüllung? –

Fragen Sie sie auch über König Max und Prinz Luitpold, denn mir ahnt Unheil, und suchen Sie auch dann besonders Genaueres über *Spaniens* Geschichte zu erfahren, als ich in der Kürze der Zeit zu erforschen im Stande war. Fragen Sie sie gütigst ob ich wirklich *König von Spanien* werden werde, wann, und wie, welche Mittel ich dazu anwenden soll, und ob die Infantin meine Gemahlin werden wird... Vor Allem suchen Sie bestimmte Antworten zu erzielen, und schweigen Sie gegen jedermann hierüber. Indem ich Sie bitte mich bald mit einem Resultate zu erfreuen und auch noch über Griechenland zu fragen ob ich denn hinein müßte, oder ob es mir frey steht, und wann dieß der Fall wäre, ob ich dann als Katholik in Spanien und dort zugleich König werden würde, und wann denn, verbleibe ich stets, liebster Herr Doctor Ihr treuer alter Freund Adalbert

59/SNM, KN 247
Adalbert von Bayern an Justinus Kerner

Darmstadt, 9. Dezember 1854

N.S. Verbrennen Sie diesen Brief gütigst.
Werthester Herr Doktor!
(...) Die Antworten von der *Seherinn* erstaunten mich *höchlich,* da manche Antworten, die sie dießmal gab in *direktem Widerspruche* mit ihren früheren Aussagen steht. Denn nach der Aussage der Frau Rupp wäre danach der menschliche Wille nicht mehr frey indem sie sagte, ich *müßte* nach Griechenland, obwohl ich dieß durchaus nicht will! – In Betreff Sp. sagte sie mir selbst daß noch ein Land außer Gr. mit *zustehe* und nach der von ihr im Wasser angegebenen Direction war es Span. wie sie selbst später zugestand, ja sie beschrieb mir die Infantin ganz richtig, verhieß mir ihre Hand und den span. Thron und nun sagt [sie] überall das Gegentheil. (...)

60/SNM, KN 251
Adalbert von Bayern an Justinus Kerner

Darmstadt, 21. Januar 1855

Werthester Herr Doctor!
(...)
Beyliegend sende ich eine 10 fl Banknote für Frau Rupp, mit der Bitte sie wieder rufen zu lassen und über König Ludwigs Gesundheitszustand zu befragen.
Ferner ob er nach Italien geht, ob ich mit ihm und wann? Wann ich nach Spanien komme und die Infantin heirathen werde? – Wie lang Isabella II. noch regieren wird, wie ihr Nachfolger heißen wird? Wann die Revolution dort ausbrechen und wie sie enden wird? – Ob es denn unmöglich sey, daß ich endlich doch König von Sp. oder Vicekönig v. Cuba werden kann, da sie mich mit einer Krone gesehen und ich durch meine Beharrlichkeit meiner Religion treu bleiben zu wollen, auch auf den Thron Griechenlands soviel, wie keine Aussicht mehr habe, da jetzt Prinz Luitpold und seine Descendenz mir wieder vorgehe. (...)

61/SNM, KN 258
Adalbert von Bayern an Justinus Kerner

Paris, 20. August 1855
Werthester Herr Doctor!
Obwohl in dieser Weltstadt sich alles wegen der Maße des zu Sehenden drängt, und ich fast die Minuten stehlen muß, um zu schreiben, so will ich dennoch nicht länger säumen, Ihre Wißbegierde, Neueres über mein Schicksal von mir selbst zu erfahren, noch ferner zu spannen, denn ich weiß ja, Sie *lieben mich* wie ein Vater. Mein Empfang am spanischen Hofe war ein äußerst glänzender (ich möchte sagen, besonders von Seiten der Königin, ein äußerst herzlicher). Die Infantin Dona Amalia (ohne gerade eine vollkommene Schönheit zu seyn) ist sehr anziehend und hat einen sanften Charakter, besonders schöne große Augen. Sie hat mehr einen teutschen als spanischen Tipus, nur die Augenbrauen erinnern an ihre Abstammung vom großen Ludwig XIV. Von Seiten Spaniens liegt kein Hinderniß zu meiner Verbindung mit derselben im Wege, *ja man wünscht sogar dieße Allianz,* und es hängt nur noch vom Consens Bayerns ab, daß mein Glück sich kröne. (...)

62/SNM, KN 259
Adalbert von Bayern an Justinus Kerner

Fürstenried, 2. Oktober 1855
Gefälligst alleine zu lesen.
(...) Meine Heiraths-Angelegenheit nimmt Gott lob (aber im tiefsten Vertrauen, da das ganze noch ein *Staatsgeheimnis* ist) einen günstigen Verlauf. (...)
   Herr *Vogt* behauptet zwar, ich würde im Orient Herrscher werden, doch wüßte ich nicht recht wie, da die griech. Relig. dagegen ist und *er* selbst sagte, König Otto hätte den Augenblick um Griechenland groß zu machen versäumt! –
   Mögen auch Vogt's *vage* Sterne für Bizanz sprechen, so schlägt mein Herz doch nur für das schöne Vaterland des Campeadorr's Cid, Cortez und wie die Helden alle heißen die daraus entsproßen! Und liebte der Cid nicht die seiner würdige Donna Himena⸮! – Fragen Sie daher gütigst Ihre Seherinn ob ich *durch* meine Braut auch eine Krone erhalten würde, mehr nicht. (...)

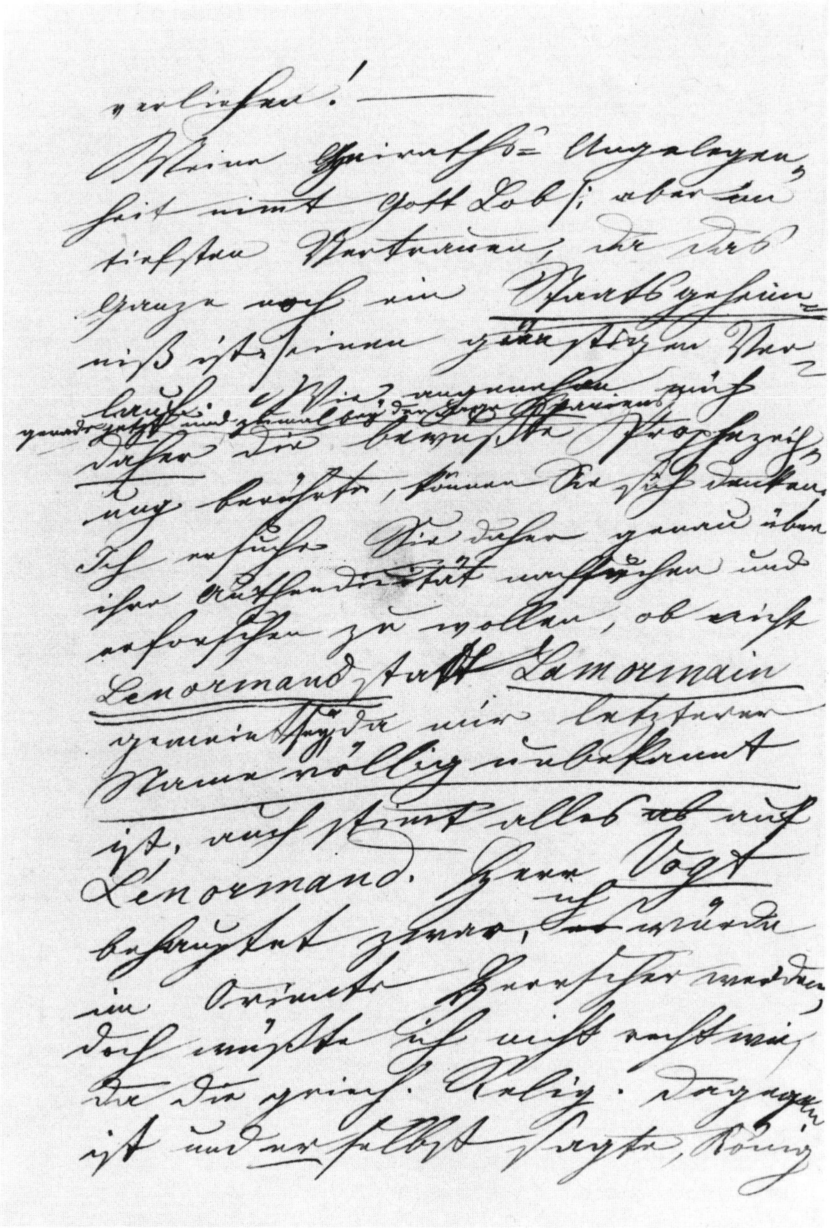

Abb. 41: Eigenhändiges Schreiben Adalberts von Bayern an Justinus Kerner, 2. Oktober 1855 (Br. 62)

63/SNM, KN 272
Adalbert von Bayern an Justinus Kerner

Nymphenburg, 7. Dezember [o.J.; 1855]
N.S. Bitte diesen Brief allein lesen zu wollen.

Mein theurer väterlicher Freund!

Verzeihen Sie, wenn von vielen Geschäften und Sorgen überhäuft ich erst jetzt dazu komme Ihnen für Ihren letzten lieben Brief und die darin enthaltenen Glückwünsche zu meiner bevorstehenden Vermählung zu danken! – Wenn ich auch dieselben eigentlich noch nicht offiziell abnehmen kann, weil das Ganze vor der Hand noch nicht public werden darf, so danke ich Ihnen darum doch nicht minder herzlich dafür, weil es mir ein Beweis ist wie warm noch das Herz meines edlen Freundes für mich im traulichen Weinsberg schlägt, wo ich so schöne, so heitere Stunden in Ihrer lieben Nähe zubrachte. Sie wirkte stets wohltuend auf mein heißes Blut...

Schon als Jüngling begeisterten mich die erhabenen Vorbilder der Vorzeit; die unsterblichen Taten der Heronen des Alterthums und der Neuzeit glänzten wie flammende Sterne vor meinem geistigen Auge. Mir deuchte sie riefen mir zu, folge uns nach! –

Weil mein Sinn daher nicht auf das Alltägliche gerichtet war, so verachteten mich auch die Alltagsmenschen, nannten mich überspannt, an fixen Ideen leidend und sogar dumm. Wie tröstlich war es daher für mein Herz heilige Sympathie in dem Ihrigen zu finden, das nur noch edler als das Meine dem Glanze dieser Erde bereits entsagt und nur die wahre Größe in sich selbst suchte und fand. (...)

Will er mich erheben so geschehe sein Wille, wenn nicht lasse er mich in der Infantin eine so treue und liebe Gattin finden als er Ihnen in der Ihrigen gegeben.

Stets Ihr alter Freund Adalbert.

64/SNM, KN Z 2030
Adalbert von Bayern an Justinus Kerner

Madrid, 4. November 1859

Mein lieber väterlicher Freund!

Empfangen Sie meinen innigen Dank für Ihre liebevollen Glückwünsche zur Geburt meines Söhnleins, die Gott Lob recht glücklich von statten ging; Mutter und Kind befinden sich so wohl, wie nur immer möglich. Der Taufakt, durch den Patriarchen von Indien vollzogen, war äußerst feierlich; das kleine Herrchen erhielt dabey die Namen Luis Fernando. Die Königin vertrat hiebey die Stelle meines theuren Vaters, als Pathe. – (...)

65/SNM, KN Z 2030
Adalbert von Bayern an Justinus Kerner

Peiting, 5. Mai 1860

Mein lieber Herr Doktor!

(...) Die Freude meines Vaters, als er seinen jüngsten Enkel zum ersten Male sah, war über alle Beschreibung, zärtlich nahm er ihn auf seine Arme, und trug ihn einher, und das Kind, als ob es verstünde war um und mit ihm vergnügt, blickte lächelnd zum Großvater hinauf. Mein lieber Luis Fernandito ist ein recht blühender und für sein zartes Alter recht entwickelter Knabe. Kaum sechs Monate alt vermag er schon auf eigenen Füßen zu stehen. Möge er dieß stets auch so als Mann einst thun. – (...)

66/SNM, KN Z 1747
Justinus Kerner an Adalbert von Bayern
(Entwurf oder Abschrift von fremder Hand)

Weinsberg, 8. Mai 1860

Königliche Hoheit!

Die so erfreuliche [sic] Nachrichten die königliche Hoheit mir von Ihnen mittheilten wirkte noch aufhellender für meinen Geist, als Licht und Luft des anfangenden Mais. Besonders erfreulich u. rührend war mir Seiner Majestät des königliche Herrn Vaters Freude, als er seinen jüngsten Enkel schon so kräftig erblickte und ihn mit Lust und Liebe auf seinen Armen trug. Da werden königliche Hoheit auch das Glück der Ehe recht erkannt haben, und der edlen Infantin Herz fand ja jezt, und schon früher im warmen Herzen des theueren Vaters Majestät reichlichen Ersatz für das von ihr nun entfernte Heimathland. – Eine andere Nachricht aus München, die ich am anderen Tage nach Ihrem lieben Schreiben erhielt, eine Nachricht, die auch Euerer königlichen Hoheit Herz in mitleidige Bewegung gesezt haben wird, ist die, von dem Selbstmord des armen unglücklichen Vogts. Ungefähr vor einem Jahre schrieb er mir von vielen in diesem Jahre sich mit Gewißheit ereignen werdenden Begebenheiten am politischen Himmel die er durch seine astrologischen Studien erfahren habe, und sezte damals schon bei: zur Bürgschaft daß all' dieses geschehen werde, werde die Prophezeiung auch mir u. allen seinen Freunden dienen, daß er in diesem Jahre noch einen sehr großen Geldgewinn erhalten werde. Ich warnte ihn in einem Briefe vor gar zu großem Glauben an seine astrologische Wissenschaft u. stellte ihm auch vor, daß es nicht recht sey auf diese Weise den Himmel zu befragen, um zu weltlichen Mitteln zu gelangen. Natürlich nahm er mir meine Offenheit übel, und mit unserer Correspondenz war es aus, denn er schrieb mir fortan nicht mehr. Wie er dann in Selbstmord und Verderben rann, ist mir nicht bekannt, denn ich hörte seither nichts mehr von ihm, als jezt, die

211

auch mich sehr betrübende Nachricht von seinem Tode. Er war gewiß an sich, ein braver und gewiß nicht lügenhafter Mann. Ich schrieb sein Weissagen immer mehr, einem in ihm unter gewissen Bedingungen, vormerklich im Sehen nach glänzenden Gegenständen, zum Beispiel den Sternenhimmel, reger werdenden somnambülen Zustande zu, als seinen astrologischen Bestrebungen. Aber auch in solchen somnambülen Zuständen kann man bei manchen Wahrheiten die man in ihnen erhält, oft sehr getäuscht werden, und solche Täuschungen führten den armen Vogt zu seinem höchst zu beklagenden Ende. Lassen Sie uns für seine Seele beten! – (...)

Dem herrlichen Kleeblatte Vater Mutter u. Sohn Gottes ewigen Segen auf immer!

In Liebe und Verehrung

Euer königlichen Hoheit unterthänigst dankbarster

JK

67/SNM, KN Z 2030

Adalbert von Bayern an Justinus Kerner

München, 7. Februar [o. J.; 1862]

Mein theurer väterlicher Freund!

Empfangen Sie meinen herzlichsten Dank für Ihre freundlichen Glückwünsche zur Geburt meines zweiten Söhnchens. Die Wöchnerin und der Neugeborene fahren fort sich recht wohl zu befinden. Recht sehr betrübt mich der immer noch leidende Zustand Ihrer Gesundheit. Zur besonderen Freude gereicht es mir stets kann ich etwas zur Linderung und Erheiterung beitragen. Zu ersterem Zwecke bin ich so frei Ihnen eine Quantität hiesigen Bieres zu senden, und Betreffs des zweiten habe ich ersehen, daß die Musik Ihre poetische Leyer zu neuen Liedern zu begeistern vermag und werde Ihnen deshalb in diesen Tagen eine Spieldose zuzuschicken mir das Vergnügen machen. Sie bittend Ihrer Frau Tochter für den Brief zu danken verbleibe ich stets Ihr alter Freund Adalbert. Die Infantin grüßt Sie freundlichst und dankt für Ihre Glückwünsche.

Anhang

Register der wichtigsten in den Briefen erwähnten Personen

Amalia Felipe Pilar (1834–1905), Infantin von Spanien, Prinzessin von Bayern; Cousine und Schwägerin von Königin → Isabella II. von Spanien; seit 1856 verheiratet mit Prinz Adalbert von Bayern (1828–1875). (Br. 60, 61, 62, 63, 64, 66, 67)

Amalie (1818–1875), Königin von Griechenland von 1836–1862; Tochter des Großherzogs Paul Friedrich August von Oldenburg; seit 1836 verheiratet mit → Otto von Bayern, König von Griechenland. (Br. 6, 17, 19, 20)

Baader, Benedikt Franz Xaver von (1765–1841), Philosoph, seit 1826 Professor an der Universität München, theologisch ausgerichtete Philosophie, ähnlich der von → Görres; veröffentlichte u. a. in der von Justinus Kerner herausgegebenen Zeitschrift „Magikon" (1840–1853). (Br. 49)

Christine, s. → Maria Christina

Cid, s. →Diaz

Cortez, Hernando (1485–1547), Eroberer Mexikos und Zerstörer des Aztekenreiches. (Br. 62)

Diaz, Rodrigo (um 1043–1099), Beiname „Cid"; spanischer Nationalheld, von den Spaniern „el Campeador" (der Kämpfer) genannt. (Br. 62)

Eduard, Prinzessin, s. → Luise Karoline

Ennemoser, Joseph (1787–1854), Arzt und Magnetiseur, seit 1841 in München; Vertreter des naturwissenschaftlichen „Mesmerismus", Freund Justinus Kerners und → Schuberts. (Br. 41, 51)

Eschenmayer, Carl August (1771–1852), Arzt und Professor in Tübingen; enger Mitarbeiter Justinus Kerners und Mitherausgeber der „Blätter von Prevorst" (1831–1839). (Br. 49)

Ferdinand, Herzog von Sachsen-Coburg-Gotha (1816–1889), seit 1836 verheiratet mit → Maria da Gloria, Königin von Portugal. (Br. 6)

Francisco de Asis (1822–1902), seit 1846 verheiratet mit → Isabella II., Königin von Spanien; Bruder von → Amalia Felipe Pilar. (Br. 6, 8, 11, 13)

Franz, s. → Francisco de Asis

Görres, Johann Joseph von (1776–1848), Publizist christlich-katholischer Prägung; 1836–1842 erschien sein fünfbändiges Hauptwerk „Die christliche Mystik"; Mitarbeiter des von Justinus Kerner herausgegebenen „Magikon" (1840–1853). (Br. 23, 49)

Hauffe, Friederike (1801–1829), Frau eines Kaufmanns aus Prevorst bei Löwenstein. Sie war von 1826–1829 in magnetischer Behandlung bei Justinus

Kerner in Weinsberg. Aus der exakten Beobachtung und Beschreibung ihres Krankheitsverlaufs entstand Kerners „Seherin von Prevorst". (Br. 11, 22, 23, 29, 40, 46, 47)

Helene von Nassau (1831–1888), Stiefschwester des Großherzogs Adolf von Luxemburg; seit 1855 verheiratet mit Fürst Georg Viktor von Waldeck. (Br. 45)

Isabella II. (1830–1904), Königin von Spanien von 1843–1868; seit 1846 verheiratet mit ihrem Vetter → Francisco de Asis.

Kerner, Friederike, geb. Eh(e)mann (1786–1854), Tochter eines Pfarrers und Professors am evangelischen Seminar in Denkendorf; seit 1813 verheiratet mit Justinus Kerner (1786–1862). (Br. 38, 40)

Kerner, Theobald (1817–1907), Sohn Friederikes und Justinus Kerners, Arzt und Dichter; seit 1844 in erster Ehe verheiratet mit Maria, geb. Freiin von Üxküll-Gyllenbrand, geschiedene von Hügel (1811–1862); zweite Ehe 1868 mit Mathilde (Else), geb. Hochstätter (1847–1931). (Br. 36, 51)

Küster, Betty von, Tochter des preußischen Gesandten in München, Hofdame der Königin → Marie. (Br. 39)

La Rosée, Theodor Raffael, Graf von (1801–1864), von 1848–1854 Hofkavalier bei Prinz Adalbert von Bayern; begleitete den Prinzen 1848/49 auf seiner Spanienreise. (Br. 12)

Liebig, Justus von (1803–1873), Chemiker; seit 1852 Professor an der Universität München; Gegner der okkultistischen und spiritistischen Arbeiten Justinus Kerners. (Br. 49)

Louis Philippe (1773–1850), König von Frankreich von 1830–1848 („Bürgerkönig"); seit 1848 im englischen Exil. (Br. 4, 5)

Louise, s. → Luise

Ludwig I. (1786–1868), König von Bayern von 1825–1848; stand im Briefwechsel und seit 1850 in persönlichem Kontakt mit Justinus Kerner. (Br. 1, 18, 33, 40, 60, 65, 66)

Ludwig III. (1845–1921), König von Bayern von 1913–1918; ältester Sohn des Prinzen und Prinzregenten → Luitpold. (Br. 11)

Ludwig Ferdinand (1859–1949), Prinz von Bayern; ältester Sohn von Prinz Adalbert von Bayern und dessen Frau → Amalia; Mediziner; seit 1883 verheiratet mit Maria de la Paz, der Tochter der Königin → Isabella II. von Spanien. (Br. 64, 65, 66)

Luis Fernando, s. → Ludwig Ferdinand

Luise(a) (1832–1897), Prinzessin von Spanien, Schwester der Königin → Isabella II. von Spanien; seit 1846 verheiratet mit dem Herzog von → Montpensier. (Br. 6, 8, 11)

Luise Karoline (1822–1875), Prinzessin von Altenburg; zweite Frau des Prinzen Eduard von Altenburg, dem Bruder der Königin → Therese von Bayern. (Br. 39)

Luitpold (1821–1912), Prinz von Bayern; drittältester Sohn Ludwigs I.; seit 1886 (Tod Ludwigs II.) Prinzregent für seinen Sohn → Ludwig III. (Br. 11, 58, 60)

Maria Christina (1806–1878), Königin von Spanien; führte nach dem Tod ihres Mannes Ferdinand VII. von 1833–1840 die Regentschaft für ihre Tochter → Isabella II. (Br. 13)

Maria da Gloria (1819–1853), Königin von Portugal von 1834–1853; seit 1836 mit Herzog → Ferdinand von Sachsen-Coburg-Gotha verheiratet. (Br. 2, 4, 5)

Marie Friederike (1825–1889), Königin von Bayern von 1848–1864, Tochter des Prinzen Wilhelm von Preußen; seit 1842 verheiratet mit dem späteren König → Max II. von Bayern. (Br. 2, 6, 39, 40)

Mathilde (1813–1862), Großherzogin von Hessen-Darmstadt; älteste Tochter König → Ludwigs I. von Bayern; seit 1833 verheiratet mit Ludwig III., Großherzog von Hessen-Darmstadt. (Br. 1)

Maurer, Georg Ludwig von (1790–1872), Jurist und Professor an der Universität München; seit 1829 Staatsrat; 1832–1834 Mitglied des Regentschaftsrats für König → Otto von Griechenland; Begleiter Prinz Adalberts von Bayern während seiner Griechenland-Reise 1858; Befürworter der Adalbert-Nachfolge für dessen Bruder → Otto in Griechenland. (Br. 36)

Max II. (1811–1864), König von Bayern von 1848–1864; ältester Sohn König → Ludwigs I. von Bayern; stand schon als Kronprinz in gelegentlichem Briefverkehr mit Justinus Kerner. (Br. 2, 11, 18, 23, 33, 40, 47, 58)

Montpensier, Herzog Heinrich von (1824–1890), jüngster Sohn des Königs → Louis Philippe von Frankreich; seit 1846 verheiratet mit → Luise, Infantin von Spanien. (Br. 6, 8)

Narvaez, Ramon Maria, Herzog von Valencia (1799–1868), Führer der „Moderados", der konservativen Partei Spaniens; Günstling der Königin → Maria Christina von Spanien; seit 1844 Minister; mehrmals gestürzt (1851, 1854), konnte sich aber immer wieder an die Spitze der Regierungspartei stellen. (Br. 6, 11, 22)

Otto I. (1815–1867), König von Griechenland; von 1832–1835 regiert für ihn ein Regentschaftsrat; seit 1835–1862 König; zweitältester Sohn König → Ludwigs I. von Bayern. (Br. 1, 2, 4, 5, 13, 14, 17, 18, 19, 20, 26, 27, 32, 33, 36, 62)

Ow, Max Freiherr von (1815–1896), 1848 Adjutant des Prinzen Adalbert von Bayern, den er auf seiner Spanien-Reise 1848/49 begleitete; 1871 Hofmarschall und Oberhofmeister bei Adalbert. Sein ältester Bruder begleitete König → Otto I. nach Griechenland. (Br. 12)

Rosée, s. → La Rosée

Reindl, Georg Karl (1803–1882), Theologe, Domdechant; Erzieher Prinz Adalberts von Bayern; geistlicher Berater König → Ottos von Griechenland; Beichtvater von König → Max II. (Br. 8)

Seherin von Prevorst, s. → Hauffe, Friederike

Swedenborg, Emanuel (1688–1772), Naturforscher, Theosoph und „Geisterseher";

hatte großen Einfluß auf das Okkultismus-Interesse der Romantik; war auch für die Okkultforschung Justinus Kerners von Bedeutung. (Br. 40)

Schubert, Gotthilf Heinrich (1780–1860), Naturwissenschaftler, Philosoph und Arzt; seit 1827 Professor an der Universität München; Publikationen über Magnetismus, Traum und Hellseherei. Er war Lehrer des Prinzen Adalbert von Bayern und befreundet mit Justinus Kerner. Ihm ist Kerners „Seherin von Prevorst" gewidmet. (Br. 11, 23, 29, 33, 50, 51)

Therese Charlotte Luise (1792–1854), Königin von Bayern von 1825–1848; Tochter des Herzogs Friedrich von Sachsen-Hildburghausen; seit 1810 verheiratet mit dem späteren König → Ludwig I. von Bayern. (Br. 1, 40)

Vogt, Johannes (?–1860), Tischler, der sich als Autodidakt zum Astrologen und Astronom ausbildete; Hofastrologe in München; wurde oft von Prinz Adalbert von Bayern über seine Zukunft befragt. Er starb 1860 durch Selbstmord. (Br. 16, 17, 22, 24, 25, 26, 29, 32, 33, 50, 51, 57, 62, 66)

Viktoria (1819–1901), Königin von England von 1837–1901; seit 1840 verheiratet mit ihrem Vetter Prinz Albert von Sachsen-Coburg-Gotha. (Br. 2, 4, 5)

Wasa (1833–1907), Prinzessin von Schweden, Tochter des Königs Gustav von Schweden; seit 1853 verheiratet mit König Albert von Sachsen. (Br. 45)

Liste der Briefe

1850:

1. Kerner an Adalbert, Weinsberg, 7. September
2. Adalbert an Kerner, Aschaffenburg, 23. September
3. Kerner an Adalbert, Weinsberg, 6. Oktober
4. Adalbert an Kerner, München, 16. Oktober
5. Kerner an Adalbert, Weinsberg, 22. Oktober
6. Adalbert an Kerner, München, 25. Oktober
7. Kerner an Adalbert, Weinsberg, 12. November
8. Kerner an Heiland, Weinsberg, 13. November
9. Adalbert an Kerner, München, 22. November
10. Heiland an Kerner, München, 22. November
11. Heiland an Kerner, München, 23. November
12. Kerner an Adalbert, Weinsberg, 30. November (Dazu zwei Abschriften vom 29. November, nicht vollständig)
13. Heiland an Kerner, München, 6. Dezember
14. Adalbert an Kerner, München, 11. Dezember
15. Kerner an Adalbert, Weinsberg, 17. Dezember (Dazu zwei Briefentwürfe vom 17. Dezember)
16. Heiland an Kerner, München, 27. Dezember

17. Heiland an Kerner, München, 28. Dezember
18. Adalbert an Kerner, o.O., o.D. (28. oder 29. Dezember)

1851:

19. Kerner an Adalbert, Weinsberg, 11. Januar
20. Adalbert an Kerner, München, 22. Januar
21. Kerner an Adalbert, Weinsberg, 28. Januar (Dazu ein Brief und ein Briefentwurf vom 27. Januar und ein Briefentwurf vom 28. Januar)
22. Heiland an Kerner, München, 31. Januar
23. Kerner an Heiland, Weinsberg, 2. Februar (Briefentwurf)
24. Adalbert an Kerner, o.O., o.D. (4. Februar) (Mit Nachschrift von Heiland vom 4. Februar)
25. Kerner an Adalbert, Weinsberg, 7. Februar (Dazu ein Briefentwurf vom 7. Februar)
26. Kerner an Heiland, Weinsberg, 7./9. Februar (Briefentwurf)
27. Heiland an Kerner, München, 13. Februar
28. Adalbert an Kerner, München, 22. Februar
29. Heiland an Kerner, München, 25. Februar
30. Kerner an Heiland, o.O., 28. Februar (Briefentwurf)
31. Heiland an Kerner, o.O., 4. März
32. Heiland an Kerner, Stuttgart, 5. April
33. Heiland an Kerner, München, 1. Mai
34. Kerner an Adalbert, Weinsberg, 7. Mai (Dazu ein Briefentwurf o.D. und ein Briefentwurf vom 7. Mai)
35. Adalbert an Kerner, München, 8. Mai (Beigefügt ein Bericht über das „ekstatische Frl. Maria von Mörl")
36. Kerner an Heiland, o.O., 13. Mai (Briefentwurf)
37. Adalbert an Kerner, o.O., o.D. (Mai)
38. Heiland an Kerner, München, 19. Mai
39. Adalbert an Kerner, Stuttgart, 24. Mai
40. Heiland an Kerner, München, 20. Juni
41. Heiland an Kerner, München, 5. Juli
42. Kerner an Adalbert, Weinsberg, 19. Juli
43. Heiland an Kerner, München, 5. August
44. Heiland an Kerner, München, 1. September
45. Kerner an Adalbert, Weinsberg, 11. September
46. Heiland an Kerner, München, 27. Oktober
47. Heiland an Kerner, Depesche nach Augsburg, 9. November
48. Heiland an Kerner, Depesche nach Augsburg, 12. November
49. Heiland an Kerner, München, 12. November
50. Heiland an Kerner, München, 18. November
51. Heiland an Kerner, München, 19. November

52. Heiland an Kerner, Depesche nach Augsburg, 26. November
53. Heiland an Kerner, München, 28. November
54. Adalbert an Kerner, München, 7. Dezember (Einladung zur Mittagstafel)
55. Kerner an Adalbert, Weinsberg, 20. Dezember

1852:

56. Adalbert an Kerner, München, 3. Januar
57. Kerner an Adalbert, Weinsberg, 9. Januar (Beigefügt ein Bericht über Swedenborg)
58. Heiland an Kerner, München, 21. Januar
59. Adalbert an Kerner, München, 30. Januar (Brief zweifach vorhanden: aus der Hand Adalberts und aus der Hand Heilands; dazu ein Stenogramm erhalten.)
60. Kerner an Adalbert, Weinsberg, Februar
61. Kerner an Adalbert, Weinsberg, 17. März
62. Heiland an Kerner, München, 6. April
63. Kerner an Adalbert, Weinsberg, April(?)
64. Adalbert an Kerner, München, 3. Mai
65. Heiland an Kerner, Nymphenburg, 3. Juli
66. Heiland an Kerner, Nymphenburg, 11. Juli
67. Kerner an Adalbert, Weinsberg, 12. Juli
68. Heiland an Kerner, Nymphenburg, 20. Juli
69. Adalbert an Kerner, Nymphenburg, 26. August
70. Heiland an Kerner, Nymphenburg, 1. September
71. Kerner an Adalbert, Weinsberg, 14. September
72. Kerner an Adalbert, Weinsberg, 8. Oktober (Gedicht Kerners an Adalbert, 1. Fassung)
73. Adalbert an Kerner, Nymphenburg, 17. Oktober
74. Kerner an Adalbert, Weinsberg, 21. Oktober
75. Kerner an Adalbert, Weinsberg, 24. Oktober (Mit Gedicht Kerners an Adalbert, 2. Fassung)
76. Adalbert an Kerner, Nymphenburg, 19. November
77. Heiland an Kerner, Nymphenburg, 29. November
78. Kerner an Adalbert, Weinsberg, 5. Dezember
79. Kerner an Adalbert, Weinsberg, 20. Dezember
80. Adalbert an Kerner, Nymphenburg, 25. Dezember

1853:

81. Heiland an Kerner, München, 28. Februar
82. Heiland an Kerner, München, 1. April
83. Adalbert an Kerner, München, 19. April

84. Heiland an Kerner, München, 21. Mai
85. Kerner an Adalbert, Weinsberg, 22. Mai
86. Kerner an Adalbert, Weinsberg, 23. Mai
87. Kerner an Adalbert, Weinsberg, 28. Mai
88. Adalbert an Kerner, Nymphenburg, 13. August
89. Kerner an Adalbert, Weinsberg, 16. September
90. Adalbert an Kerner, Lindau, 13. Oktober
91. Kerner an Adalbert, Weinsberg, 21. Dezember

1854:

92. Adalbert an Kerner, München, 23. April
93. Heiland an Kerner, Würzburg, 21. Juni
94. Adalbert an Kerner, Nymphenburg, 13. August
95. Adalbert an Kerner, Darmstadt, 3. November (mit Nachschrift o.O., o.D.)
96. Adalbert an Kerner, Darmstadt, 9. Dezember
97. Adalbert an Kerner, Darmstadt, 18. Dezember
98. Adalbert an Kerner, Darmstadt, 31. Dezember

1855:

99. Adalbert an Kerner, Darmstadt, 4. Januar
100. Adalbert an Kerner, Darmstadt, 21. Januar (mit Nachschrift vom 22. Januar)
101. Adalbert an Kerner, Darmstadt, 14. Februar
102. Adalbert an Kerner, Darmstadt, 23. Februar
103. Adalbert an Kerner, Darmstadt, 8. März
104. Adalbert an Kerner, Darmstadt, 21. März
105. Adalbert an Kerner, Depesche aus Darmstadt, 25. März
106. Adalbert an Kerner, o.O., 4. April (Einladung)
107. Adalbert an Kerner, Rom, 4. Mai
108. Adalbert an Kerner, Paris, 20. August
109. Adalbert an Kerner, Fürstenried, 2. Oktober
110. Adalbert an Kerner, Nymphenburg, 7. Dezember o.J.

1856:

111. Adalbert an Kerner, Nymphenburg, 3. März
112. Adalbert an Kerner, München, 18. April
113. Sekretariat von Adalbert an Kerner, München, 3. Juni
114. Adalbert an Kerner, Nymphenburg, 26. Juli
115. Adalbert an Kerner, Depesche aus Madrid, 27. August
116. Adalbert an Kerner, Paris, 18. Oktober
117. Adalbert an Kerner, Nymphenburg, 18. November

1857:

118. Adalbert an Kerner, Nymphenburg, 15. Februar
119. Adalbert an Kerner, Nymphenburg, 29. März
120. Adalbert an Kerner, München, 1. April
121. Adalbert an Kerner, Nymphenburg, 8. April
122. Adalbert an Kerner, Weilheim, 11. Mai
123. Adalbert an Kerner, Nymphenburg, 5. August
124. Adalbert an Kerner, Depesche aus Heidelberg, 21. September
125. Adalbert an Kerner, Depesche aus Heidelberg, 22. September
126. Adalbert an Kerner, Cannstatt, 6. November

1858:

127. Adalbert an Kerner, Nymphenburg, 3. Januar
128. Adalbert an Kerner, Peiting, 1. Mai
129. Adalbert an Kerner, Laxenburg bei Wien, 1. September
130. Adalbert an Kerner, Lindau, 28. Dezember

1859:

131. Kerner an Adalbert, o.O., o.D., (Weinsberg, Mai) (Briefabschrift oder Briefentwurf)
132. Adalbert an Kerner, Nymphenburg, 14. Juni
133. Adalbert an Kerner, Madrid, 4. November

1860:

134. Adalbert an Kerner, Peiting, 5. Mai
135. Kerner an Adalbert, Weinsberg, 8. Mai (Briefabschrift oder Briefentwurf)
136. Adalbert an Kerner, Darmstadt, 12. Dezember

1861:

137. Adalbert an Kerner, München, 20. Januar
138. Adalbert an Kerner, München, 2. März

1862:

139. Adalbert an Kerner, München, 7. Februar o.J.

Anmerkungen und Literaturverzeichnis zu:
Albrecht Bergold *Streiflichter zu Justinus Kerners Leben im Spiegel seiner Briefe an die Dichterfreunde*

1 Strauß, 1953.
2 Vgl. vor allem: Jennings, 1982; ders., 1968, S. 109–131.
3 Der handschriftliche Nachlaß Justinus Kerners liegt im Schiller-Nationalmuseum/ Deutschen Literaturarchiv Marbach a.N. (SNM/DLA). Darüber hinaus sind in vielen Nachlässen anderer Provenienz sowohl im SNM/DLA als auch in weiteren öffentlichen und in privaten Archiven eine große Zahl an Kerner-Briefen erhalten.
4 Kerner, Th., 1897.
5 Tumarkin, 1898, S. 102.
6 Baumann, 1981, S. 98.
7 Jennings, 1982, S. 5; zur Beschreibung dieses frühen Abschnitts von Kerners Leben ist man hauptsächlich auf den Briefwechsel mit Uhland angewiesen, da Korrespondenzen mit anderen Personen des literarischen Lebens in dieser Zeit noch selten sind.
8 Kerner, J., 1849.
9 Justinus Kerners Eltern waren: Christoph Ludwig Kerner (1744–1799), ab 1766 Oberamtmann in Ludwigsburg (mit dem Titel eines Regierungsrats), ab 1795 Klosteroberamtmann in Maulbronn; Friederike Luise Kerner geb. Stockmayer (1750–1817). – Die Geschwister: Georg Kerner (1770–1812), Karlsschüler, später in Paris, Florenz und Bern, 1803–1812 Arzt in Hamburg; Louis Ernst Ludwig Friedrich Kerner (1773–1837), Pfarrer; Karl Kerner (1775–1840), Karlsschüler, ab 1812 Chef des württembergischen Generalstabs, ab 1817 Geheimrat, u.a. provisorischer Minister des Innern und Leiter des Berg- und Hüttenwesens in Württemberg; Ludowike Zeller geb. Kerner (1778–1823), Pfarrfrau; Wilhelmine Steinbeis geb. Kerner (1782–1864), Pfarrfrau; Justinus Kerner selbst wurde am 18. September 1786 als jüngstes Kind der Familie in Ludwigsburg geboren, er starb am 21. Februar 1862 in Weinsberg.
10 Vgl. Jennings, 1968, S. 116f. und Kerners Brief an Julie Hartmann vom 2. Juni 1838, SNM/DLA.
11 Kerner, J., 1849, S. 284f.
12 Borst, 1981, S. 10f.
13 Kerner, J., 1849, S. 335f.
14 Ludwig Uhland an Christoph Friedrich Kölle, Brief vom 26. Januar 1807, SNM/DLA.
15 Kretschmer, 1968, S. 144.
16 Hinzuweisen ist hier besonders auf die kompetenten werkgeschichtlichen Untersuchungen für die Zeit der Tübinger Romantik und die Entstehung der „Reiseschatten"; vgl. etwa: Zeller, 1961.
17 Kerner an Ludwig Uhland, Brief vom 23.–28. August 1809, SNM/DLA.
18 Kerner an Ludwig Uhland, undatiertes Brieffragment, SNM/DLA.
19 Kerner an Ludwig Uhland, Brief vom 9.–20. September 1809, SNM/DLA.
20 Daß die Hauptursachen des Auseinanderlebens beider Freunde in den literarischen und vor allem politischen Meinungsverschiedenheiten zu suchen sind, begründet Jennings, 1982.
21 Kerner an Ludwig Uhland, Brief vom 29. August 1811, SNM/DLA.
22 Kerner an Ludwig Uhland, Brief vom 2. Februar 1812, SNM/DLA.
23 Kerner an Ludwig Uhland, Brief vom 30. Juli 1816, SNM/DLA.
24 Vgl. etwa Burger, 1828, und Büttger, 1852.
25 Kerner heiratete Friederike (gen. Rickele) geb. Ehmann (1786–1854) am 28. Februar 1813. Im Dezember desselben Jahres wurde seine Tochter Marie (gest. 1886) geboren

(sie heiratete später den Heilbronner Arzt Emil Niethammer), vier Jahre später der Sohn Theobald (1817–1907). Eine zweite Tochter, Emma, kam nach dem Einzug ins eigene Haus im Jahre 1822 zur Welt (gest. 1895).

26 Kerner, J., 1824.
27 Kerner hat neben seinen zahlreichen Einzelveröffentlichungen auch zwei Zeitschriften herausgegeben: *Blätter aus Prevorst,* Karlsruhe u. Stuttgart 1831–1839, und *Magikon,* 5 Bde, Stuttgart 1840–1856.
28 Kerner, J., 1829; vgl. auch Jennings, 1968, S. 132–138.
29 Jennings, 1982, S. 5.
30 Kerner an Eduard Mörike, Brief vom Oktober 1826, Goethe-Schiller-Archiv, Weimar.
31 Lenau, 1969, S. 22 f. (Brief vom 9. Januar 1832).
32 Willoughby, 1938, S. 3 (Brief vom 30. März 1832).
33 Kerner an Graf Alexander von Württemberg, Brief vom 25. Januar 1843, SNM/DLA.
34 Lenau, 1969, S. 23 (Brief vom 13. Januar 1832).
35 Theobald Kerner an Eduard Mörike, Brief vom 7. Juli [1841], SNM/DLA.
36 Kerner schildert diesen Spaß in einem Brief an Julie Hartmann (o. D., SNM/DLA); vgl. auch Jennings, 1981, S. 96–106.
37 Lenau, 1969, S. 19 (Brief vom 18. November 1831).
38 Kerner an Gustav Schwab, Brief vom 15. Juni 1848, SNM/DLA.
39 Kerner an Ludwig Uhland, Brief vom 22. September 1836, SNM/DLA.
40 Willoughby, 1938, S. 8 (Brief vom 29. August 1853).
41 Lenau, 1969, S. 24 (Brief vom 13. Januar 1832).
42 Willoughby, 1938, S. 9 (Brief vom 13. Juli 1834).
43 Kerner an Gustav Schwab, Brief vom 9. Oktober 1841, SNM/DLA.
44 Kerner an Gustav Schwab, Brief vom 8. Februar 1832, SNM/DLA.
45 Graf Alexander von Württemberg starb im Juli in Wildbad, im Oktober wurde Lenau in die Irrenanstalt Winnenthal (Winnenden) eingeliefert.
46 Pocci, 1928, S. 108 (Brief vom 5. März 1850).
47 Kerner, Th., 1897, S. 390 (Brief vom 16. März 1853).

Baumann, Gerhart, Der Brief. Mitteilung und Selbstzeugnis, in: G. Baumann, *Sprache und Selbstbegegnung.* München 1981.
Borst, Otto, Justinus Kerners Wirklichkeit, in: *Beiträge zur schwäbischen Literatur- und Geistesgeschichte, 1* (1981).
Büttger, Heinz, *Justinus Kerner: Ein Beitrag zur Geschichte der Spätromantik.* Zürich 1852.
Burger, Heinz Otto, *Schwäbische Romantik. Studien zur Charakteristik des Uhlandkreises.* Stuttgart 1828.
Jennings, Lee Byron, Der aufgespießte Schmetterling. Justinus Kerner und die Frage der psychischen Entwicklung, in: *Antaios, 10* (1968), S. 109–131.
Ders., Probleme um Kerners „Seherin von Prevorst", in: *Antaios, 10* (1968), S. 132–138.
Ders., Kerner, Lenau und der amerikanische Dämon, in: *Beiträge zur schwäbischen Literatur- und Geistesgeschichte, Bd 1,* Weinsberg 1981, S. 96–106.
Ders., *Justinus Kerners Weg nach Weinsberg (1809–1819). Die Entpolitisierung eines Romantikers.* Columbia 1982.
Kerner, Justinus, *Geschichte zweyer Somnambülen nebst einigen anderen Denkwürdigkeiten aus dem Gebiete der magischen Heilkunde und der Psychologie.* Karlsruhe 1824.
Ders., *Die Seherin von Prevorst, 2 Tle.* Stuttgart u. Tübingen 1829.
Ders., *Das Bilderbuch aus meiner Knabenzeit.* Braunschweig 1849.
Kerner, Theobald (Hrsg.), *Justinus Kerners Briefwechsel mit seinen Freunden, Bd. 1 u. 2.* Stuttgart u. Leipzig 1897.

Kretschmer, Wolfgang, Rationale und mystische Züge bei Justinus Kerner, in: *Antaios, 10* (1968).

Nikolaus Lenau, Briefwechsel. Unveröffentlichtes und Unbekanntes, zus. gest. v. Josef Buchowiecki. Wien 1969.

Pocci, Franz (Hrsg.), *Justinus Kerner und sein Münchner Freundeskreis.* Leipzig 1928.

Strauß, David Friedrich, *Justinus Kerner. Zwei Lebensbilder aus den Jahren 1839 und 1862.* Marbach a.N. 1953.

Tumarkin, Anna, Zur Charakteristik Justinus Kerners, in: *Preussische Jahrbücher, 93* (1898).

Willoughby, L. A. (Hrsg.), *Justinus Kerner, Letters of Justinus Kerner to Graf Alexander von Württemberg.* Cambridge 1938.

Zeller, Bernhard (Hrsg.), *Das Sonntagsblatt für gebildete Stände.* Marbach a.N. 1961.

Anmerkungen und Literaturverzeichnis zu:
Andrea Berger-Fix *Der Briefwechsel Justinus Kerners mit Prinz Adalbert von Bayern (1850–1862)*

1 Dieses Gedicht Justinus Kerners an Adalbert von Bayern gibt es in drei verschiedenen Fassungen. Die erste datiert vom 8. Oktober 1852 (SML, 1107 V 86), die zweite, hier zitierte, liegt dem Brief vom 24. Oktober 1852 bei (Br. 48), und die dritte ist abgedruckt in Kerner, J., 1852, S. 218/219.

2 Die Briefe wurden aus Münchner Privatbesitz angekauft. Sie sind chronologisch in drei Gruppen zusammengefaßt und in Umschläge eingeschlagen, die in der Schrift des Sekretärs von Adalbert, Joseph Heiland, numeriert und beschriftet sind. „Gestern hatte ich, auf Befehl S.K.H., alle Ihre Briefe zu mustern, den Datum des jemaligen Empfanges darauf zu schreiben und sie chronologisch zu numerieren; wahrscheinlich wird er sie bey Gelegenheit wieder alle der Reihe nach durchgehen." (Heiland an Kerner, 21. Januar 1852, SNM, KN 2272)

Auffällig ist, daß die Kerner-Briefe nur bis 1853 vorliegen. Nach der Entlassung Heilands 1853 wurde diese Ordnung offensichtlich nicht mehr weitergeführt. So ist es wohl der Umsichtigkeit des Sekretärs zu verdanken, daß uns die Briefe Justinus Kerners an Adalbert zumindest bis 1853 erhalten geblieben sind.

Ein großer Teil der Briefe wurde bereits 1928 publiziert in: Pocci, 1928. Franz Pocci (der Enkel) sah die Briefe damals im Familien-Archiv des Prinzen Alfons von Bayern ein. Auch damals lagen sie nur mehr bis 1853 vor. Das Verdienst Poccis ist es, diese Briefe Kerners in den Zusammenhang seines großen Freundeskreises in München gestellt zu haben. Zahlreiche interessante und wichtige Informationen hat er zusammengetragen, auf die in der vorliegenden Arbeit häufig zurückgegriffen werden kann. Das ist um so wichtiger, da Poccis Buch nur in einer Auflage von 1000 Exemplaren erschienen ist und heute nur schwer zugänglich ist. Einige Briefe Adalberts an Kerner sind abgedruckt in: Kerner, Th., 1897.

3 Siehe das Standardwerk von: Schubert, Gotthilf Heinrich, Ansichten von der Nachtseite der Naturwissenschaften, Dresden 1808. Auch Kerner war davon stark beeinflußt. Siehe auch das wohl bekannteste Werk Kerners: Die Seherin von Prevorst. Eröffnungen über das innere Leben des Menschen und über das Hereinragen einer Geisterwelt in die unsere. Stuttgart und Tübingen 1829.

4 Heiland an Kerner, 19. Mai 1851 (SNM, KN 2261).

5 Adalbert an Kerner, 3. März 1856 (SNM, KN 260).

6 Adalbert an Kerner, 29. März 1857 (SNM, KN 266).

7 Zu Kerners frühen politischen Aktivitäten s. Jennings, 1982.

8 Kerner an Heinrich Breslau, 9. Dezember 1849 (abgedr. in: Pocci, 1928, S. 101/102).

9 Gedicht Kerners „In das Album eines jungen Rothen" von 1848 (abgedr. in: Kerner, J., 1852, S. 46). Zu Theobald Kerners politischen Aktivitäten und zu den Ereignissen um seine Gefängnisstrafe siehe auch Hagen, 1963, S. 110 ff.
10 Zur Beziehung von Theobald mit Marie von Hügel s. Jennings, 1974, S. 105, und Willoughby, 1938, S. 66 ff.
11 Kerner an Graf Pocci, [26.]. November 1857 (abgedr. in: Pocci, 1928, S. 369).
12 Jennings, 1982, S. 63.
13 Nach einer längeren Fragen-Pause beginnt Kerner am 24. Oktober 1852 selbst mit dem heiklen Thema: „Die Sünde muß ich auch bekennen: daß ich die Seherin ob ich gleich, wie Sie wissen, nicht *streng* an sie glaube fragte: Wie sieht sie den A?..." Deutlicher kann Kerners eigene Widersprüchlichkeit kaum ausgedrückt werden, und daß er dabei selbst Gewissensbisse hatte, zeigt das vielsagende Wort „Sünde".
14 Pocci, 1928, S. 247.
15 Kerner, Th., Briefwechsel II, 1897, S. 403.
16 Heiland an Kerner, 11. Juli 1852 (SNM, KN 2275).
17 Adalbert an Kerner, 15. Februar 1857 (SNM, KN 265).
18 Kerner an Adalbert, April(?) 1852 (SML, 1104 V 86).
19 Adalbert an Kerner, 22. Februar 1851 (SNM, KN 230).
20 Pocci, 1928, S. 60.
21 Pocci, 1928, S. 293, und Brief Kerners an Adalbert vom 21. Dezember 1853 (SML, 1116 V 86), in dem die Verleihung schon zur Debatte steht.
22 Pocci, 1928, S. 277 ff.
23 Briefe von Kerner an Adalbert vom 22. Oktober 1850 (SML, 1088 V 86) und vom 12. November 1850 (SML, 1089 V 86).
24 Kerner an Ludwig I., 23. Dezember 1848 (abgedr. in: Pocci, 1928, S. 95).
25 Gedicht von Kerner: „An König Ludwig von Bayern" (abgedr. in: Kerner, J., 1852, S. 20–23).
26 In Briefen an Emma Niendorf und Sophie Schwab schreibt Kerner im Februar bzw. im April 1848, Ludwig I. hätte ihm die Lola Montez geschickt, um ihr den Teufel auszutreiben. Die Geschichte ist natürlich erfunden, wurde aber schon mehrmals als echt angesehen. Siehe Posse, 1929, S. 348 ff., und Seeber, 1978/79, S. 24 ff.
27 Briefe von Kerner an Graf Pocci vom 26. Februar 1855 und vom [26.] November 1857 (abgedr. in: Pocci, 1928, S. 319 und S. 369).
28 Dem Brief von Kerner an Adalbert vom Februar 1852 (SML, 1102 V 86) ist ein Zeitungsausschnitt beigeheftet, der von der bevorstehenden Opernaufführung berichtet. Siehe auch Adalbert, 1969, S. 286 ff.
29 Adalbert, 1969, S. 308.
30 Kerner, Th., Kernerhaus, 1897, S. 224. Eine von Herzog Max geschenkte Zither befindet sich heute noch im Kernerhaus in Weinsberg.
31 Strauß, 1866, S. 329/330.
32 Kerner an Graf Wilhelm von Württemberg, 23. Januar 1852 (abgedr. in: Pocci, 1928, S. 189–191).
33 Kerner an Ludwig I., 25. August 1861 (abgedr. in: Pocci, 1928, S. 378).
34 Br. 14.
35 Rall, S. 62.
36 Seidl, 1981, S. 245. Zu Ludwig I. siehe auch Dirrigl, 1980.
37 Adalbert, 1969, S. 275.
38 Seidl, 1981, S. 290/291, und Ausstellungskatalog, Griechen und Deutsche, 1982, S. 65 und S. 72 ff.
39 Adalbert an Kerner, 23. Februar 1855 (SNM, KN 254). Interessant sind in diesem Zusammenhang auch zwei Briefe des Sekretärs Ludwigs I. an den bayerischen Gesandten in Paris, die Pocci, 1928, S. 323/24, in Auszügen wiedergibt. Die politi-

schen Kreise um Max II. waren danach eindeutig gegen Adalberts Heirat mit der spanischen Infantin. Er hatte es allein seinem Vater zu verdanken, daß die Heirat zustande kam.

40 Rall, S. 63.
41 Adalbert an Kerner, 1. Mai 1858 (SNM, KN 274).
42 Seidl, 1981, S. 301. Königin Amalie von Griechenland hatte wohl ihren Bruder als Thronfolger im Auge.
43 Wohlauf noch getrunken..., Schwaben und Franken, Nr. 3, März 1980.
44 Abgedruckt in: Kerner, J., 1826, S. 137. Evoe = Jubelruf beim Fest des Dionysos.
45 Kerner an Graf Pocci, 29. Juni 1852 (abgedr. in: Pocci, 1928, S. 221).
46 Siehe dazu auch Rall, S. 62, und von Ow.
47 Garrida, 1863, S. 60.
48 Garrida, 1863, S. 81.
49 Schubert an Kerner, zitiert nach: Kerner, Th., Kernerhaus, 1897, S. 240.
50 Adalbert an Kerner, 8. März 1855 (SNM, KN 255).
51 Adalbert an Kerner, 18. November 1856 (SNM, KN 264). Gerüchte über die Ehe Adalberts gab es genug. Kerner berichtet an Graf Pocci am [26.] November 1857 darüber, Adalbert habe ihm versichert, „daß er seine Gattin innig liebe,... und dennoch habe man in München gesagt, er habe sie schon geschlagen... Gott gebe, daß es aufrichtig und wahr ist, was er mir sagte und andere Gerüchte über ihn unwahr sind." (Pocci, 1928, S. 369.)
52 Gehrts, 1982, S. 44ff, und Gehrts, 1962.
53 Zitiert nach Gehrts, 1982, S. 46.
54 Gehrts, 1982, S. 45.
55 Gutachten des Medizinalrats Seeger vom 26. Januar 1847, zitiert nach Gehrts, 1982, S. 58/59. Daß Kerner die Justina Rupp auch zur Befragung für andere „Königliche Hoheiten" einsetzte, beweist sein Brief an Prinzessin Marie von Württemberg, die älteste Tochter König Wilhelms I. von Württemberg (SML, 1120 V 86). Darin schreibt er mit Datum vom 17. Januar 1850 ausführlich über die hellseherischen Auskünfte seiner „Wasserschauerin" auf die Bitte hin: „Sehe sie einmal nach unserem König Wilhelm und wie es ihm gehen wird!" Mit ganz ähnlichen Formulierungen wie einige Monate später in den Briefen an Adalbert gibt Kerner ihr Hellsehen wieder. Und schnell sichert er sich der hochgestellten Briefpartnerin gegenüber ab: „Daß all dieses jenes Weib sprach und nicht die mindeste Einflüsterung statt fand, das verbürge ich K. Hoheit mit meinem Ehrenwort. Zeuge war niemand als Frau Rikele." Siehe dazu auch Hagen, 1963, S. 107ff.
56 Adalbert an Kerner, 8. März 1855 (SNM, KN 255). Ähnliches wird auch von Theobald Kerner (Kernerhaus, 1897, S. 234/35) angedeutet.
57 Kerner an Max II., 23. Juli 1853 (abgedr. in: Pocci, 1928, S. 278–281). Siehe auch Becker, 1969, S. 1–2.
58 Aus: „Im December in München", vgl. Kerner, J., 1852.
59 Heiland an Kerner, 27. Oktober 1851 (SNM, KN 2266).
60 Kerner an Graf Wilhelm von Württemberg, 23. Januar 1852 (abgedr. in: Pocci, 1928, S. 189–192).
61 Schubert an Kerner, 17. Juli 1858 (abgedr. in: Kerner, Th., Briefwechsel II, 1897, S. 505).
62 Kerner an Unbekannt (SML, 829 V 86).
63 Abgedruckt in: Kerner, J., 1852, S. 19.
64 Br. 35.
65 Adalbert an Kerner, 24. Mai 1851 (SNM, KN 231).
66 Strauß, 1866, S. 328.
67 Kerner an Graf Wilhelm von Württemberg, 19. Dezember 1853 (abgedr. in: Pocci, 1928, S. 288/289).

68 Kerner an Graf Pocci, 28. Oktober 1854 (abgedr. in: Pocci, 1928, S. 305).
69 Kerner an Graf Wilhelm von Württemberg, 18. November 1853 (abgedr. in: Pocci, 1928, S. 285).
70 Kerner an Adalbert, 20. Dezember 1852 (SML, 1111 V 86).
71 Schumacher, 1901, S. 282.
72 Kerner an Adalbert, 20. Dezember 1852 (SML, 1111 V 86).
73 Strauß, 1866, S. 331.

Adalbert, Prinz von Bayern, *Als die Residenz noch Residenz war.* München ²1969.

Ausstellungskatalog, *Griechen und Deutsche, Bilder vom Anderen.* Stuttgart/Darmstadt 1982.

Becker, Rolf, Wenn Tische rücken und Geister klopfen. Dr. Justinus Kerner und die blau-weißen Hoheiten, in: *Schwaben und Franken, 15. Jg., Nr. 9,* 13. September 1969.

Dirrigl, Michael, *Das Kulturkönigtum der Wittelsbacher.* Studien zur Literatur-, Kunst-, Kultur- und Geistesgeschichte Bayerns; Bd. I: Ludwig I., König von Bayern (1825–1848), München 1980; Bd. II: Maximilian II., König von Bayern (1848–1864), Teil I und Teil II, München 1984.

Garrida, Fernando, *Das heutige Spanien, seine geistige und äußerliche Entwicklung im 19. Jahrhundert,* deutsch von Arnold Ruge. Leipzig 1863.

Gehrts, Heino, Der Oberamtsarzt unter Verdacht, in: Margot Buchholz/Hartmut Froeschle (Hrsg.), *Beiträge zur schwäbischen Literatur- und Geistesgeschichte, Bd. 2.* Weinsberg 1982.

Ders., Der Oberamtsarzt und der Aberglaube, in: *Hie gut Württemberg.* Beilage zur Ludwigsburger Kreiszeitung, 13. Jg., Nr. 2, 15. Februar 1962.

Hagen, Walter, Drei unbekannte Dokumente von Justinus Kerner aus den Jahren 1850/51, in: Historischer Verein Ludwigsburg (Hrsg.), *Ludwigsburger Geschichtsblätter, Bd. XV* (1963).

Jennings, Lee B., Geister und Germanisten: Literarisch-parapsychologische Betrachtungen zum Fall Kerner-Mörike, in: Eberhard Bauer (Hrsg.), *Psi und Psyche.* Neue Forschungen zur Parapsychologie. Festschrift für Hans Bender. Stuttgart 1974.

Ders., *Justinus Kerners Weg nach Weinsberg (1809–1819). Die Entpolitisierung eines Romantikers.* (Studies in German Literature, Linguistics and Culture, Vol. 3). Columbia, South Carolina 1982.

Kerner, Justinus, *Gedichte.* Stuttgart und Tübingen 1826.

Ders., *Der letzte Blüthenstrauß.* Stuttgart und Tübingen 1852.

Ders., *Die lyrischen Gedichte.* 5. verb. Aufl. Stuttgart und Tübingen 1854.

Kerner, Theobald (Hrsg.), *Justinus Kerners Briefwechsel mit seinen Freunden, 2 Bde.* Stuttgart und Leipzig 1897.

Ders., *Das Kernerhaus und seine Gäste.* 2. verm. Aufl. Stuttgart und Leipzig 1897.

Ow, Freiherr von, Max, *Mit dem jüngsten Sohn König Ludwigs I. als Reisebegleiter nach Spanien 1848/49.* Tagebuchblätter, hrsg. von Leo Freiherr von Ow. München o.J. (1967).

Pocci, Franz, (Hrsg.), *Justinus Kerner und sein Münchener Freundeskreis.* Leipzig 1928.

Posse, Ernst, Lola Montez, Metternich und der Weinsberger Geisterturm, in: Friedrich Meinecke/Albert Brackmann (Hrsg.), *Historische Zeitschrift, Bd. 1, Heft 1,* München/Berlin 1929.

Rall, Hans, *Wittelsbacher Lebensbilder von Kaiser Ludwig bis zur Gegenwart.* Führer durch die Münchner Fürstengrüfte. München, o.J.

Schumacher, Tony, *Was ich als Kind erlebt.* Stuttgart und Leipzig 1901.

Seeber, Kurt, Die rote Fahne auf dem Geisterturm, in: *Mitteilungen des Justinus-Kerner-Vereins und Frauenvereins Weinsberg, Heft 16,* 1978/79.

Seidl, Wolf, *Bayern in Griechenland. Die Geburt des griechischen Nationalstaats und die Regierung König Ottos.* Erw. Neuaufl. München 1981.

Strauß, David Friedrich, *Kleine Schriften*. Neue Folge, Berlin 1866.

Willoughby, L. A., *Letters of Justinus Kerner to Graf Alexander von Württemberg*. (Publications of the English Goethe Society, New Series, Vol. XIII). Cambridge 1938.

Anmerkungen und Literaturverzeichnis zu:
Heinz Schott *Der „Okkultismus" bei Justinus Kerner – Eine medizinhistorische Untersuchung*

Abkürzungen:

GW: Jung, C. G., *Gesammelte Werke,* 18 Bde. Olten, Freiburg i.Br.: Walter, 1971 ff.

K 1: Kerner, Justinus, *Die Seherin von Prevorst,* 1. Theil; siehe unter Kerner, J. (1829).

W: (Die nachgestellte Ziffer gibt den betreffenden Teil an.) Kerner, Justinus, *Werke,* hrsg. m. Einl. u. Anm. von Raimund Pissin, 6 Teile (Nachdruck der Ausgabe Berlin 1914) Hildesheim, New York: Olms, 1974.

W 4: Ders., *Die Seherin von Prevorst,* 1. Teil.

W 5: Ders., *Die Seherin von Prevorst,* 2. Teil.

1 In der Reihenfolge der Nennungen: 23. September 1850 (Br. 2); 30. November 1850 (Br. 11); Februar 1852 (Br. 40).
2 Vgl. z.B. Froeschle, 1982.
3 Vgl. Bock, 1929.
4 Ringger, 1952/53.
5 Vgl. z.B. Barkhan, 1970.
6 Heuss, 1936.
7 Jennings, 1968/69, S. 129.
8 Vgl. Kerner, J., 1817, 1820, 1822; Grüsser, 1986.
9 Kerner, D., 1962, S. 374.
10 Jennings, 1966, S. 76.
11 Kretschmer, 1968/69, S. 147.
12 Vgl. Glaus, 1957, S. 87; Baerwald, 1925, S. 29.
13 Vgl. Mayrhofer, 1937, S. 114; Ackerknecht, 1977, S. 135.
14 Diepgen, 1959, S. 82.
15 Neuburger, 1903, S. 118; vgl. hierzu Sudhoff, 1922, S. 345.
16 Leibbrand, 1937, S. 150.
17 Biographisches Lexikon..., 1931, S. 509f.
18 Hessisches Ärzteblatt, 1985, S. 110.
19 Vgl. hierzu Schott, Hrsg., 1985.
20 Vgl. Straumann, 1928.
21 Vgl. Huch, 1931.
22 Vgl. z.B. Leibbrand, 1937.
23 Vgl. Schott, 1985, S. 165ff.
24 Rath, 1962, S. 88.
25 Vgl. Schott, 1983.
26 Vgl. Mesmer, 1781, S. 56–64.
27 Vgl. Siefert, 1985; Ullrich, 1961/62.
28 Vgl. Deslon, 1781, S. 35, 49, 53.
29 Br. 49.
30 Bodamer, 1958, S. 18.
31 Vgl. Génard, 1982, S. 45ff.
32 Génard, 1982, S. 53ff.

33 Vgl. Enselme und Berger, 1966; Génard, 1982.
34 Vgl. Génard, 1982, S. 43 ff.
35 Mesmer, 1814, S. 116.
36 Vgl. Artelt, 1965.
37 Kieser, 1826, S. 188.
38 Vgl. Wolfart, 1818 u. 1819.
39 Kieser, 1826, S. 188
40 Kieser, 1826, S. 189.
41 Kieser, 1818, S. 47.
42 Kieser, 1818, S. 49.
43 Vgl. W 4, S. 44.
44 W 4, S. 47.
45 W 4, S. 47.
46 K 1, S. 186.
47 K 1, S. 187.
48 Braid, 1843.
49 Vgl. K 1, S. 192.
50 Ennemoser, 1819, S. 72 f.
51 Römer, 1821.
52 Römer, 1821, S. 4.
53 Römer, 1821, S. 126–138.
54 Römer, 1821, S. 8.
55 Kerner, J., 1824, S. 347.
56 Vgl. Harrington, 1985.
57 Glaus, 1957, S. 87.
58 Baerwald, 1925, S. 29.
59 Zeller, 1830, S. 159.
60 Zeller, 1830, S. 155.
61 Bodamer, 1958, S. 17 f.
62 Brugsch, 1964, S. 730.
63 GW 6, S. 591.
64 Vgl. GW 1, S. 30, S. 38 f., S. 49.
65 Silberer, 1912, S. 653.
66 W 4, S. 63.
67 W 5, S. 16.
68 Schubert, 1808.
69 Schubert, 1814.
70 Vgl. Schott, 1981.
71 Vgl. Zeller, 1830.
72 Vgl. Jennings, 1966, S. 81.
73 W 4, S. 138 ff.
74 Vgl. Du Prel, 1886, S. 12.
75 K 1, S. 175.
76 Vgl. Spiesberger, 1953, S. 64.
77 Vgl. K 1, S. 181.
78 W 4, S. 122.
79 Vgl. K 1, S. 182 f.
80 Vgl. Mesmer, 1814, S. 119.
81 K 1, S. 186.
82 K 1, S. 193 f.
83 K 1, S. 177 f.
84 K 1, S. 180.

85 K 1, S. 195.
86 K 1, S. 196.
87 Vgl. Silberer, 1911.
88 Vgl. K 1, S. 199.
89 K 1, S. 201 f.
90 K 1, S. 203 f.
91 K 1, S. 207.
92 Vgl. u.a. Edwards, 1983.
93 Vgl. Silberer, 1911, S. 727.
94 W 2, S. 138.
95 W 1, S. 120.
96 W 1, S. 125.
97 Vgl. Kerner, J., 1856, S. 4 ff.
98 Kerner, J., 1856.
99 Kerner, J., 1856, S. 80.
100 Kerner, J., 1856, S. 41.
101 Zit. bei Kerner, J., 1856, S. 52 f.
102 Kerner, J., 1834, S. 10.
103 Kerner, J., 1834, S. 39.
104 Vgl. hierzu Crabtree, 1985.
105 Vgl. Bock, 1929, S. 157.
106 Kerner, J., 1857.
107 Vgl. Kuhn, 1951; Baumgarten-Tramer, 1943.
108 Vgl. Schott, 1985.
109 Vgl. GW 18, S. 843.
110 Vgl. Bodamer, 1958; siehe auch König, 1962, S. 232.
111 Jennings, 1966, S. 81.
112 Glaus, 1957, S. 87.
113 Glaus, 1957, S. 113.
114 Vgl. Leibbrand, 1937, S. 150.
115 Jennings, 1966, S. 82.
116 Siehe Kerners Brief an Julie Hartmann vom 26. 11. 1826; zit. bei Straumann, 1928, S. 139 f.
117 Vgl. Ringger, 1959.
118 Adalbert an Kerner, 24. Mai 1851 (SNM, KN 231) und 21. März 1855 (SNM, KN 256).
119 Adalbert an Kerner, 23. Februar 1855 (SNM, KN 254).
120 Adalbert an Kerner, vom 8. Mai 1851. Dem Brief liegt eine Schilderung Adalberts von einem Besuch bei dem „ekstatischen Fräulein Maria von Mörl" bei. (SNM, KN 2285).
121 Adalbert an Kerner, 31. Dezember 1854 (SNM, KN 247).
122 Adalbert an Kerner, 21. Januar 1855 (SNM, KN 251).
123 Adalbert an Kerner, 22. Januar 1855 (SNM, KN 252).
124 Adalbert an Kerner, o.O., o.D. (4. Februar 1851) (SNM, KN 229); siehe auch Br. 9.
125 Kerner an Adalbert, 12. November 1850 (SML, 1089 V 86).
126 Kerner an Adalbert, 7. Mai 1851 (SML, 1096 V 86). Siehe auch Brief von Kerner an Adalbert vom 20. Dezember 1852 (SML, 1111 V 86).
127 Kerner, J., 1853.
128 Kerner an Adalbert, 23. Mai 1853 (SML, 1113 V 86).
129 Kerner an Adalbert, 11. September 1851 (SML, 1098 V 86).
130 Vgl. Kretschmar, 1929.
131 Vgl. Greber, 1932.
132 Vgl. Schott, 1984.
133 Zit. nach Silberer, 1911, S. 653.

134 Bodamer, 1958, S. 6.
135 W 2, S. 252.

Ackerknecht, Erwin H., *Geschichte der Medizin*. 3. überarb. Aufl. von „Kurze Geschichte der Medizin". Stuttgart: Enke, 1977.

Artelt, Walter, *Der Mesmerismus in Berlin*. Mainz: Akademie der Wissenschaften u. Literatur, 1965 (Abhandlungen. Geistes- und Sozialwissenschaftliche Klasse, 1965; 6).

Baerwald, Richard, *Die intellektuellen Phänomene*. Berlin: Ullstein, 1925 (Der Okkultismus in Urkunden [2]) [Darin: „Die Seherin von Prevorst", S. 29–50].

Barkhan, Johannes, Justinus Kerner. Dichter, Arzt und Okkultist, 1786–1862, in: *Die Kommenden, 24* (1970), Nr. 20, S. 17–20.

Baumgarten-Tramer, Franziska, Zur Geschichte des Rorschachtests, in: *Schweizer Archiv für Neurologie und Psychiatrie, 50* (1943), S. 1–13.

Biographisches Lexikon der hervorragenden Ärzte aller Zeiten und Völker, 3. Bd., hrsg. von August Hirsch, Berlin, Wien 1931.

Bock, Emil, *Boten des Geistes. Schwäbische Geistesgeschichte und christliche Zukunft.* 3. Aufl. Stuttgart: Urachhaus, 1955.

Bodamer, Joachim, Vorwort zu Justinus Kerner: *Die Seherin von Prevorst,* [s. Kerner, J., 1829]. Stuttgart: Steinkopf, 1958. [verkürzte Ausgabe!] S. 5–18.

Braid, James, *Neurypnology; or the rationale of nervous sleep, considered in relation with Animal Magnetism.* London: Churchill, 1843.

Brugsch, Heinrich G., Justinus Kerner (a Romantic physician), in: *The New England Journal of Medicine, 270* (1964), S. 729–730.

Crabtree, Adam, *Multiple man. Explorations in possession & multiple personality.* Introduction by Colin Wilson. Toronto: Collins, 1985.

Deslon, Charles de, *Beobachtungen über den thierischen Magnetismus.* Aus d. Franz. übers. Carlsruhe: Macklot, 1781.

Diepgen, Paul, *Geschichte der Medizin. Die historische Entwicklung der Heilkunde und des ärztlichen Lebens. 2. Bd.,* 1. Hälfte. 2., erg. u. erw. Aufl. Berlin: de Gruyter, 1959.

Du Prel, Karl, *Justinus Kerner und die Seherin von Prevorst.* Mit Zeichnungen aus dem Skizzenbuch von Gabriel Max [1. Aufl.], o. O., o. D. [1886].

Edwards, Harry, *Geistheilung.* Freiburg i. Br.: Bauer, 1983.

Ennemoser, Joseph, *Der Magnetismus nach der allseitigen Beziehung seines Wesens.* Leipzig: Brockhaus, 1819.

Enselme, J., und M. Berger, Le baquet de Mesmer, in: *Revue Lyonnaise de médecine, 15* (1966), S. 909–920.

Froeschle, Hartmut, Justinus-Kerner-Bibliographie 1945–1980, in: *Beiträge zur Schwäbischen Literatur- und Geistesgeschichte,* hrsg. von Margot Buchholz und Hartmut Froeschle, Bd. 2, Weinsberg, Justinus-Kerner-Verein, 1982, S. 165–177.

Génard, Philippe, *D'un baquet magnétique à l'histoire du Mesmerisme.* Diss. Lyon 1982.

Glaus, A., Justinus Kerner und die Psychiatrie, in: *Beiträge zur Geschichte der Psychiatrie und Hirnanatomie.* Basel, New York: Karger, 1957. (Bibliotheca Psychiatrica et Neurologica; 100)

Greber, Johannes, *Der Verkehr mit der Geisterwelt: seine Gesetze und sein Zweck. Selbsterlebnisse eines katholischen Geistlichen.* New York: Felsberg, 1932.

Grüsser, O.-J., *Die Entdeckung des Botulismus und die ersten tierexperimentellen Untersuchungen seiner Ursachen.* Zum 200. Geburtstag von Justinus Kerner am 18. Sept. 1986 [Typoskript, 22 Seiten]. Berlin 1986.

Harrington, Anne, *Metals and magnets in medicine. Hysteria, hypnosis, and scientific culture in late 19th-century France* [Typoskript, 9 Seiten]. Oxford 1985.

Heuss, Theodor, Justinus Kerner, in: Ders., *Vor der Bücherwand. Skizzen zu Dichtern und*

Dichtung, hrsg. von Friedrich Kaufmann und Hermann Leins. Tübingen: Wunderlich, 1961.

Huch, Ricarda, Romantische Ärzte, aus: *Die Romantik.* Nachdruck der 16. Aufl. Leipzig 1931, in: Dies., *Gesammelte Werke, 6. Bd.* Köln : Kiepenheuer & Witsch, 1969, S. 571–597.

Jennings, Lee B., Justinus Kerner und die Geisterwelt, in: *Neue Wissenschaft, 14* (1966), S. 75–95.

Ders., Der aufgespießte Schmetterling. Justinus Kerner und die Frage der psychischen Entwicklung, in: *Antaios, 10* (1968/69), S. 109–131.

Kerner, Dieter, Der Arzt-Dichter Justinus Kerner. Zu seinem 100. Todestag am 22. Februar 1962, in: *Münchner Medizinische Wochenschrift, 104* (1962), S. 369–374.

Kerner, Justinus (1817), Vergiftung durch verdorbene Würste, in: *Tübinger Blätter für Naturwissenschaften und Arzneykunde,* 3 (1817), S. 1–25.

Ders. (1820), *Neue Beobachtungen über die in Württemberg so häufig vorfallenden tödtlichen Vergiftungen durch den Genuß geräucherter Würste.* Tübingen: Osiander, 1820.

Ders. (1822), *Das Fettgift, oder die Fettsäure und ihre Wirkungen auf den thierischen Organismus, ein Beytrag zur Untersuchung des in verdorbenen Würsten giftigen Stoffes.* Stuttgart: Cotta, 1822.

Ders. (1824), *Geschichte zweyer Somnambülen. Nebst einigen andern Denkwürdigkeiten aus dem Gebiete der magischen Heilkunde und der Psychologie.* Karlsruhe: Braun, 1824.

Ders. (1829), *Die Seherin von Prevorst. Eröffnungen über das innere Leben des Menschen und über das Hereinragen der Geisterwelt in die unsere. 2 Theile.* Stuttgart: Cotta, 1829.

Ders. (1834), *Geschichte Besessener neuerer Zeit. Beobachtungen aus dem Gebiete kakodämonisch-magnetischer Erscheinungen.* Karlsruhe: Braun, 1834. (Darin: „*Geschichte des Mädchens von Orlach*", S. 20–58.)

Ders. (1853), *Die somnambülen Tische. Zur Geschichte und Erklärung dieser Erscheinung.* Stuttgart: Ebner und Seubert, 1853.

Ders. (1856), *Franz Anton Mesmer aus Schwaben, Entdecker des thierischen Magnetismus. Erinnerungen an denselben, nebst Nachrichten von den letzten Jahren seines Lebens zu Meersburg am Bodensee.* Frankfurt: Rütten, 1856.

Ders. [1857], *Kleksographien.* Mit Illustrationen nach den Vorlagen des Verfassers. Stuttgart: Deutsche Verlagsanstalt, 1890.

Kieser, D. G., Das Magnetische Behältniß (Baquet) und der durch dasselbe erzeugte Somnambulismus. Nach Theorie und Erfahrung, in: *Archiv für den Thierischen Magnetismus,* 3 (1818).

Ders., *System des Tellurismus oder Thierischen Magnetismus. Ein Handbuch für Naturforscher und Ärzte. 1. Bd.* Leipzig: Herbig, 1826.

König, Karl, Justinus Kerner. Arzt und Dichter (Zur Erinnerung seines 100. Todestages...), in: *Beiträge zur Erweiterung der Heilkunst,* 1962, Heft 1–6, S. 217–235.

Kretschmar, Felix, *Die Seherin von Prevorst und die Botschaft Justinus Kerners.* Illustrierte Gedenkschrift zum hundertjährigen Todestage der Seherin... Verlag: Justinus-Kerner-Verein und Frauenverein Weinsberg, 1929.

Kretschmer, Wolfgang, Rationale und mystische Züge bei Justinus Kerner. Zum Problem der romantischen Synthese, in: *Antaios, 10* (1968/69), S. 139–154.

Kuhn, R., Der Rorschach-Versuch, in: *Ciba-Zeitschrift, 1* (1951), S. 4618–4622.

Leibbrand, Werner, *Romantische Medizin.* Hamburg, Leipzig: Goverts, 1937.

Mayrhofer, B., *Kurzes Wörterbuch zur Geschichte der Medizin.* Jena: G. Fischer, 1937.

Mesmer, Franz Anton, *Abhandlung über die Entdeckung des thierischen Magnetismus.* Aus d. Franz. übers. Carlsruhe: Macklot, 1781.

Ders., *Mesmerismus. Oder System der Wechselwirkungen, Theorie und Anwendung des thierischen Magnetismus...,* hrsg. von Karl Christian Wolfart, Berlin: Nikolai, 1814.

Neuburger, Max, „Einleitung" zu: *Handbuch der Geschichte der Medizin, 2. Bd.,* hrsg. von

231

Max Neuburger und Julius Pagel, Jena: G. Fischer, 1903.

Rath, Gernot, Justinus Kerner, in: *Ciba-Symposium* (Wehr/Baden), *10* (1962), S. 86–89.

Regnard, Paul, *Sorcellerie, magnétisme, morphinisme, délire des grandeurs.* Paris: Plon, Nourrit, 1887.

Ringger, P., Justinus Kerner [Rubrik: „Pioniere der Parapsychologie"], in: *Neue Wissenschaft, 3* (1952/53), S. 443–453.

Ders., Justinus Kerner – vom Dichter zum Geisterseher, in: *Neue Wissenschaft, 8* (1959), S. 253–266.

Römer, C., *Ausführliche historische Darstellung einer höchst merkwürdigen Somnambüle nebst dem Versuche einer philosophischen Würdigung des Magnetismus.* Stuttgart: Metzler, 1821.

Schott, Heinz (1981), Der versteckte Poet in uns. Zur Sprachtheorie in der naturphilosophischen Seelenlehre von Gotthilf Heinrich von Schubert (1780–1860), in: *Sudhoffs Archiv, 65* (1981), S. 226–250.

Ders. (1983), Die analytischen Väter. Zur Vaterproblematik in der Geschichte der Psychotherapie, in: Die Dokumentation: *Psychotherapeutisches Forum 1983 in Hofgeismar* [Privatdruck], S. 165–66.

Ders. (1984), Mesmer, Braid und Bernheim. Zur Entstehungsgeschichte des Hypnotismus, in: *Gesnerus, 41* (1984), S. 33–48.

Ders. (1985), *Zauberspiegel der Seele. Sigmund Freud und die Geschichte der Selbstanalyse.* Göttingen: Vandenhoeck & Ruprecht, 1985.

Ders. (Hrsg.) (1985), *Franz Anton Mesmer und die Geschichte des Mesmerismus.* Beiträge zum Intern. Wissensch. Symposion... 1984 in Meersburg. Stuttgart: Steiner, 1985.

Schubert, Gotthilf Heinrich, *Ansichten von der Nachtseite der Naturwissenschaft.* Dresden: Arnold, 1808.

Ders., *Die Symbolik des Traumes.* Bamberg: Kunz, 1814.

Siefert, Helmut, Mesmer und die „Jungfer Paradis": Überlegungen zum Abbruch einer Psychotherapie aus heutiger Sicht, in: *Franz Anton Mesmer und die Geschichte des Mesmerismus. Beiträge zum Intern. Wissensch. Symposion... 1984 in Meersburg,* hrsg. von Heinz Schott, Stuttgart: Steiner, 1985, S. 174–184.

Silberer, Herbert, Über die Behandlung einer Psychose bei Justinus Kerner, in: *Jahrbuch für Psychoanalytische und Psychopathologische Forschungen, 3* (1. Hälfte, 1911), S. 724–729.

Ders., Symbolik des Erwachens und Schwellensymbolik überhaupt, in: *Jahrbuch für Psychoanalytische und Psychopathologische Forschungen, 3* (1912), S. 621–660.

Spiesberger, Karl, Justinus Kerners „Seherin von Prevorst" in der Betrachtung esoterischer Tradition und im Lichte moderner psychischer Forschung, in: Erich Sopp und Karl Spiesberger: *Auf den Spuren der Seherin.* Sersheim: Osiris, 1953, S. 63–103.

Straumann, Heinrich, *Justinus Kerner und der Okkultismus in der Deutschen Romantik.* Horgen-Zürich, Leipzig: Münster-Presse, 1928 (Wege zur Dichtung; 4).

Sudhoff, Karl, *Kurzes Handbuch der Geschichte der Medizin.* 3. u. 4. Aufl. von Pagels „Einführung in die Geschichte der Medizin" (1898). Berlin: Karger, 1922.

Ullrich, Hermann, Maria Theresia Paradis und Dr. Franz Anton Mesmer, in: *Jahrbuch des Vereins für Geschichte der Stadt Wien, 17/18* (1961/62), S. 149–188.

Wolfart, Karl Christian, Einiges in Betreff des gemeinsamen Mesmerischen Leitungsbehältnisses, in: *Jahrbücher für den Lebens-Magnetismus oder Neues Askläpieion, 1* (1818), 1. Heft, S. 194–197.

Ders., Ueber das gemeinsame Mesmerische Leitungsbehältniß, und dessen Anwendung (Forts. von Wolfart, 1818, siehe oben), in: *Jahrbücher für den Lebens-Magnetismus oder Neues Askläpieion, 1* (1819), 2. Heft, S. 1–30.

Zeller, Ernst Albert, *Das verschleierte Bild zu Sais oder die Wunder des Magnetismus. Eine Beleuchtung der Kerner'schen Seherin von Prevorst...* (anonym erschienen). Leipzig: Weidmann, 1830.

Anmerkungen und Literaturverzeichnis zu:
Eberhard Bauer *Kerner und die Parapsychologie*

1 Kerner, J., 1836, S. XXXV.
2 Prel, o. J., S. 15.
3 Kerner, J., ²1832, II, S. 153.
4 Kerner, J., 1836, S. 261.
5 zitiert bei Dessoir, 1917, S. V (Hervorhebung von mir).
6 Driesch, ³1952. Mittlerweile existiert auch eine Taschenbuchausgabe: München: Kindler, 1975.
7 Driesch, ³1952, S. 8.
8 Als erste Einführungen empfehlenswert: Bender, ⁵1980; Beloff, 1980; Bauer und Lucadou, 1984. Über den internationalen Forschungsstand informieren umfassend die Handbücher von Wolman, 1977, und Kurtz, 1985; die neueste (und bisher wohl beste Einführung) in den aktuellen Forschungsstand stammt von Edge u. a., 1986.
9 Moser, 1935, I, S. 18.
10 Moore, 1977; zur Kritik vgl. Pratt, 1978, und Mackenzie, 1978.
11 Cerullo, 1982; Oppenheim, 1985.
12 McVaugh und Mauskopf, 1976; Mauskopf und McVaugh, 1980.
13 Gauld, 1977, S. 580; das der Geschichte der Parapsychologie gewidmete Kapitel von Beloff, 1977, erwähnt Kerner nicht.
14 Jennings, 1966; Jennings, 1974.
15 Ringger, 1952/53; Ringger, 1959
16 Gehrts, 1961/62; vgl. auch Gehrts, 1966.
17 Kiesewetter, 1891.
18 Kiesewetter, 1891, S. 372.
19 Näheres dazu in der medizinhistorischen Dissertation von Kurzweg, 1976.
20 Dessoir, 1917, S. 110.
21 Mattiesen, 1936, ³1968, I, S. 439.
22 Baerwald, 1925, S. 39 und 46. Baerwalds Buch erschien in der von Max Dessoir herausgegebenen Reihe: „Der Okkultismus in Urkunden", Band 2.
23 Tischner, 1924; Tischner, 1960, S. 94–96.
24 Mattiesen, 1939, ³1968, III, S. 43.
25 Moser, 1950, S. 300. Reprintausgabe 1977 mit dem wichtigen Beitrag von Hans Bender: „Neue Entwicklungen in der Spukforschung" (S. 347–387).
26 Eine Ausnahme bildet vielleicht der 1862 veröffentlichte berühmte „Joller-Fall", abgedruckt bei Moser, 1950, S. 43 ff. Über den Stand der „modernen" Spukforschung orientieren Roll, 1976, sowie Gauld und Cornell, 1979; methodische Aspekte diskutiert Mischo, 1983; der bisher originellste Versuch zum Verständnis des „flüchtigen Spuks" stammt von Lucadou, 1983.
27 Ich folge aus Raumgründen Mattiesen, 1939, ³1968, III, S. 44. Die betreffenden Stellen beziehen sich auf Kerner, J., 1836, S. 72 ff., 122 ff., 136 f., 143.
28 Kerner, J., 1836, S. V/VI.
29 Ellenberger, 1985, S. 131.
30 Dingwall, 1967–68; das Kapitel über Deutschland stammt von L. Moser, 1967, II, S. 103–199 (darin über Kerner und die Seherin von Prevorst S. 161–174).
31 Bauer, 1985.
32 Vgl. Kerner, J., ²1832, II, S. 92–118.
33 *Magikon*, 5 (1851), S. 172–176.
34 Zur Geschichte des Spiritismus vgl. Podmore, 1902; Nelson, 1969; Isaacs, 1983.
35 Vgl. etwa Klencke, 1840; weitere Kritiken resümiert L. Moser, 1967, II, S. 162 ff.

36 Jennings, 1966, S. 94.
37 Bender, 1973, S. 144 ff.; zur Geschichte des Kristallsehens vgl. ferner Bestermann, 1924.
38 Kerner, Th., 1897, II, S. 323/324.
39 Vgl. Sannwald, 1962/63, S. 58.
40 Bender, 1979; Bender, 1983.
41 „Cold reading" ist ein Sammelbegriff für zumeist aus der Täuschungskunst entlehnte Techniken, um „Pseudohellsehen" oder „-telepathie" zu simulieren und um „Fremde davon zu überzeugen, daß man alles über sie weiß" (vgl. Hyman, 1981). Biographische Einzelheiten zu Justina Rupp finden sich bei Gehrts, 1982.
42 Kerner, Th., ³1913, II, S. 45.
43 Stuttgart: Ebner und Seubert, 1853. Ich zitiere nach der von Freimark herausgegebenen zweiten Auflage 1922.
44 Zur Geschichte des Tischrückens vgl. Freimark, 1921; Tischner, 1924, S. 99 ff.; Sexauer, 1960.
45 zitiert nach dem Abdruck in: *Die wandernden magnetisirten Tische und die Klopfgeister*, 1. Heft (April, Mai, Juni 1853), Zweites fliegendes Blatt, S. 1–5.
46 Kerner, J., ²1922, S. 28.
47 Faradays Aufsatz aus dem *Athenaeum*, July 2, 1853, S. 801–802, ist übersetzt bei Grunewald, 1920.
48 Kerner, J., ²1922, S. 52 f.
49 Bender, 1936; Hilgard, 1977.
50 Gasparin, 1855, I. S. 48.

Baerwald, Richard, *Die intellektuellen Phänomene.* Berlin: Ullstein, 1925.
Bauer, Eberhard, „Mesmerismus, Spiritismus und die Anfänge der ‚Psychical Research' – Zur Rezeption des Mesmerismus in der parapsychologischen Forschung", in: Heinz Schott (Hrsg.), *Franz Anton Mesmer und die Geschichte des Mesmerismus*, Stuttgart: Steiner, 1985, S. 116–132.
Ders.; Lucadou, Walter v. (Hrsg.), *Psi – Was verbirgt sich dahinter?* Freiburg i. Br.: Herder, 1984.
Beloff, John, „Historical Overview", in: Benjamin B. Wolman (Hrsg.), *Handbook of Parapsychology*, New York: Van Nostrand Reinhold, 1977, S. 3–24.
Ders., (Hrsg.), *Neue Wege der Parapsychologie.* Olten/Freiburg i. Br.: Walter, 1980.
Bender, Hans, *Psychische Automatismen.* Leipzig: Barth, 1936.
Ders., „Zur Geschichte des ‚Kristallsehens' und seiner Verwendung im Laboratorium", in: Hans Bender: *Verborgene Wirklichkeit* (hrsg. von Eberhard Bauer), Olten/Freiburg i. Br.: Walter, 1973, S. 129–158.
Ders., „Psychohygienische und forensische Aspekte der Parapsychologie", in: Gion Condrau (Hrsg.), *Die Psychologie des 20. Jahrhunderts, Band XV*, Zürich: Kindler, 1979, S. 651–672.
Ders., (Hrsg.), *Parapsychologie, Entwicklung, Ergebnisse, Probleme.* Darmstadt: Wissenschaftliche Buchgesellschaft, ⁵1980.
Ders., *Zukunftsvisionen – Kriegsprophezeiungen – Sterbeerlebnisse.* München: Piper, 1983.
Besterman, Theodore, *Crystal-Gazing.* London: Rider, 1924.
Cerullo, John J., *The Secularization of the Soul. Psychical Research in Modern Britain.* Philadelphia: Institute for the Sufy of Human Issues, 1982.
Dessoir, Max, *Vom Jenseits der Seele.* Stuttgart: Enke, 1917, ⁷1967.
Dingwall, Eric J. (Hrsg.), *Abnormal Hypnotic Phenomena.* 4 Bände, London: Churchill, 1967–1968.
Driesch, Hans, *Parapsychologie – Die Wissenschaft von den „okkulten" Erscheinungen.* Zürich: Rascher ³1952.

Edge, Hoyt L.; Morris, Robert L.; Palmer, John; Rush, Joseph H., *Foundations of Parapsychology*. London: Routledge & Kegan Paul, 1986.

Ellenberger, Henry F., *Die Entdeckung des Unbewußten*. Zürich: Diogenes, 1985.

Freimark, Hans, *Das Tischrücken. Seine geschichtliche Entwicklung und seine Bedeutung*. Pfullingen: Baum, 1921.

Gauld, Alan, „Discarnate Survival", in: Benjamin B. Wolman (Hrsg.), *Handbook of Parapsychology*, New York: Van Nostrand Reinhold, 1977, S. 577–630.

Ders.; Cornell, A. D., *Poltergeists*. London: Routledge & Kegan Paul, 1979.

Gasparin, Agénor de, *Des Tables Tournantes*. 2 Bände, Paris: Dentu, 1855.

Gehrts, Heino, „Justinus Kerners Forschungsgegenstand", in: *Neue Wissenschaft*, 10 (1961/62, Heft 3), S. 130–143.

Ders., *Das Mädchen von Orlach*. Stuttgart: Klett, 1966.

Ders., „Der Oberamtsarzt unter Verdacht", in: Margot Buchholz und Hartmut Froeschle (Hrsg.), *Beiträge zur schwäbischen Literatur- und Geistesgeschichte, Band 2*. Weinsberg: Verlag des Justinus-Kerner-Vereins, 1982, S. 44–60.

Grunewald, Fritz, „Faraday über das Tischrücken", in: *Psychische Studien*, 47 (1920), S. 249–252 und 295–299.

Hilgard, Ernest R., *Divided Consciousness: Multiple Controls in Human Thought and Action*. New York: Wiley, 1977.

Hyman, Ray, „Cold Reading: How to Convince Strangers that You Know All About Them", in: Kendrick Frazier (Hrsg.), *Paranormal Borderlands of Science*, Buffalo, New York: Prometheus Books, 1981, S. 79–96.

Isaacs, Ernest, „The Fox Sisters and American Spiritualism", in: Howard Kerr und Charles L. Crow (Hrsg.), *The Occult in America: New Historical Perspectives*, Urbana/Chicago: University of Illinois Press, 1983, S. 79–110.

Jennings, Lee B., „Justinus Kerner und die Geisterwelt", in: *Neue Wissenschaft*, 14 (1966), S. 75–95.

Ders., „Geister und Germanisten: Literarisch-parapsychologische Betrachtungen zum Fall Kerner-Mörike", in: Eberhard Bauer (Hrsg.), *Psi und Psyche. Neue Forschungen zur Parapsychologie*, Stuttgart: Deutsche Verlags-Anstalt, 1974, S. 95–109.

Kerner, Justinus, *Die Seherin von Prevorst*. 2 Bände, Stuttgart/Tübingen: Cotta, [2]1832.

Ders., *Eine Erscheinung aus dem Nachtgebiete der Natur*. Stuttgart/Tübingen: Cotta, 1836.

Ders., *Die somnambülen Tische. Zur Geschichte und Erklärung dieser Erscheinung* (hrsg. von Hans Freimark). Pfullingen: Baum, [2]1922.

Kerner, Theobald (Hrsg.), *Justinus Kerners Briefwechsel mit seinen Freunden*. 2 Bände, Stuttgart/Leipzig: Deutsche Verlags-Anstalt, 1897.

Ders., *Das Kernerhaus und seine Gäste*. 2 Teile, Weinsberg: Röck, [3]1913.

Kiesewetter, Carl, *Geschichte des Neueren Occultismus*. Leipzig: Friedrich, 1891.

Klencke, H., *Wie müssen Dämonenglauben, Besessenheit und Kerner-Eschenmayer'sche Gespenstererscheinungen...* Leipzig: Kollmann, 1840.

Kurtz, Paul (Hrsg.), *The Skeptic's Handbook of Parapsychology*. Buffalo, New York: Prometheus Books, 1985.

Kurzweg, Adolf, *Die Geschichte der Berliner „Gesellschaft für Experimentalpsychologie" mit besonderer Berücksichtigung ihrer Ausgangssituation und des Wirkens von Max Dessoir*. Diss. med., Berlin 1976.

Lucadou, Walter v., „Der flüchtige Spuk", in: Eberhard Bauer und Walter v. Lucadou (Hrsg.), *Spektrum der Parapsychologie*, Freiburg i. Br.: Aurum, 1983, S. 150–166.

Mackenzie, Brian, „Parapsychology and the History of Science", in: *Journal of Parapsychology*, 42 (1978), S. 194–209.

Mattiesen, Emil, *Das persönliche Überleben des Todes*. 3 Bände, Berlin: de Gruyter, 1936–1939, [3]1968.

Mauskopf, Seymour H.; McVaugh, Michael R., *The Elusive Science. Origins of Experimental*

Psychical Research. Baltimore/London: John Hopkins University Press, 1980.

McVaugh, Michael R.; Mauskopf, Seymor H., „J. B. Rhine's *Extra-Sensory Perception* and Its Background in Psychical Research", in: *Isis*, 67 (1976), S. 161–189.

Mischo, Johannes, „Parapsychische Erfahrungen und Psychodiagnostik im ‚affektiven Feld' ", in: Eberhard Bauer und Walter v. Lucadou (Hrsg.), *Spektrum der Parapsychologie*, Freiburg i. Br.: Aurum, 1983, S. 167–192.

Moore, Robert L., *In Search of White Crows. Spiritualism, Parapsychology, and American Culture*. New York: Oxford University Press, 1977.

Moser, Fanny, *Okkultismus – Täuschungen und Tatsachen*. 2 Bände, München: Reinhardt, 1935, Reprint 1974.

Dies., *Spuk – Irrglaube oder Wahrglaube?* Baden: Gyr, 1950, Reprint 1977, Taschenbuchausgabe 1980.

Moser, Liselotte, „Hypnotism in Germany", in: Eric J. Dingwall (Hrsg.), *Abnormal Hypnotic Phenomena, Band II*, London: Churchill, 1967, S. 101–199.

Nelson, Geoffrey K., *Spiritualism and Society*. New York: Schocken, 1969.

Oppenheim, Janet, *The Other World. Spiritualism and Psychical Research in England, 1850–1914*. Cambridge: Cambridge University Press, 1985.

Podmore, Frank, *Modern Spiritualism*. 2 Bände, London: Methuen, 1902.

Pratt, Gaither J., „Obituary for Parapsychology?", in: *Journal of the American Society for Psychical Research*, 72 (1978), S. 257–266.

Prel, Carl du, *Der Spiritismus*. Leipzig: Reclam, o. J.

Ringger, Peter, „Justinus Kerner", in: *Neue Wissenschaft*, 3 (1952/53), S. 443–453.

Ders., „Justinus Kerner – vom Dichter zum Geisterseher", in: *Neue Wissenschaft*, 8 (1959), S. 253–266.

Roll, William G., *Der Poltergeist*. Freiburg i. Br.: Aurum, 1976.

Sannwald, Gerhard, „Beziehungen zwischen parapsychischen Spontanberichten und Persönlichkeitsmerkmalen, Teil II", in: *Zeitschrift für Parapsychologie und Grenzgebiete der Psychologie*, 6 (1962/63), S. 28–68.

Sexauer, Hans, „Die tanzenden Tische", in: *Neue Wissenschaft*, 9 (1960, Heft 2), S. 15–22.

Tischner, Rudolf, *Geschichte der okkultistischen (metapsychischen) Forschung von der Antike bis zur Gegenwart*. Pfullingen: Baum, 1924.

Ders., *Geschichte der Parapsychologie*. Tittmoning: Pustet, 1960.

Wolman, Benjamin B., *Handbook of Parapsychology*. New York: Van Nostrand Reinhold, 1977.

Anmerkungen und Literaturverzeichnis zu:
Karl-Ludwig Hofmann, Christmut Praeger *Bilder aus Klecksen – Zu den Klecksographien von Justinus Kerner*

Wir danken für ihre Unterstützung Frau Gertrud Fiege vom Schiller-Nationalmuseum Marbach/Deutsches Literaturarchiv, sowie Barbara Bessel, Fabian Kiepe, Jens Kräubig/ Heidelberg, und Rolf Lauter/Frankfurt.

1 Castle, 1844, S. 31.
2 Kerner schreibt „Kleksographie", wir verwenden die heute übliche Schreibung „Klecksographie".
3 Kerner, Th., Briefwechsel II, 1897, Nr. 602, S. 256.
4 Kerner, J., 1890, S. V–VII; hieraus auch die folgenden Zitate. Zuletzt wurden Kerners „Kleksographien" publiziert in: Justinus Kerner. Ausgewählte Werke (Hrsg. Gunter Grimm), Stuttgart 1981, S. 365–433.

5 Kerner, Th., Kernerhaus, 1894, S. 171 f.; hier zitiert nach der 2. Auflage 1897.

6 Pocci, 1928, Nr. 61, S. 203.

7 Kerner, Th., Briefwechsel II, 1897, Nr. 697, S. 370.

8 Pocci, 1928, S. 206 f.

9 Kerner, Th., Briefwechsel II, 1897, Nr. 794, S. 477.

10 Kerner, Th., Briefwechsel II, 1897, Nr. 801, S. 485.

11 Pocci, 1928, Nr. 105, S. 357.

12 Pocci, 1928, S. 246.

13 Kerner, Th., Briefwechsel II, 1897, Nr. 602, S. 256.

14 Kerners und Eschenmayers geisterseherisches Wirken in Weinsberg wurde von K. L. Immermann in seinem 1839 erschienenen Buch „Münchhausen. Eine Geschichte in Arabesken" satirisch abgehandelt: Im 4. Buch, „Poltergeister in und um Weinsberg", erschienen die beiden als „Kernbeisser und Eschenmichel".

15 Zu F. A. Mesmer: Stefan Zweig, Die Heilung durch den Geist. Mesmer. Mary Baker-Eddy. Freud. Frankfurt 1982 (Erstausgabe Leipzig 1931).

16 Kaffee-Klexbilder. Humoristische Handzeichnungen von Wilh. v. Kaulbach, Echter und Muhr. Leipzig 1881.

17 Janson, 1973, S. 340; dieser grundsätzliche und das Material zusammenfassende Aufsatz sowie Janson, 1963, und die Untersuchung von Gombrich, 1967, liegen den folgenden Abschnitten zugrunde.

18 Vinci, 1970, S. 57 (Nr. 62).

19 Vinci, 1970, S. 57–58 (Nr. 62).

20 Vinci, 1970, S. 58 (Nr. 62).

21 Vinci, 1970, S. 67–68 (Nr. 79).

22 Vasari, 1985, Bd. III, S. 78.

23 Zu A. Cozens siehe A. P. Oppé, 1952, der auch den Text und die Tafeln der „New method" abdruckt; Andrew Wilton, 1980, und K. Sloan, 1985, die den Text von 1759 dokumentiert; Gombrich, 1967, S. 208–210; Kemp, 1979, S. 140–142.

24 Oppé, 1952, S. 167–168; Übersetz. n. Kemp, 1979, S. 140–141.

25 Oppé, 1952, S. 167; Übers. n. Gombrich, 1967, S. 208.

26 Oppé, 1952, S. 170; Übers. n. Gombrich, 1967, S. 208.

27 Zit. n. Schmied, 1980, S. 123.

28 Journet u. Robert, 1963, Tafel 6 u. Kommentar S. 17; Bibl. Nat. Paris ms.n.a.f. 13 351, f° 28.

29 Z. B. die Abbildungen 135 bis 167 in Picon, 1985.

30 Journet u. Robert, 1963, S. 11 u. S. 69–72.

31 Baudelaire, 1976, S. 32; aus: „Sur mes contemporains: Victor Hugo".

32 Zit. n. Picon, 1985, S. 204.

33 Baudelaire, 1976, S. 132.

34 Max Ernst: Was ist Surrealismus, 1934; zit. n. Ausst.-Kat.: Max Ernst. München und Berlin 1979. S. 157–158.

35 Max Ernst: Au delà de la peinture, 1937; zit. n. G. Metken: „Als die Surrealisten noch recht hatten". Stuttgart 1976, S. 328.

36 André Breton: Oscar Dominguez. In: Minotaure, Nr. 8, 1936, S. 18.

37 Sigismund v. Radecki: Nebenbei bemerkt. Stuttgart u. Hamburg 1947, S. 301–306.

38 Baumgartner-Tramer, Franziska, Zur Geschichte des Rorschachtests, in: Schweizer Archiv für Neurologie und Psychiatrie, Bd. L, 1943, S. 1–13.

Austellungskatalog, *The Art of Alexander and John Robert Cozens.* New Haven, Connecticut: Yale Center for British Art, 1980. (Andrew Wilton)

Baudelaire, Charles, *Œuvres complètes,* hrsg. von Claude Pichois, Bd. II, Paris 1976.

Glaesemer, Jürgen, Wie Erfindungen vom Fleck kommen, in: *Parkett, Nr. 8,* 1986, S. 66–81.

(Dieser Aufsatz konnte nicht mehr berücksichtigt werden, da er erst nach Manu-skriptabgabe zugänglich wurde.)

Gombrich, E. H., *Kunst und Illusion*. Köln 1967.

Hartung, Hans, *Selbstporträt*. Berlin 1981.

Janson, H. W., The „image made by chance" in renaissance thought, in: Millard Meiss (Hrsg.), *De artibus opuscula XL. Essays in honor of Erwin Panofsky,* New York 1961, S. 254–266.

Ders., Chance images, in: Philip P. Wiener (Hrsg.), *Dictionary of the History of ideas, Bd. I,* New York 1973, S. 340–353.

Journet, René/Robert, Guy, *Victor Hugo. Trois albums*. Paris 1963.

Kemp, Wolfgang, *„. . . einen wahrhaft bildenden Zeichenunterricht überall einzuführen". Zeichnen und Zeichenunterricht der Laien 1500–1870*. Frankfurt a.M. 1979.

Kerner, Justinus, *Kleksographien*. Stuttgart/Leipzig/Berlin/Wien 1890.

Ders., *Ausgewählte Werke,* hrsg. von Gunter Grimm, Stuttgart 1981.

Kerner, Theobald (Hrsg.), *Justinus Kerners Briefwechsel mit seinen Freunden, 2 Bde.* Stuttgart und Leipzig 1897.

Ders., *Das Kernerhaus und seine Gäste*. 2. verm. Auflage, Stuttgart und Leipzig 1897.

Oppé, A. P., *Alexander and John Robert Cozens*. London 1952.

Picon, Gaétan, *Victor Hugo, Dessins*. Paris 1985.

Pocci, Franz (Enkel), *Justinus Kerner und sein Münchener Freundeskreis*. Leipzig 1928.

Sloan, Kim, A new chronology for Alexander Cozens. Part I: 1717–1759; Part II: 1759–1786, in: *The Burlington Magazine, Vol. CXXVII,* Nr. 983 und 987, 1985, S. 70–75 und S. 355–363.

Vasari, Gorigio, *Leben der ausgezeichneten Maler, Bildhauer und Baumeister,* hrsg. und übersetzt von Ludwig Schorn und Ernst Förster, Stuttgart und Tübingen 1834. Neu bearbeitet von Julian Kliemann, Worms 1985.

Vinci, da, Lionardo, *Das Buch von der Malerei*. Deutsche Ausgabe, hrsg. von Heinrich Ludwig, 1882 (in: R. Eitelberger von Eitelberg [Hrsg.], Quellenschriften für Kunstge-schichte und Kunsttechnik des Mittelalters und der Renaissance, Bd. XVIII), Neudruck Osnabrück 1970.

Bildnachweis

Abb. 1: Justinus Kerner. Bleistiftzeichnung von Georg Zell, 1852 (Schiller-Nationalmuseum/Deutsches Literaturarchiv Marbach)

Abb. 2: Justinus Kerner. Scherenschnitt von Lotte Jäger, um 1850 (Städtisches Museum Ludwigsburg)

Abb. 3: Justinus Kerner. Bleistiftzeichnung, um 1855 (Schiller-Nationalmuseum/Deutsches Literaturarchiv Marbach)

Abb. 4: Adalbert, Prinz von Bayern. Alte Photographie nach einem Ölgemälde von J. Stieler (Kernerhaus Weinsberg)

Abb. 5: Das Kernerhaus in Weinsberg mit dem Geisterturm und Burg Weibertreu. Federzeichnung von Theodor Rausche, um 1850 (Städtisches Museum Ludwigsburg)

Abb. 6: Otto, König von Griechenland. Lithographie, um 1855 (Münchner Stadtmuseum, München)

Abb. 7: Telegramm Adalberts von Bayern an Justinus Kerner, in dem er seine Heirat mit Amalia, Infantin von Spanien, bekanntgibt (Schiller-Nationalmuseum/Deutsches Literaturarchiv Marbach)

Abb. 8: Ludwig I., König von Bayern. Lithographie nach J. Stieler, um 1845 (Münchner Stadtmuseum, München)

Abb. 9: Mathilde, Großherzogin von Hessen-Darmstadt. Lithographie, um 1850 (Hessisches Landesmuseum Darmstadt)

Abb. 10: Herzog Max in Bayern. Galvanographik, um 1850 (Münchner Stadtmuseum, München)

Abb. 11: Amalia Felipe Pilar, Infantin von Spanien. Stahlstich, um 1860 (Münchner Stadtmuseum, München)

Abb. 12: Adalbert, Prinz von Bayern, mit seiner Frau Amalia. Holzstich aus der „Illustrirten Zeitung" von 1856 (Münchner Stadtmuseum, München)

Abb. 13: Gotthilf Heinrich Schubert. Lithographie, 1838 (Münchner Stadtmuseum, München)

Abb. 14: Franz von Pocci. Lithographie, um 1855 (Münchner Stadtmuseum, München)

Abb. 15: Adalbert, Prinz von Bayern. Photographie, um 1860/65 (Münchner Stadtmuseum, München)

Abb. 16: Friederike Hauffe (1801–1829). Bleistiftzeichnung von Wagner (Schiller-Nationalmuseum/Deutsches Literaturarchiv Marbach)

Abb. 17: Der „baquet magnétique" von Lyon. Photo (aus: J. Enselme und M. Berger, „Le baquet de Mesmer", in: Revue Lyonaise de médecine, 15, 1966, S. 909–920)

Abb. 18: Der „baquet magnétique" von Lyon. Konstruktionsschema (aus: J. Enselme u. M. Berger, s. o.)

Abb. 19: Mesmers „baquet magnétique" im Paris der 1780er Jahre. Zeitgenössischer Kupferstich (aus: Paul Regnard, Sorcellerie, magnétisme, morphinisme, délire des grandeurs. Paris: Plon, Nourrit, 1887)

Abb. 20: Zwei verschiedene Baquet-Modelle aus Deutschland, um 1818. (aus: D. G. Kieser, „Das Magnetische Behältniß (Baquet) und der durch dasselbe erzeugte Somnambulismus. Nach Theorie und Erfahrung", in: Archiv für den Thierischen Magnetismus, 3, 1818)

Abb. 21: Der „Nervenstimmer". Zeichnung von Justinus Kerner nach Angaben der „Seherin" (aus: J. Kerner, Die Seherin von Prevorst. Eröffnungen über das innere Leben des Menschen und über das Hereinragen der Geisterwelt in die unsere. 2 Teile. Stuttgart: Cotta, 1829)

Abb. 22: Der Baquet der „Seherin von Prevorst", von ihr „Nervenstimmer" genannt. Photographie (Kernerhaus Weinsberg)

Abb. 23: Spiritistische Sitzung: das Tischrücken (aus: Félix Roubaud, La Danse des Tables. Paris: Librairie Nouvelle, 1853)

Abb. 24: Titelblatt der 1890 erschienenen „Kleksographien", um 1857

Abb. 25: Tintenfaß. Klecksographie Justinus Kerners, um 1857 (aus: J. Kerner, Kleksographien. Stuttgart/Leipzig/Berlin/Wien 1890)

Abb. 26: Klecksographie Franz von Poccis (Schiller-Nationalmuseum/Deutsches Literaturarchiv Marbach)

Abb. 27: „Nachtgeist einer umgehenden Prinzessin von Württemberg". Klecksographie Justinus Kerners, 1852 (aus: Franz Pocci, Justinus Kerner und sein Münchener Freundeskreis. Leipzig 1928)

Abb. 28: Klecksographie Justinus Kerners (Schiller-Nationalmuseum/Deutsches Literaturarchiv Marbach)

Abb. 29: Carl August Eschenmayer, Professor für Medizin und Philosophie. Klecksographie Justinus Kerners (Schiller-Nationalmuseum/Deutsches Literaturarchiv Marbach)

Abb. 30: Franz Anton Mesmer. Klecksographie Justinus Kerners (Schiller-Nationalmuseum/Deutsches Literaturarchiv Marbach)

Abb. 31: „Aus Justinus Kerners kleksographischer Anstalt zu Weinsberg" (Städtisches Museum Ludwigsburg)

Abb. 32: Klecksographie Victor Hugos (Bibliothèque Nationale, Paris)

Abb. 33: „Das Leben. Die Nacht". Klecksographie von Paul Éluard, um 1942 (Privatbesitz, Paris)

Abb. 34: Klecksographie von Christian Morgenstern (aus: Martin Beheim-Schwarzbach, Christian Morgenstern. Reinbek: Rowohlt, (1964) ^{2}1978)

Abb. 35: Umschlag eines Briefes von Adalbert von Bayern an Justinus Kerner (Schiller-Nationalmuseum/Deutsches Literaturarchiv Marbach)

Abb. 36: Eigenhändiger Brief Adalberts von Bayern an Justinus Kerner, 25. Oktober 1850 (Br. 6), (Schiller-Nationalmuseum/Deutsches Literaturarchiv Marbach)

Abb. 37: Brief von Adalbert von Bayern an Justinus Kerner vom 22. Januar 1851... (Br. 19), (Schiller-Nationalmuseum/Deutsches Literaturarchiv Marbach)

Abb. 38: Lithographie aus „Die Seherin aus Prevorst" von Justinus Kerner (s.o.)

Abb. 39: Justinus Kerner an Adalbert von Bayern, 17. März 1852 (Br. 41), (Städtisches Museum Ludwigsburg)

Abb. 40: Gedicht von Justinus Kerner an Adalbert von Bayern, 24. Oktober 1852... (Br. 48), (Städtisches Museum Ludwigsburg)

Abb. 41: Eigenhändiges Schreiben Adalberts von Bayern an Justinus Kerner, 2. Oktober 1855 (Br. 62), (Schiller-Nationalmuseum/Deutsches Literaturarchiv Marbach)